财务数据分析

主　编　陈清珠　林月华
副主编　施云芳　李术英　周　蜜
参　编　李瑞萍　杨丽娜　刘彩玲
　　　　郑卉馨　郑亚玲
主　审　詹朝阳

北京理工大学出版社
BEIJING INSTITUTE OF TECHNOLOGY PRESS

内 容 简 介

本书主要介绍了三部分内容：第一部分，介绍财务数据获取和处理的基本方法；第二部分，阐述财务报表分析的具体方法，包括水平分析和结构分析；第三部分，介绍4种能力分析的主要指标及方法，即偿债能力分析、盈利能力分析、营运能力分析和发展能力分析。本书以一个企业的完整案例贯穿全书，以企业实际案例的数据通过Excel进行计算、分类、汇总等处理，再根据处理后的数据进行财务分析，引导读者学会数据处理技能并能对处理后的数据从企业实际情况进行相应的财务分析，为信息使用者作出经济决策提供依据。

本书可作为在职财税人员的学习和参考用书。

版权专有　侵权必究

图书在版编目(CIP)数据

财务数据分析 / 陈清珠，林月华主编. -- 北京：北京理工大学出版社，2024.1
ISBN 978-7-5763-3615-3

Ⅰ. ①财… Ⅱ. ①陈… ②林… Ⅲ. ①财务管理-会计分析 Ⅳ. ①F275

中国国家版本馆 CIP 数据核字(2024)第 047630 号

责任编辑：王玲玲　　**文案编辑**：王玲玲
责任校对：刘亚男　　**责任印制**：施胜娟

出版发行 /	北京理工大学出版社有限责任公司
社　　址 /	北京市丰台区四合庄路6号
邮　　编 /	100070
电　　话 /	(010) 68914026（教材售后服务热线）
	(010) 63726648（课件资源服务热线）
网　　址 /	http://www.bitpress.com.cn
版 印 次 /	2024年1月第1版第1次印刷
印　　刷 /	定州市新华印刷有限公司
开　　本 /	889mm×1194mm　1/16
印　　张 /	13
字　　数 /	259千字
定　　价 /	79.00元

图书出现印装质量问题，请拨打售后服务热线，负责调换

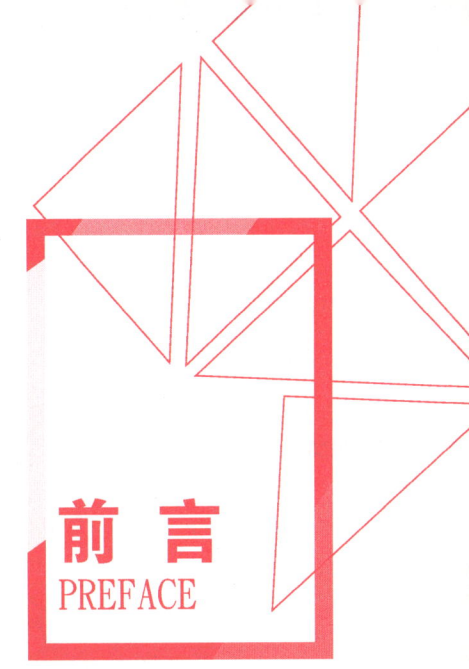

前 言
PREFACE

本书以编者的丰富从业经验为基础,从数据处理和数据分析的角度,让读者掌握运用财务数据评估企业的运营状况和预测未来发展趋势的技能。

本书主要介绍了三部分内容:第一部分,介绍财务数据获取和整理的基本方法;第二部分,阐述财务报表分析的具体方法,包括水平分析和结构分析;第三部分,介绍4种能力分析的主要指标及方法,即偿债能力分析、盈利能力分析、营运能力分析和发展能力分析。

本书力求突出以下特点:

1. 中心突出、操作性强

本书以一个企业的完整案例贯穿全书,以企业实际案例的数据通过 Excel 进行计算、分类、汇总等处理,再根据处理后的数据进行财务分析,引导读者学会数据处理技能并能对处理后的数据从企业实际情况进行相应的财务分析,为信息使用者作出经济决策提供依据。围绕数据处理与数据分析这个中心思想,各项目设置了"任务描述—任务实施—任务拓展—任务总结—任务检测—任务评价"六个模块。本书首先从任务描述入手;然后进入任务实施模块:先通过 Excel 进行企业实际案例的数据处理,再进行数据分析,同时引出知识链接和思考探究,鼓励读者进一步思考和探索;然后进入任务拓展模块:将数据进行可视化处理(图表操作);最后进入任务总结模块:画出思维导图,清晰明了地提炼总结出本任务的学习内容。

2. 学以致用、学练结合

根据学习需要,让读者明确学习目标,检测学习内容的掌握程度,在每个任务的最后提供任务检测和任务评价。

3. 知识进阶、层次分明

本书不仅有各项财务指标的独立分析,还有各项财务指标的综合分析,实现知识的进阶性,可按需取舍,可满足不同层次、不同情况的学习需求。

4. 贴合市场、满足需求

为读者提供更适应企业岗位需求的学习内容，更好地将理论知识与实践经验相结合，使读者在学习过程中能够更好地适应市场的需求。

限于作者的水平、实践经验和编写时间，书中难免存在疏漏和不足之处，敬请广大读者批评指正，以使本书日臻完善。

编　者

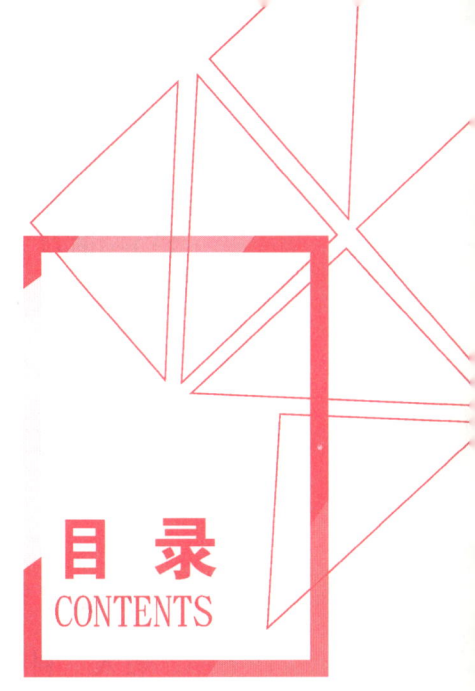

目 录
CONTENTS

前导篇	财务数据处理	1
任务一	财务数据获取	2
任务二	财务数据整理	13

项目一	财务报表分析	27
任务一	资产负债表分析	28
任务二	利润表分析	45
任务三	现金流量表分析	56

项目二	偿债能力分析	69
任务一	短期偿债能力分析	70
任务二	长期偿债能力分析	83
任务三	偿债能力综合分析	95

项目三	盈利能力分析	105
任务一	与销售收入有关的盈利能力分析	106
任务二	与市场有关的盈利能力分析	115
任务三	盈利能力综合分析	126

项目四　营运能力分析 ……………………………………………………… 135

  任务一　流动资产营运能力分析 …………………………………………… 136
  任务二　固定资产营运能力分析 …………………………………………… 150
  任务三　总资产营运能力分析 ……………………………………………… 156
  任务四　营运能力综合分析 ………………………………………………… 163

项目五　发展能力分析 ……………………………………………………… 175

  任务一　收入、利润增长率分析 …………………………………………… 176
  任务二　资产、权益增长率分析 …………………………………………… 183
  任务三　发展能力综合分析 ………………………………………………… 191

参考文献 ……………………………………………………………………… 202

前导篇

财务数据处理

数字化时代，财务数据处理已经成为企业管理中不可或缺的一部分。通过财务数据处理，企业可以更快速、更准确地处理大量的财务数据，提高会计工作的效率和质量，同时，还可以进行财务分析、预算控制、成本核算等管理工作，为企业的决策提供更加可靠的支持。

知识目标

1. 理解财务数据的含义。
2. 了解财务数据的来源渠道。
3. 了解财务数据整理的步骤。

技能目标

1. 学会对财务分析相关数据进行分类。
2. 能够说明财务分析各类相关数据的来源。
3. 能够完成财务分析各类相关数据的采集工作。
4. 学会使用 Excel 数据处理的基本操作和基本函数。
5. 学会整理不规范的表格和数据。
6. 学会生成数据报表。

素养目标

1. 培养对财务数据的敏感性和分析能力。
2. 培养在处理财务数据时的独立思考和判断能力。
3. 培养在团队中处理财务数据的合作和沟通能力。

财务数据分析

任务一　财务数据获取

任务描述

小白作为财务分析工作组的一员，主要负责数据的收集。如果把整个财务分析工作组的工作比作制作一桌满汉全席，那么小白就是重要的原材料供应部门。就如同原材料不过关会引起食物中毒一样，数据准备不充分、不合格会直接影响财务分析的质量。尤其是随着财务部门的职能更多向支持企业经营管理和战略决策转型，不仅要关注财务结果数据，还要全方位采集与汇聚生产经营过程数据和外部环境数据，这样才能更好地支持和驱动财务发挥经营管理价值创造的职能，所以数据收集工作的难度和重要性是同步增长的。

在本任务中，请同学们从以下4个方面进行任务实施：

1. 财务分析相关数据有哪些类别？
2. 财务分析相关数据有哪些来源？
3. 内部数据通过什么渠道采集？
4. 外部财务数据如何采集？

任务实施

【数据处理】——财经网站财务数据的获取

财务数据的获取可以通过内部和外部两种渠道取得，并且内部的财务数据基本从备份文件或数据库就可以取得，获取的方法主要取决于企业财务核算的方式和使用软件的具体类别。在这里主要专注于外部财务数据的获取。

操作演示

常用的财经网站有新浪财经、凤凰财经、网易财经、腾讯财经等。

以新浪财经为例，详细说明操作过程。

1. 进入新浪财经主页面之后，在搜索框内输入要获取数据的企业简称或股票代码。比如输入贵州茅台，单击"搜索"按钮，就可以进入企业大行情页面（图0-1-1）。

2. 在左下角有公司公告和财务数据两大模块，都是获取财务数据的重要途径。单击年报，可以查询到贵州茅台各个年度的年度报告，既可以在线浏览，也可以下载使用（图0-1-2）。

2

前导篇　财务数据处理

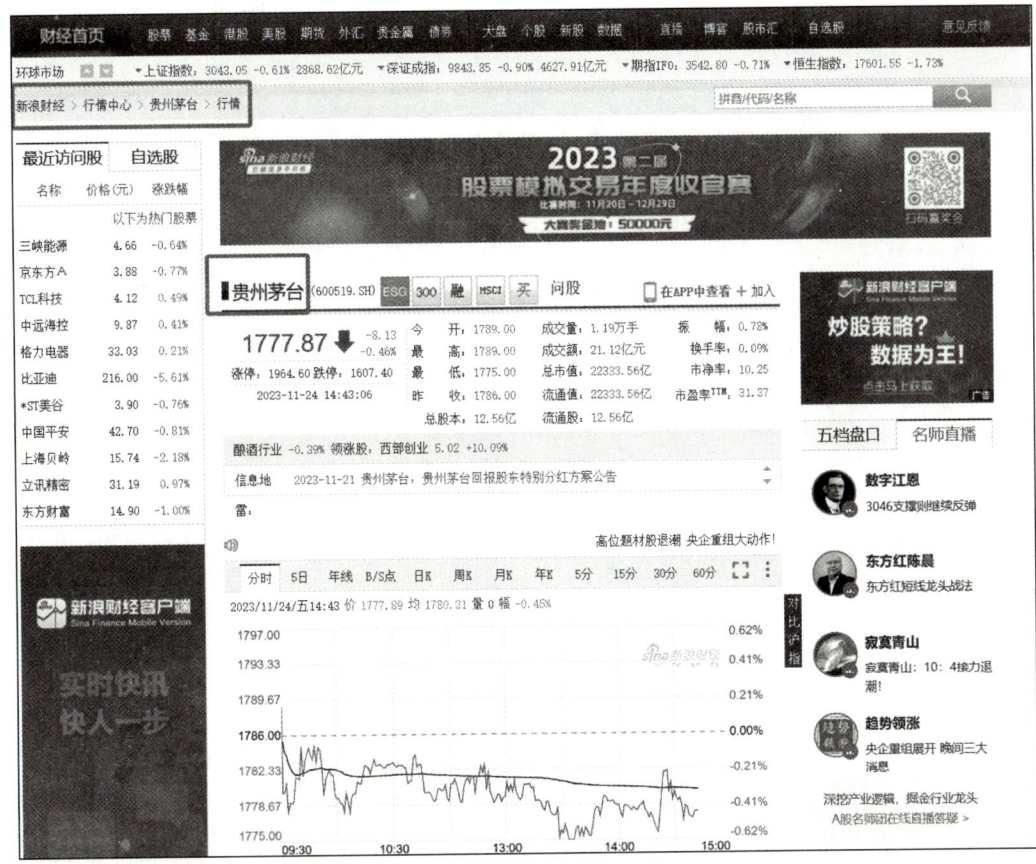

图 0-1-1　企业大行情页面

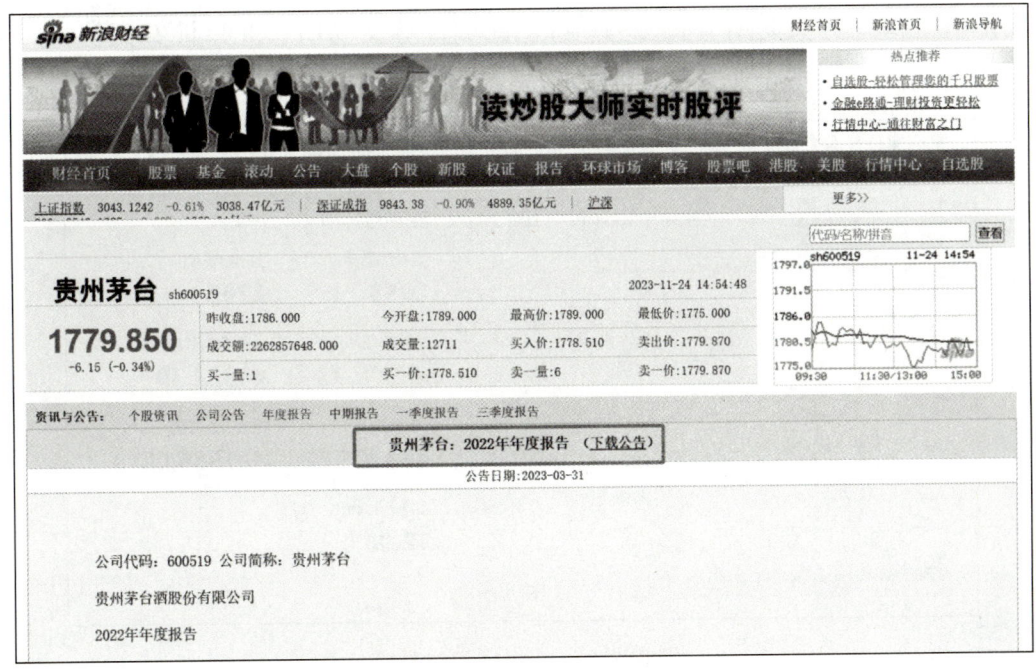

图 0-1-2　年度报告下载页

3. 单击"资产负债表"，可以看到企业各个季度的资产负债情况，如图 0-1-3 所示。这种方法获取数据的前提是企业必须是上市公司。

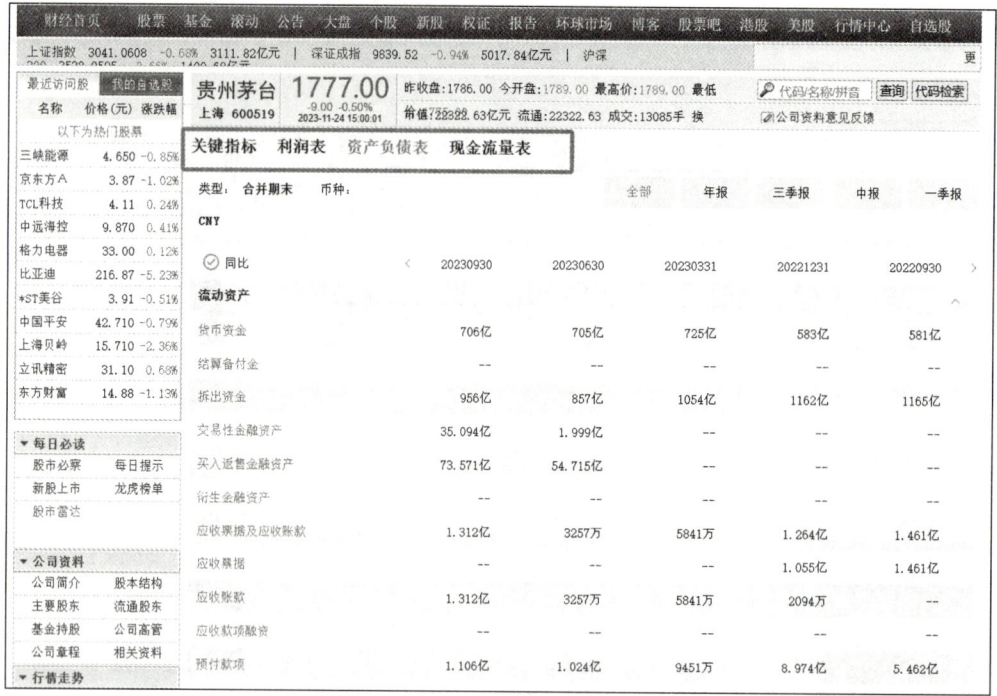

图 0-1-3　资产负债表数据查看

【数据处理】——证券交易所网站财务数据的获取

从互联网上进行外部企业财务数据获取的第二大途径是各类证券交易所的网站，常用的有上海证券交易所（图 0-1-4）、深圳证券交易所、北京证券交易所和香港证券交易所。根据企业具体上市地，选择对应的交易所网站就可以了。

操作演示

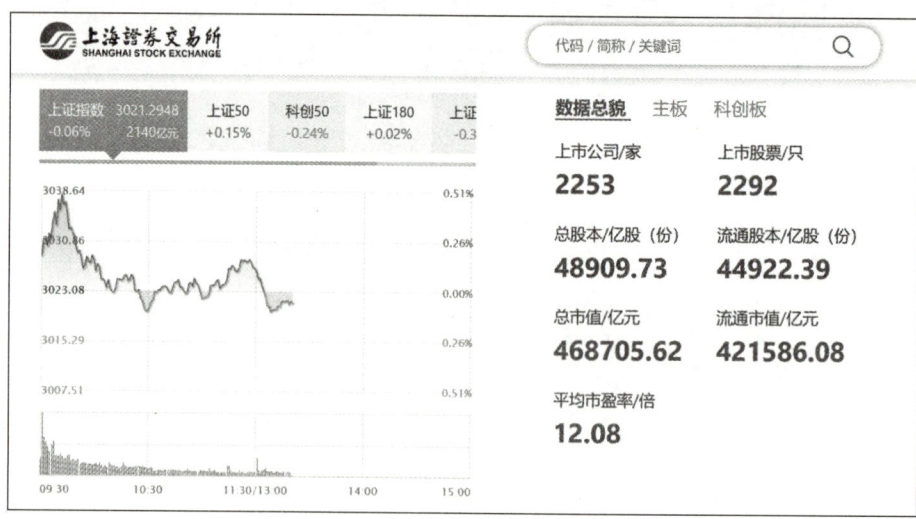

图 0-1-4　上海证券交易所

以贵州茅台的上市地上海证券交易所为例，输入"贵州茅台资产负债表"，单击"搜索"按钮，搜索结果（图 0-1-5）。

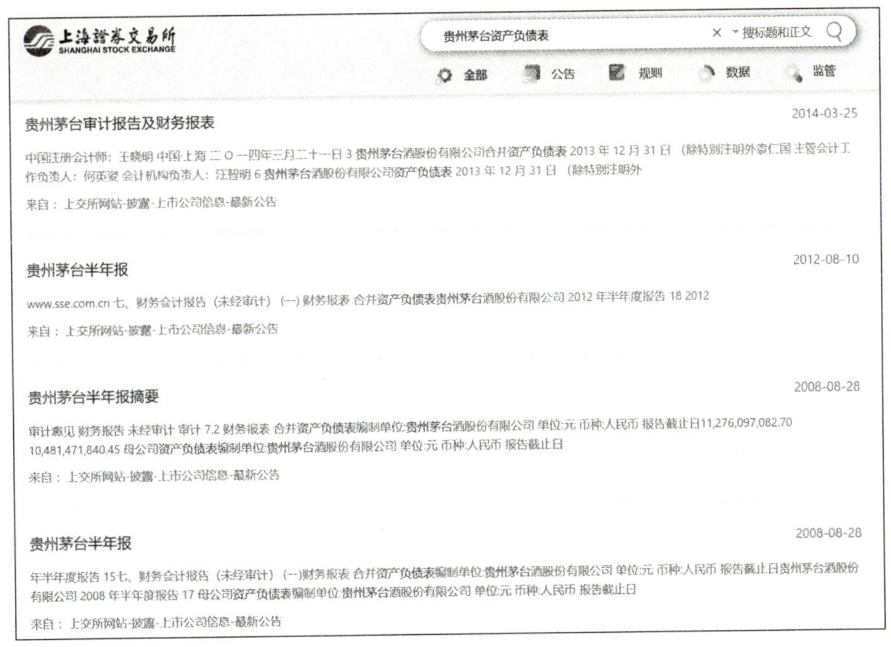

图 0-1-5　搜索结果

【数据处理】——企业官网财务数据的获取

操作演示

从互联网上进行外部企业财务数据获取的第三大途径是企业官网。这一途径的好处是，企业范围并不局限于上市公司，只要企业在官网进行了数据的发布，就可以登录网站进行获取。

比如中国投资有限责任公司（图 0-1-6），因为没有上市，所以没有办法通过财经网站或证交所的网站获取它的财务数据。进入中国投资有限责任公司的官网，在左下角有"年度报告"模块，单击进入，可以完成历年财务报告的在线浏览和下载。

图 0-1-6　中国投资有限责任公司

【数据处理】——搜索引擎经营数据的获取

操作演示

在百度引擎中搜索想获取的数据，如"阿里巴巴电话会议记录"，即可获取（图0-1-7）。

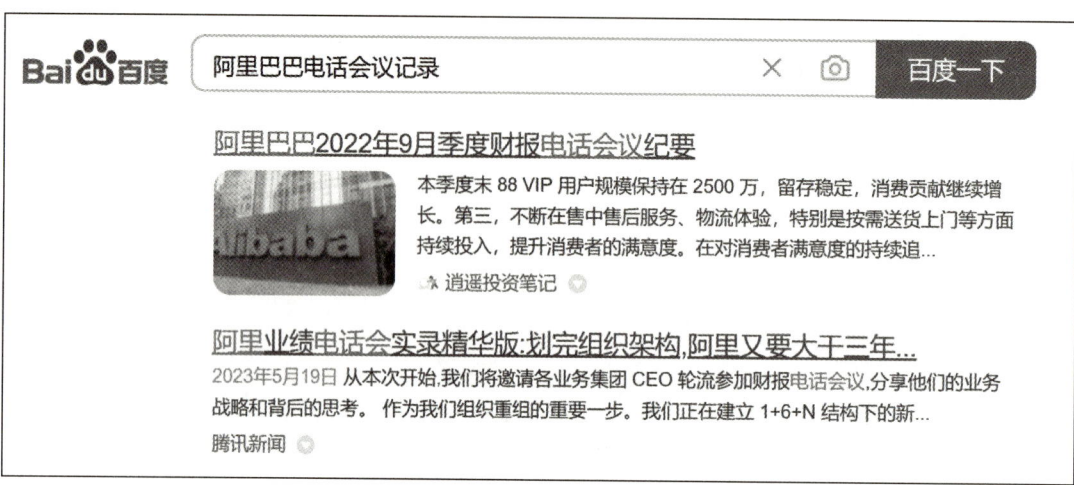

图0-1-7　百度引擎中搜索想获取的数据

【数据处理】——专业网站经营数据的获取

操作演示

常用的财经资讯网站有雪球（图0-1-8）、巨潮资讯、财联社等。

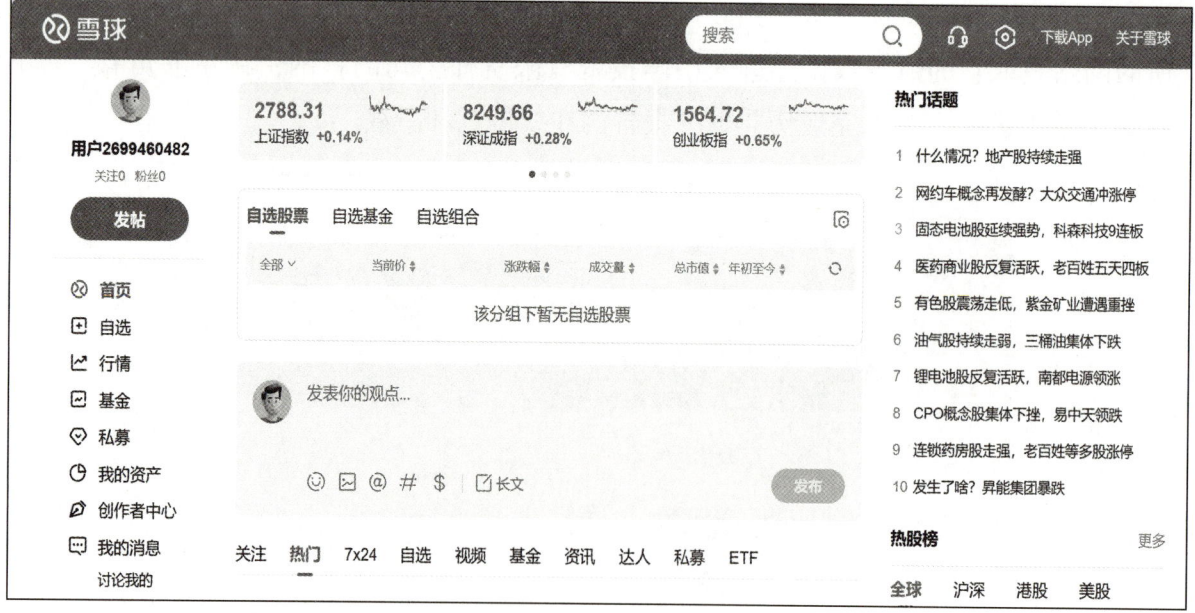

图0-1-8　雪球

前导篇　财务数据处理

知识链接

财务数据的含义

财务分析是指以财务报告资料和其他有关资料为依据和起点，采用专门的方法，系统分析和综合评价企业的财务状况、经营成果和现金流量，以帮助企业改善经营管理和制订战略决策。财务分析中使用到的财务报告数据和其他相关数据资料都属于财务分析数据的范畴。

主要包括以下内容：

1. 财务账簿数据及报表数据：此类财务数据是根据真实的企业经营财务信息统计核算，然后进行登记的数据。报表数据主要包括资产负债表数据、损益表数据、现金流量表数据等，属于企业的基础财务数据。

2. 企业的各项指标分析数据：此类数据是通过数学模型或对应的公式所计算得出的数据。例如，用于企业各部门的责任考核数据，用于分析企业各项指标的财务管理数据及用于投资决策的决策分析数据等。

财务数据通常包括三类：财务报表上的定量数据（如利润表、资产负债表和现金流量表等）；经营活动相关数据（如销售量、存货水平、收入和利润等）；市场和社会数据（如价格水平、税收率、汇率等）。

【数据处理】——国家统计局官网行业数据的获取（图0-1-9）

操作演示

图0-1-9　国家统计局官网

7

【数据处理】——行业数据库行业数据的获取

操作演示

常见的行业数据库有中国统计信息网（图 0-1-10）、中国产业信息网、中国产业经济信息网、中国报告大厅、中研网、前瞻数据库等。

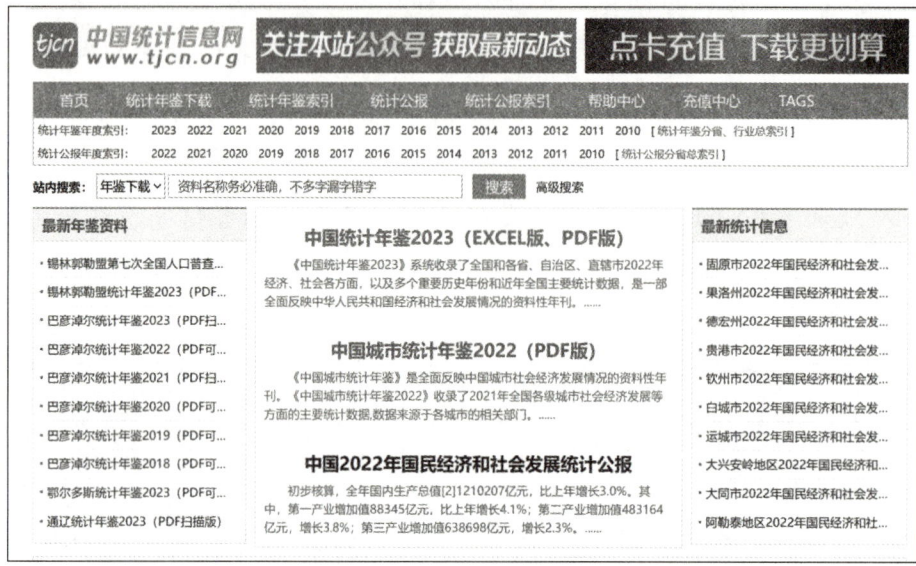

图 0-1-10　中国统计信息网

任务拓展

Excel 导入网页数据、文本财务数据采集

一、Excel 导入网页数据

操作演示

（1）在 Excel 中打开“数据”菜单，选择“自网站”。在弹出的对话框中，输入需要导入的网页链接，单击“转到”按钮（图 0-1-11）。

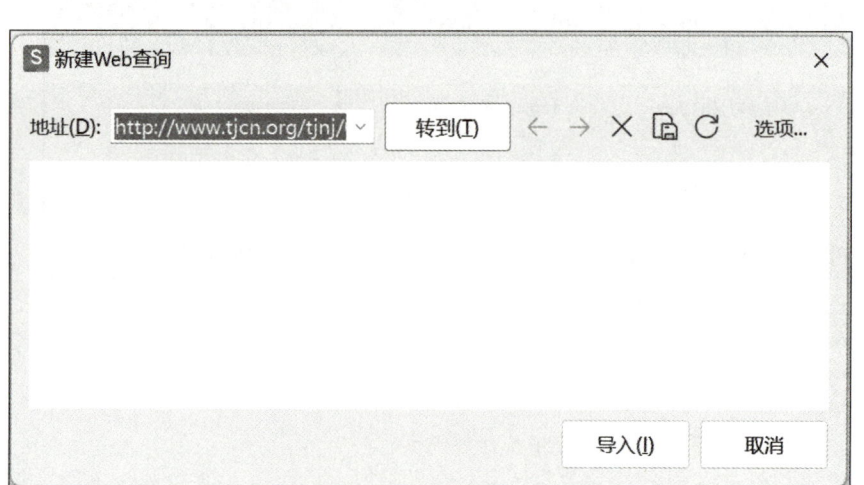

图 0-1-11　输入网页链接

（2）在弹出的网页数据选择窗口中，选择需要导入的数据，可以通过鼠标拖动或者单击箭头进行选择（图0-1-12）。单击"导入"按钮，数据会开始导入Excel中。导入完成后，可以在Excel中查看和编辑数据。

二、Excel 导入文本财务数据采集

以导入北京欣悦新能源科技有限公司资产负债表为例，导入文本数据到 Excel 中，可以按照以下步骤进行操作：

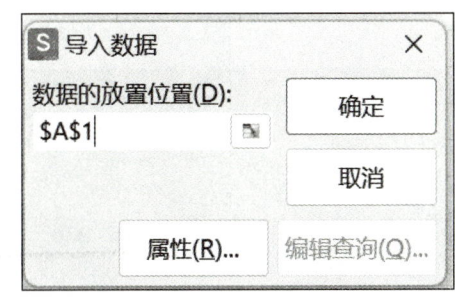

图 0-1-12　导入数据

（1）打开 Excel，选择"文件"菜单，单击"打开"按钮。

（2）在弹出的文件选择窗口中，找到需要导入的文本文件，选择该文件，然后单击"打开"按钮。

（3）这时会弹出"文本导入向导"窗口，单击"下一步"按钮。

（4）在弹出的窗口中，选择"分隔符号"，可以选择逗号、空格或其他字符作为分隔符，根据实际情况进行选择（图0-1-13）。

操作演示

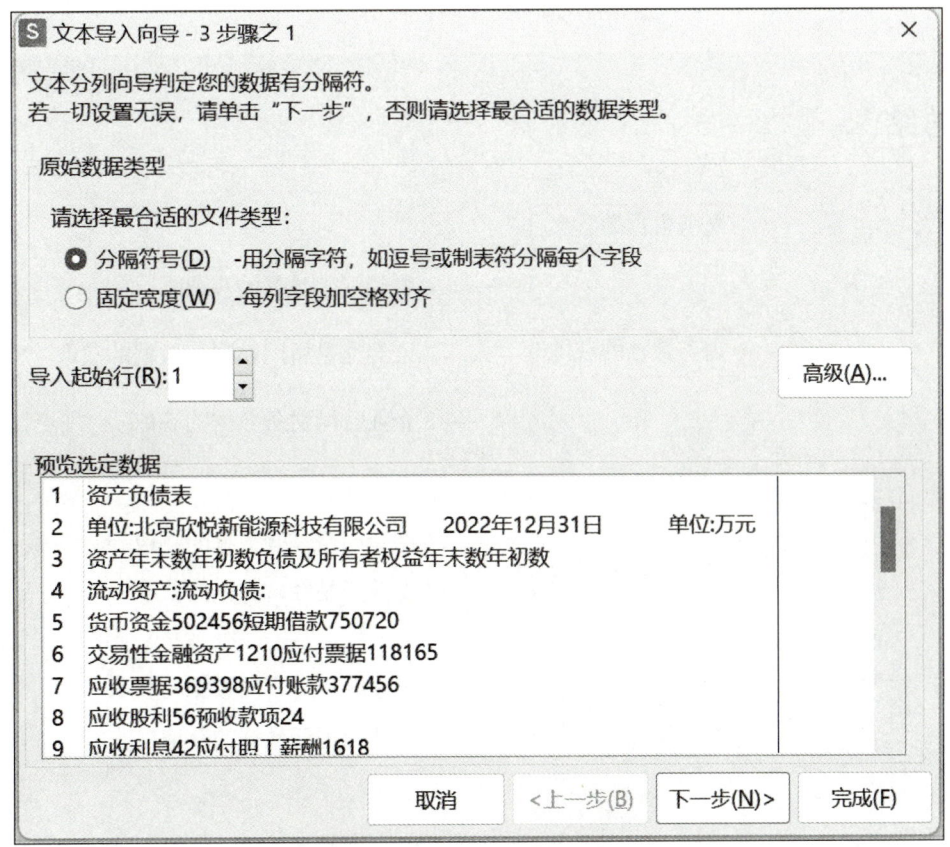

图 0-1-13　文本导入向导之一

（5）在弹出的窗口中，选择需要导入的数据列，可以全部选择或者选择部分列（图0-1-14）。单击"完成"按钮，文本数据被导入 Excel 中。

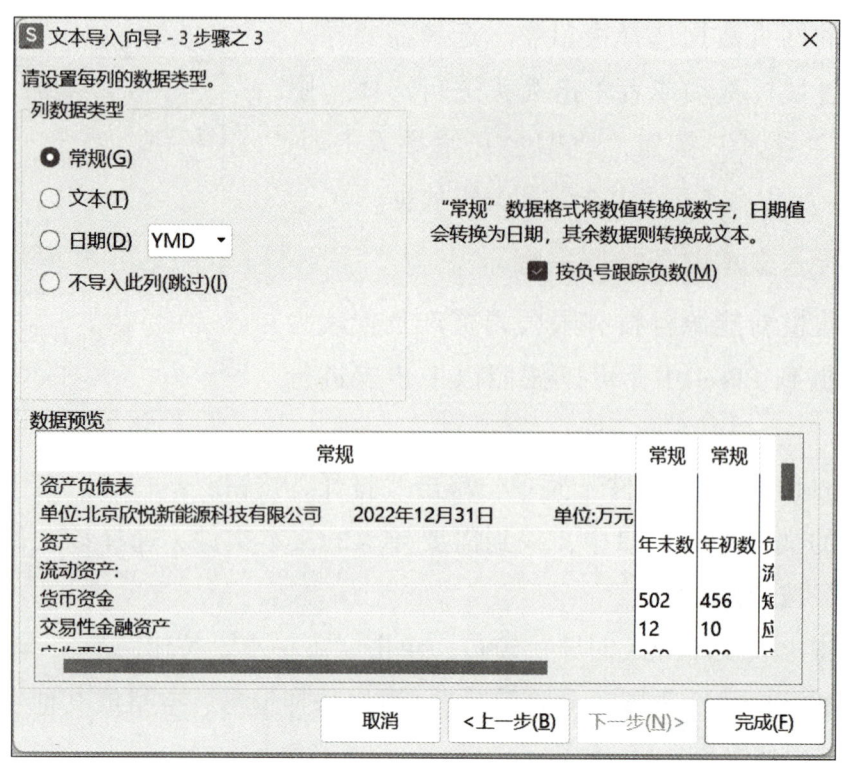

图 0-1-14　文本导入向导之二

任务总结

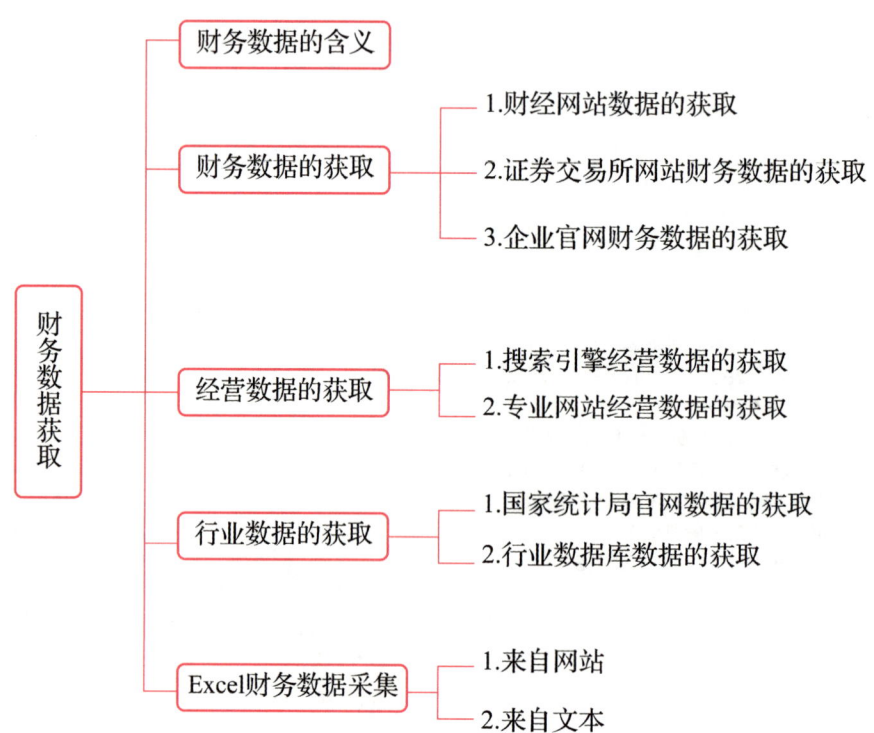

前导篇　财务数据处理

任务检测

一、单选题

财务分析的对象是（　　）。

A. 财务报表　　　　B. 财务报告　　　　C. 财务活动　　　　D. 财务效率

二、多选题

1. 以下属于财务分析数据的有（　　）。

A. 年度财务报告　　　　　　　　B. 资产负债表
C. 财务报表附注　　　　　　　　D. 企业经营工作会议纪要

2. 通过证券交易所网站下载的公司财务报告可能包含（　　）。

A. 财务报表　　　　　　　　　　B. 财务报表附注
C. 财务情况说明书　　　　　　　D. 上市公告书

三、判断题

（　　）财务分析只关注目标企业当前情况即可，无须考虑其他。

四、实训任务

作为一名财务分析数据采集岗的工作人员，请按照下面要求完成实操工作任务。

要求：

1. 选择一家你感兴趣的公司，尝试从多个财经网站查询获取该公司 2023 年年报和 Excel 版的财务报表，并对比选择出使用较便利的网站。

2. 选择同样的公司，看看证券交易所网站能不能找到其年报和财务报表，如果不能，分析查找原因在哪里。

3. 在公司官网查找其年报和财务报表信息。

4. 使用百度搜索引擎，输入公司名称和会议纪要，确认能否找到有用的业务数据或信息。

5. 选择一家财经资讯类网站，输入公司名称和会议纪要，看看能不能找到公司财务分析有关的信息，体会使用财经资讯网站获取信息与搜索引擎的不同之处。

6. 选择一家行业信息类网站，查看公司所处的行业当前的发展状况和最新数据。

7. 登录国家信用信息公示网站，确认能否查找到跟公司有关的信息。

财务数据分析

任务评价

学生自我评价

班级：　　　　　　　　　　姓名：　　　　　　　　　　座号：

财务数据获取	自我评价	
	我会了	我还有问题
财经网站财务数据的获取		
证券交易所网站财务数据的获取		
企业官网财务数据的获取		
搜索引擎经营数据的获取		
专业网站经营数据的获取		
国家统计局官网行业数据的获取		
行业数据库行业数据的获取		
Excel 导入网站数据采集		
Excel 导入文本财务数据采集		

指导教师评价

任务名称	考核项目	考核内容	评分		备注
			分值	得分	
财务数据处理	相关知识预习	认真预习，完成预习作业	10		
	教学过程	积极参与操作，在教学中学习专业知识和技能	20		
	课后练习	独立完成，正确表达	20		
	实训和学习的主动性	自主探究，团队协作	10		
	实训任务	独立完成	10		
	纪律性	遵守课堂纪律，尊师爱友	30		
总评			100		
指导教师签名：					年　　月　　日

任务二　财务数据整理

任务描述

小白作为财务分析工作组的一员，主要负责数据的处理。在工作中，他遇到了问题：在获取的数据表中，不管是使用求和还是使用平均公式，都不起作用，还有很多空白单元格。作为数据处理岗的员工，Excel 的基本操作是必须要掌握的，可以实现事半功倍的效果，在处理较小批量数据方面具有灵活、好学、易上手等诸多的优点。在本任务中，请同学们从以下 3 个方面进行任务实施：

1. 有哪些 Excel 数据处理的基本操作和基本函数？怎么使用？
2. 如何整理不规范的表格和数据？
3. 怎么生成数据报表？

任务实施

【数据处理】——Excel 查找替换

操作演示

选定查找范围，确定并录入查找对象，确定并录入替换对象，单击"全部查找"（图 0-2-1）按钮或"替换"按钮（图 0-2-2）。

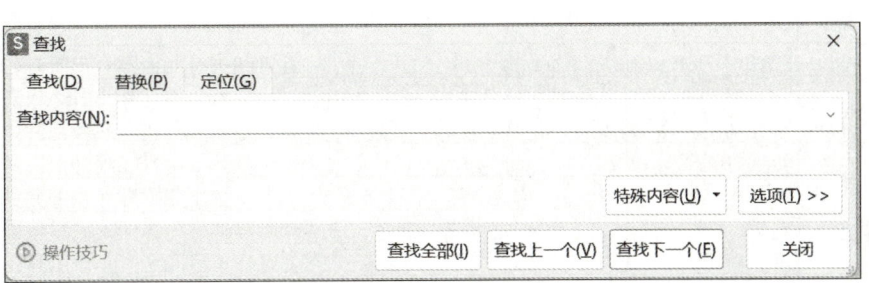

图 0-2-1　查找

图 0-2-2　替换

财务数据分析

【数据处理】——Excel 巧用通配符

操作演示

"*"表示任意多个字符（图 0-2-3），"?"表示任意一个字符。

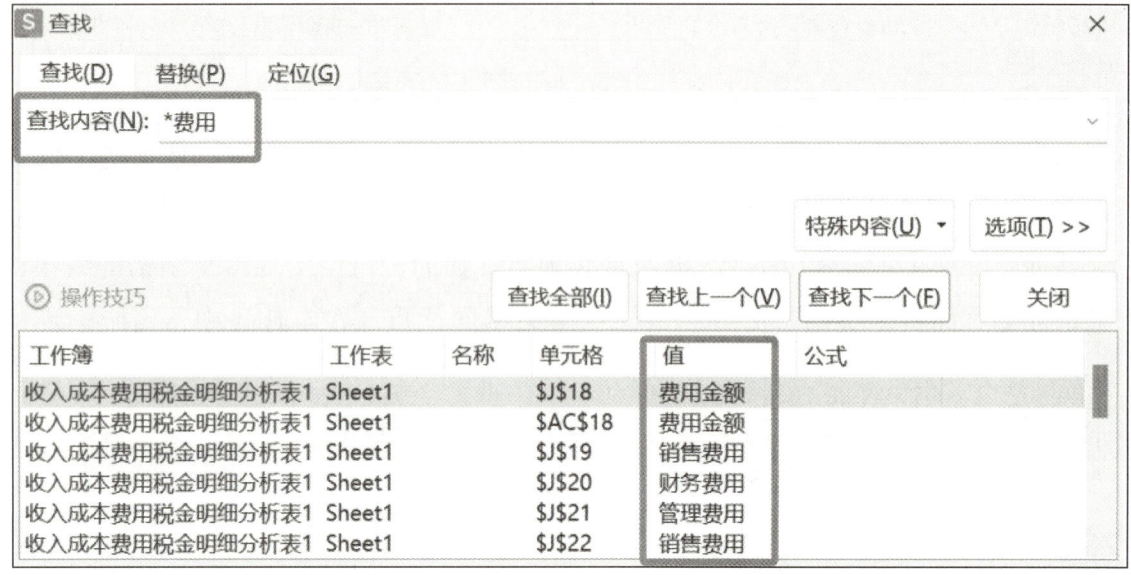

图 0-2-3　通配符

知识链接

　　财务数据整理主要包括以下步骤：数据收集、数据清洗、数据转换、数据归类、数据可视化。

　　1. 数据收集。

　　从各种来源收集财务数据、业务数据、行业数据及其他相关数据。具体包括财务报表、财经媒体或行业报告、商业数据库或金融平台、政府部门公开数据、第三方数据提供商及社交媒体和在线论坛等。

　　2. 数据清洗。

　　对收集到的财务数据进行清洗，去除无效、错误和重复的数据，确保数据的准确性和可靠性。

　　3. 数据转换。

　　将收集到的财务数据转换成统一的标准格式，以便进行后续的数据分析和处理。数据转换是一种重要的数据处理技术，它可以帮助我们将不同来源、不同格式、不同类型的数据转换成统一的标准格式，以便更好地进行数据分析和处理。

4. 数据归类。

将财务数据进行归类整理，按照不同的指标、部门、时间等进行划分和整理，以便更好地组织和展示数据。通过对财务数据进行归类整理，可以按照不同的指标、部门、时间等进行划分和整理，以便更好地组织和展示数据。

5. 数据可视化。

将整理好的财务数据进行可视化展示，例如制作图表、表格等，以便更直观地展示数据和分析结果。它可以帮助更好地理解数据、发现数据的规律和趋势，以及做出决策。在财务领域，数据可视化也扮演着重要的角色。

【数据处理】——Excel 选择性粘贴

选定单元格区域进行复制，鼠标右击，选择"选择性粘贴"（图 0-2-4）。

操作演示

图 0-2-4　选择性粘贴

【数据处理】——Excel 使用选择性粘贴进行单元格转换

在任意单元格输入"10000"并复制，选择目标区域单元格，右击，选择"选择性粘贴"，选择"数值"和"乘"（图 0-2-5），单击"确定"按钮（图 0-2-6）。

操作演示

财务数据分析

图 0-2-5 选择性粘贴之一

图 0-2-6 选择性粘贴之二

【数据处理】——Excel 使用 "选择性粘贴" 进行行列转换

操作演示

选定目标区域单元格并复制，选中区域外任一空白单元格，右击，选择"选择性粘贴"→"转置"（图 0-2-7），单击"确定"按钮（图 0-2-8）。

图 0-2-7 选择性粘贴之三

资产		流动资产	货币资金	交易性金融资产	应收票据	应收股利	应收利息	应收账款	预付款项
年末数			502	12	369	5	4	1010	9
年初数			456	10	398	6	2	960	6
负债及所有者权益		流动负债	短期借款	应付票据	应付账款	预收款项	应付职工薪酬	应付股利	应交税费
年末数			750	118	377	2	16	756	28
年初数			720	165	456	4	18	630	25

图 0-2-8 选择性粘贴之四

【数据处理】——SUM 函数的基本操作

确定放置求和结果的单元格，单击"公式"→"求和"（图 0-2-9）。

操作演示

17

财务数据分析

图 0-2-9　SUM 函数的单表求和

【数据处理】——ROUND 函数的基本操作

首先打开 Excel 表格，选中需要进行操作的单元格；然后在单元格里输入公式"=ROUND（待控制小数位数的数据，控制的小数位数）"，如图 0-2-10 所示。按 Enter 键即可得出结果。

操作演示

图 0-2-10　ROUND 函数的基本操作

【数据处理】——IF 函数的基本操作

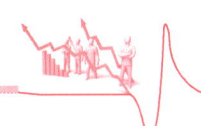

操作演示

打开 Excel 表格，在输出数据的单元格单击工具栏上的"公式"→"插入"→"函数"→"逻辑"→"IF"，如图 0-2-11 所示。

图 0-2-11　IF 函数参数对话框

IF 函数的基本操作如图 0-2-12 所示。

图 0-2-12　IF 函数的基本操作

【数据处理】——VLOOKUP 函数的基本操作

操作演示

打开 Excel 表格，单击工具栏上的"公式"→"插入"→"函数"→"逻辑"→"VLOOKUP"，弹出如图 0-2-13 所示对话框。

19

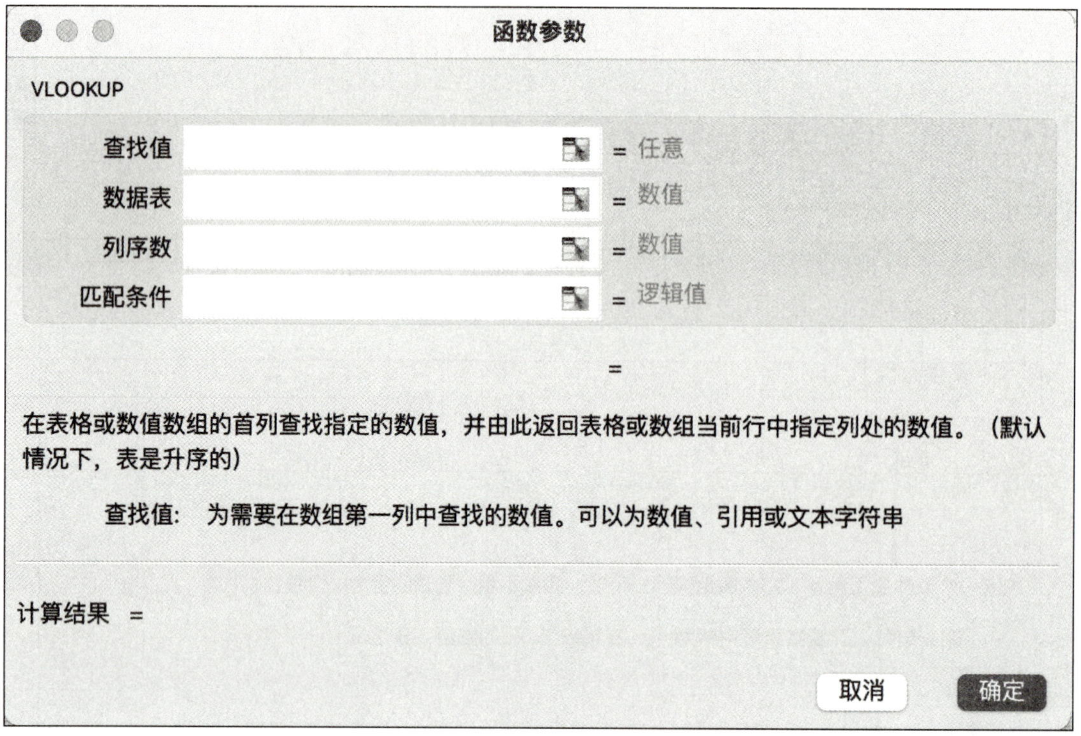

财务数据分析

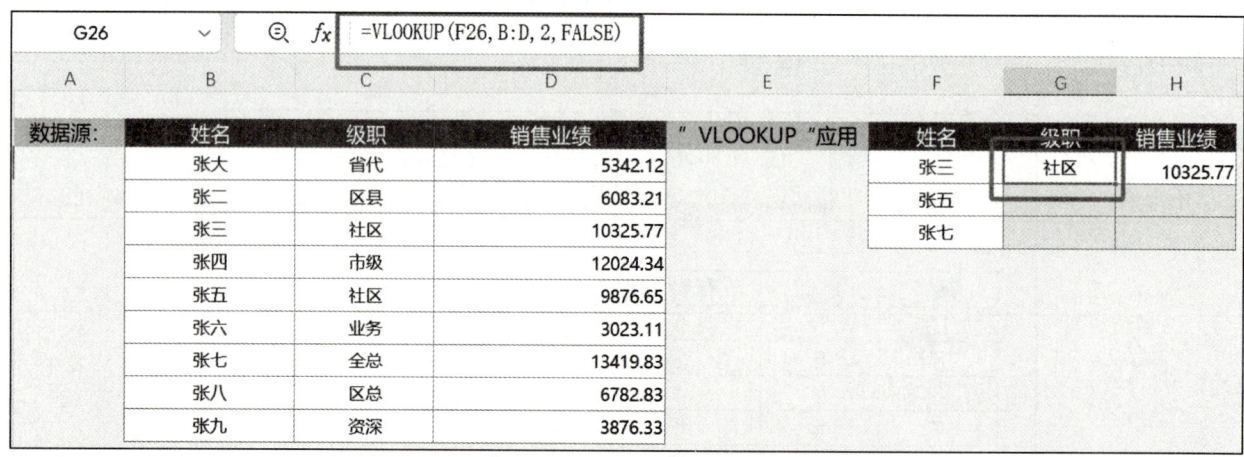

图 0-2-13　VLOOKUP 函数参数对话框

VLOOKUP 函数的基本操作如图 0-2-14 所示。

图 0-2-14　VLOOKUP 函数的基本操作

【数据处理】——整理表格结构

不规范的表格和数据如图 0-2-15 所示，存在的问题有：

1. 多行表头；

2. 合并单元格；

3. 小计总计；

4. 空白单元格。

操作演示

20

公司销售量统计表

日 期	合同号	客户名称	商品名称	销量(按型号统计)		付款方式
				A型	B型	
20230114	20230114	新世纪百货	T恤	299		现销
2023.01.31		环球商贸	牛仔裤		150	
1月小计				299	150	
2023.2.5	20230205	新世纪百货公司	衬衫	450		赊销
44970		环球商贸集团	T恤		387	
2月小计				450	387	
合计				749	537	

图 0-2-15　不规范的表格和数据

解决方法：

1. 将销量（按型号统计）改为：A 型销量，B 型销量；

2. 补充合同号、付款方式，规范日期格式；

3. 删除月份小计；

4. 删除空白单元格。

规范后的表格和数据如图 0-2-16 所示。

日期	合同号	客户名称	商品名称	A型销量	B型销量	付款方式
20230114	20230114	新世纪百货	T恤	299	0	现销
20230131	20230131	环球商贸	牛仔裤	0	150	现销
20230205	20230205	新世纪百货	衬衫	450	0	赊销
20230213	20230213	环球商贸	T恤	0	387	赊销

图 0-2-16　规范后的表格和数据

【数据处理】——汇总生成数据报表

操作演示

选定单元格区域，按 Ctrl+G 组合键调出"定位"，单击"定位条件"→"空值"→"确定"，单击"公式"→"自动求和"（图 0-2-17~图 0-2-19）。

序号	名称	原材料成本	工资成本	加工成本	广告成本	运输成本	总计
1	产品A	698	945	965	997	221	
2	产品B	929	590	851	381	900	
3	产品C	363	456	771	275	276	
4	产品D	962	777	372	940	719	
合计							

图 0-2-17　汇总生成数据报表之一

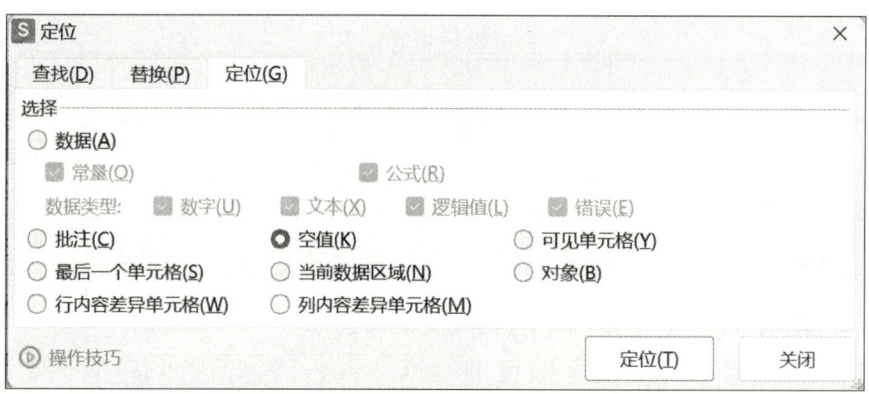

图 0-2-18　汇总生成数据报表之二

图 0-2-19　汇总生成数据报表之三

任务拓展

数据透视生成报表的步骤如下：

1. 选择数据源。

2. 单击"插入"→"数据透视表"。

3. 设定透视表位置，单击"确定"按钮。

4. 根据需要设定行字段、列字段和值字段（图 0-2-20）。

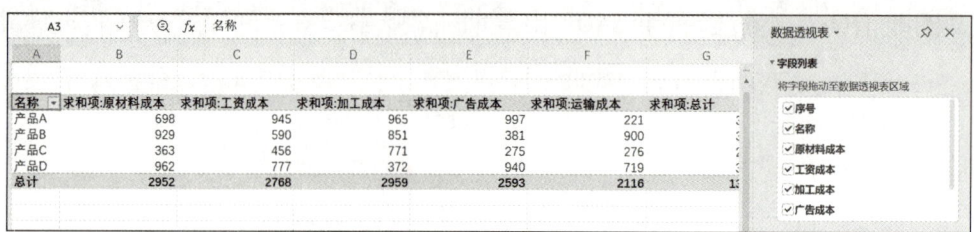

图 0-2-20　数据透视生成报表

操作演示

知识链接

在财务数据整理过程中,需要注意以下几点:

1. 确保数据的准确性:对于重要的财务数据,需要进行核实和验证,确保数据的准确性。

2. 遵循相关法规和标准:在数据整理过程中,需要遵循相关法规和标准,例如,会计准则和财务报表标准等。

3. 注意数据的保密性:对于涉及公司机密或个人隐私的财务数据,需要采取保密措施,确保数据的安全性和保密性。

4. 保持数据的更新和修正:随着时间的推移,财务数据可能发生变化,需要及时更新和修正数据,以确保数据的时效性和准确性。

5. 合理运用数据分析工具:可以使用数据分析工具对整理好的财务数据进行深入的分析和处理,以便更好地了解公司的财务状况和经营情况。

任务总结

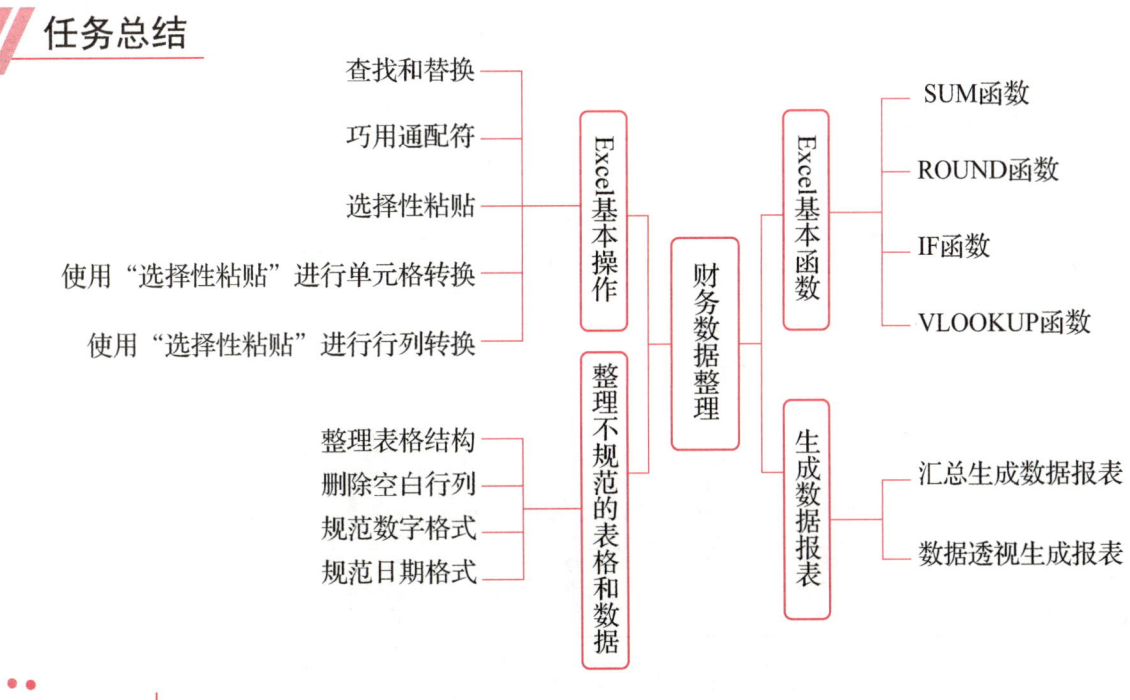

任务检测

一、单选题

1. 能够对 Excel 中的数值型数据进行四舍五入处理的函数是（   ）。

A. SUM 函数　　　　B. ROUND 函数　　　　C. IF 函数　　　　D. VLOOKUP 函数

2. 以下不属于 Excel 能够识别的日期格式的是（   ）。

A. 2023-12-19　　　B. 20231219　　　　C. 2023/12/19　　　D. 2023 年 12 月 19 日

二、多选题

以下属于 Excel 数据处理具体要求的有（　　）。

A. 尽量不使用合并单元格　　　B. 避免出现多层表头

C. 不要出现重复的列标题　　　D. 尽量不要出现中间的小计行

三、判断题

(　　) 1. 数据处理的效率与数据的规模成正比，也就是说，数量少的数据一定比数量多的数据更容易处理。

(　　) 2. 在 Excel 的查找和替换过程中，*是可以表示任意多个字符的通配符。

(　　) 3. 在 Excel 中，"选择性粘贴"可以实现行列转换。

四、实训任务

表格为从某企业 ERP 系统中导出的各部门费用支出情况，作为一名财务分析数据整理岗的工作人员，请按照下面要求，选择你认为合适的方法，完成对数据的整理工作，以便开展接下来的财务分析。

部门	月份	费用类型	费用
ERP项目部	2023年2月	销售费用	10 724 000.00
行政部	2023年2月	招聘费	11 593 000.00
计划部	2023年3月	营业费用	4 808 300.00
生产二部	2023年8月	销售费用	10 662 000.00
研发部	2023年4月	日常费用	9.343.000.00
ERP项目部	2023年3月	招聘费	6 546 000.00
计划部	2023年2月	招聘费	
行政部	2023年2月	日常费用	9 446 000.00
生产一部	2023年4月	营业费用	1 053 000.00
计划部	2023年4月	营业费用	1.075.000.00
研发部	2023年8月	招聘费	100.450.00
生产一部	2023年3月	营业费用	3.467.000.00
ERP项目部	2023年1月	日常费用	3 041 000.00
人事部	2023年2月	招聘费	1 233 500.00
ERP项目部	2023年1月	营业费用	5 876 000.00
生产一部	2023年7月	销售费用	6 447 000.00
ERP项目部	2023年5月	营业费用	7 210 000.00
生产一部	2023年8月	营业费用	1 162 100.00
研发部	2023年6月	日常费用	5 573 000.00
ERP项目部	2023年3月	销售费用	5 220 000.00
研发部	2023年5月	招聘费	3.903.000.00
生产一部	2023年6月	营业费用	3 804 000.00
ERP项目部	2023年5月	日常费用	8 502 000.00
ERP项目部	2023年7月	营业费用	9 275 000.00
人事部	2023年8月	招聘费	8 188 000.00
生产一部	2023年4月	销售费用	4 606 000.00
生产二部	2023年3月	销售费用	7 982 000.00
生产二部	2023年6月	营业费用	11 214 000.00
计划部	2023年1月	招聘费	11 738 000.00
生产一部	2023年1月	营业费用	6 228 000.00
生产二部	2023年3月	营业费用	3 224 000.00
计划部	2023年7月	招聘费	8 902 000.00
生产一部	2023年4月	招聘费	6.856.000.00

要求：

（1）删除表格中的空行，将无数据的费用项替换为0，并将计算结果填写在对应答题页中。

（2）调整表格中数据的格式，不使用千位分隔符，将数据单位从元调整为万元，并将计算结果填写在对应答题页中。

（3）使用数据透视表的功能对数据部分进行透视求和，分别统计各部门、各费用类型、各月份的费用情况，并将计算结果填写在对应答题页中（年月请用××××年×月表示）。

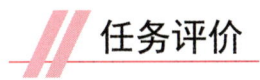

党的二十大报告提出加快建设数字中国的目标任务，报告提出："加快发展数字经济，促进数字经济和实体经济深度融合，打造具有国际竞争力的数字产业集群。"这为进一步做好财务数据处理工作提供了指导和支持。在财务工作中，数据是重要的生产要素之一。通过对数据的处理和分析，可以更好地了解企业的经营状况、资金流动情况等，为决策提供有力的支撑。因此，财务数据处理工作对于企业来说非常重要。企业加强数字化技术的应用，提高数据处理效率和质量，更好地支持企业的决策和管理。

同时，党的二十大报告也重视信息安全，报告提出："强化经济、重大基础设施、金融、网络、数据、生物、资源、核、太空、海洋等安全保障体系建设。"财务数据是企业的重要资产之一，必须确保其安全性和保密性。企业在处理财务数据时，应该注重保护数据的安全性，防止泄露和篡改，保障企业的利益和声誉。

任务评价

学生自我评价

班级：　　　　　　　　　姓名：　　　　　　　　　座号：

财务数据获取	自我评价	
	我会了	我还有问题
财务分析相关数据的类别		
财务分析相关数据的来源		
内部数据的采集渠道		
外部财务数据的采集方法		
Excel 数据处理的基本操作		
Excel 数据处理的基本函数		
整理不规范的表格和数据		
生成数据报表		

财务数据分析

指导教师评价

任务名称	考核项目	考核内容	评分 分值	评分 得分	备注
财务数据处理	相关知识预习	认真预习，完成预习作业	10		
	教学过程	积极参与操作，在教学中学习专业知识和技能	20		
	课后练习	独立完成，正确表达	20		
	实训和学习的主动性	自主探究，团队协作	10		
	实训任务	独立完成	10		
	纪律性	遵守课堂纪律，尊师爱友	30		
总评			100		
指导教师签名：			年　　月　　日		

项目一

财务报表分析

企业的报表主要包含资产负债表、利润表、现金流量表，报表分析除了企业内部用于评价资产质量及其短期和长期偿债能力、判定未来经营方向、预测公司财务状况变动趋势、防止弊端、做出决策外，也可让所有阅读者于最短时间了解企业经营状况。

知识目标

1. 认识资产负债表、利润表、现金流量表的内容。
2. 了解资产负债表、利润表、现金流量表的分析目的。
3. 熟悉资产负债表、利润表、现金流量表的比较分析、结构分析的相关计算及其数据分析。

技能目标

1. 学会运用 Excel 表格进行资产负债表分析的相关计算并进行简要分析。
2. 学会运用 Excel 表格进行利润表分析的相关计算并进行简要分析。
3. 学会运用 Excel 表格进行现金流量表分析的相关计算并进行简要分析。

素养目标

1. 培养研判企业报表所反映的财务状况和经营成果的能力，提高财务风险防范意识。
2. 培养运用财务数据进行分析问题、解决问题的能力。

财务数据分析

任务一　资产负债表分析

资产负债表又称为财务状况表，表示企业在某一特定日期（通常为各会计期末）的财务状况（即资产、负债和所有者权益的状况）的主要会计报表。资产负债表利用会计平衡原则，根据会计恒等式"资产=负债+所有者权益（股东权益）"来编制，将合乎会计原则的资产、负债、所有者权益（股东权益）等交易科目分为"资产"和"负债及所有者权益（股东权益）"两大区块，在经过分录、转账、分类账、试算、调整等会计程序后，以特定日期的静态企业情况为基准，浓缩成一张报表。报表从两方面来反映公司财务状况的时点指标：其一是某一特定时点的资产规模大小及其分布情况；其二是反映公司特定日期的资本来源及其结构。

其功用除了企业内部评价资产质量及其短期和长期偿债能力、判定未来经营方向、预测公司财务状况变动趋势、防止弊端、做出决策外，也可让所有阅读者于最短时间了解企业经营状况。

任务描述

北京欣悦新能源科技有限公司（简称北京欣悦公司）于 2016 年 12 月成立于北京市技术开发区，聚焦于新能源汽车的定义、研发、销售和服务，秉持开放的态度，实现对传统造车经验与互联网造车理念的深度融合，是一个具有前瞻性出行生态布局的新能源汽车品牌，旗下主要产品有欣悦 X01、欣悦 X03、欣悦 X06、欣悦 Y08、欣悦 Y09、欣悦 Y10 等，产品销售全国各地，在广大客户的心中树立了良好企业形象。

期末，同学们拿到了北京欣悦公司的财务报表（表 1-1-1~表 1-1-9），大家都对其中的财务数据产生浓厚的兴趣，争先恐后地想担任财务分析人员的角色，纷纷讨论该从哪里下手进行分析。

请从以下 3 个方面进行逐步分析：

1. 财务人员可从资产负债表中提取哪些信息为股东、债权人、经营者服务。
2. 如何对资产负债表进行比较分析。
3. 如何对资产负债表进行结构分析。

该公司 2023 年 12 月 31 日的资产负债表（表 1-1-1）、利润表（表 1-1-2）和现金流量表（表 1-1-3）如下。

表 1-1-1　资产负债表

单位：北京欣悦新能源科技有限公司　　2023 年 12 月 31 日　　　　　　　　　　　　单位：万元

资产	年末数	年初数	负债及所有者权益	年末数	年初数
流动资产：			流动负债：		
货币资金	502	456	短期借款	750	720
交易性金融资产	12	10	应付票据	118	165
应收票据	369	398	应付账款	377	456
应收股利	5	6	预收款项	2	4
应收利息	4	2	应付职工薪酬	16	18
应收账款	1 010	960	应付股利	756	630
预付款项	9	6	应交税费	28	25
其他应收款	10	30	其他应付款	14	17
存货	2 222	2 106	其他流动负债	3	5
其他流动资产	3	2	流动负债合计	2 064	2 040
流动资产合计	4 146	3 976	非流动负债：		
非流动资产：			长期借款	1 400	1 200
持有至到期投资	122	125	应付债券	1 500	1 500
长期股权投资	186	186	长期应付款	294	176
固定资产	4 476	4 422	非流动负债合计	3 194	2 876
工程物资	12	36	负债合计	5 258	4 916
在建工程	1 557	1 072	实收资本	4 960	4 960
无形资产	495	521	资本公积	52	50
长期待摊费用	204	222	盈余公积	898	608
			未分配利润	30	26
			所有者权益合计	5 940	5 644
资产总计	11 198	10 560	负债及所有者权益总计	11 198	10 560

表 1-1-2　利润表

单位：北京欣悦新能源科技有限公司　　2023 年度　　　　　　　　　　　　　　　　单位：万元

项目	本期金额	上期金额
一、营业收入：	18 870	15 820
其中：1. 主营业务收入	18 450	15 420

财务数据分析

续表

项目	本期金额	上期金额
2．其他业务收入	420	400
减：营业成本：	11 640	11 880
其中：1．主营业务成本	11 440	11 680
2．其他业务成本	200	200
营业税金及附加	368.2	63.4
销售费用	1 038	792.6
管理费用	1 594	1 094
财务费用	622.8	544
加：投资收益	32	31
二、营业利润	3 639	1 477
加：营业外收入	17	18
减：营业外支出	16	15
三、利润总额	3 640	1 480
减：所得税费用（税率25%）	910	370
四、净利润	2 730	1 110

表1-1-3　现金流量表

编制单位：北京欣悦新能源科技有限公司　　2023年度　　　　　　　　　　单位：元

项目	金额
一、经营活动产生的现金流量：	
销售商品、提供劳务收到的现金	5 290 000.88
收到的税费返还	
收到的其他与经营活动有关的现金	487 740.99
现金流入小计	5 777 741.87
购买商品、接受劳务支付的现金	890 000.88
支付给职工以及为职工支付的现金	1 123 900.92
支付的各项税费	3 123 900.92
支付的其他与经营活动有关的现金	231 455.88
现金流出小计	5 369 258.60
经营活动产生的现金流量净额	408 483.27
二、投资活动产生的现金流量：	
收回投资所收到的现金	283 883.99

项目一　财务报表分析

续表

项目	金额
取得投资收益所收到的现金	21 122.73
处置固定资产、无形资产和其他长期资产所收回的现金净额	399 393.22
收到的其他与投资活动有关的现金	29 933.11
现金流入小计	734 333.05
购建固定资产、无形资产和其他长期资产所支付的现金	233 345.88
投资所支付的现金	234 424.86
支付的其他与投资活动有关的现金	332 341.7
现金流出小计	800 112.44
投资活动产生的现金流量净额	-657 79.39
三、筹资活动产生的现金流量：	
吸收投资所收到的现金	13 328.96
借款所收到的现金	420 000
收到的其他与筹资活动有关的现金	32 245.76
现金流入小计	465 574.72
偿还债务所支付的现金	273 737.22
分配股利、利润或偿付利息所支付的现金	77 723.2
支付的其他与筹资活动有关的现金	567.3
现金流出小计	352 027.72
筹资活动产生的现金流量净额	113 547.00
四、汇率变动对现金的影响	3 749.12
五、现金及现金等价物净增加额	460 000.00
六、期末现金及现金等价物余额	5 020 000.00

该公司 2022 年 12 月 31 日资产负债表（表 1-1-4）、利润表（表 1-1-5）和现金流量表（表 1-1-6）如下。

表 1-1-4　资产负债表

单位：北京欣悦新能源科技有限公司　　2022 年 12 月 31 日　　　　　　　　　　　单位：万元

资产	年末数	年初数	负债及所有者权益	年末数	年初数
流动资产：			流动负债：		
货币资金	456	379	短期借款	720	689
交易性金融资产	10	10	应付票据	165	145
应收票据	398	345	应付账款	456	416
应收股利	6	7	预收款项	4	5

31

财务数据分析

续表

资产	年末数	年初数	负债及所有者权益	年末数	年初数
应收利息	2	2.5	应付职工薪酬	18	20
应收账款	960	890	应付股利	630	580
预付款项	6	5	应交税费	25	23
其他应收款	30	25.5	其他应付款	17	16
存货	2 106	1 989	其他流动负债	5	70
其他流动资产	2	1	流动负债合计	2 040	1 964
流动资产合计	3 976	3 654	非流动负债：		
非流动资产：			长期借款	1 200	1 490
持有至到期投资	125	115	应付债券	1 500	1 300
长期股权投资	186	168	长期应付款	176	160
固定资产	4 422	4 099	非流动负债合计	2 876	2 950
工程物资	36	28	负债合计	4 916	4 914
在建工程	1 072	982	实收资本	4 960	4 060
无形资产	521	509	资本公积	50	90
长期待摊费用	222	110	盈余公积	608	565
非流动资产合计		6011	未分配利润	26	36
			所有者权益合计	5 644	4 751
资产总计	10 560	9 665	负债及所有者权益总计	10 560	9 665

表 1-1-5 利润表

单位：北京欣悦新能源科技有限公司　　　2022 年度　　　　　　　　　单位：万元

项目	本期金额	上期金额
一、营业收入：	15 820	14 000
其中：1. 主营业务收入	15 420	14 000
2. 其他业务收入	400	0
减：营业成本：	11 880	10 380
其中：1. 主营业务成本	11 680	10 380
2. 其他业务成本	200	0
营业税金及附加	63.4	58.6
销售费用	792.6	710
管理费用	1 094	936

32

续表

项目	本期金额	上期金额
财务费用	544	520
加：投资收益	31	28
二、营业利润	1 477	2 423.4
加：营业外收入	18	6
减：营业外支出	15	4
三、利润总额	1 480	1 425.4
减：所得税费用（税率25%）	370	356.35
四、净利润	1 110	1 069.05

表 1-1-6　现金流量表

编制单位：北京欣悦新能源科技有限公司　　2022 年度　　　　　　　　　　　　　　单位：元

项目	金额
一、经营活动产生的现金流量：	
销售商品、提供劳务收到的现金	5 173 330.93
收到的税费返还	
收到的其他与经营活动有关的现金	499 002.22
现金流入小计	5 672 333.15
购买商品、接受劳务支付的现金	792 971.00
支付给职工以及为职工支付的现金	1 197 666.90
支付的各项税费	3 000 800.80
支付的其他与经营活动有关的现金	348 997.88
现金流出小计	5 340 436.58
经营活动产生的现金流量净额	331 896.57
二、投资活动产生的现金流量：	
收回投资所收到的现金	307 789.23
取得投资收益所收到的现金	32 002.33
处置固定资产、无形资产和其他长期资产所收回的现金净额	488 900.88
收到的其他与投资活动有关的现金	34 678.82
现金流入小计	863 371.26
购建固定资产、无形资产和其他长期资产所支付的现金	334 550.88
投资所支付的现金	145 677.90

续表

项目	金额
支付的其他与投资活动有关的现金	246 788.83
现金流出小计	727 017.61
投资活动产生的现金流量净额	136 353.65
三、筹资活动产生的现金流量：	
吸收投资所收到的现金	197 474.22
借款所收到的现金	460 000.00
收到的其他与筹资活动有关的现金	41 934.86
现金流入小计	699 409.08
偿还债务所支付的现金	320 002.33
分配股利、利润或偿付利息所支付的现金	77 854.99
支付的其他与筹资活动有关的现金	345.75
现金流出小计	398 203.07
筹资活动产生的现金流量净额	301 206.01
四、汇率变动对现金的影响	543.77
五、现金及现金等价物净增加额	770 000.00
六、期末现金及现金等价物余额	4 560 000.00

该公司2021年12月31日资产负债表（表1-1-7）、利润表（表1-1-8）如下。

表1-1-7 资产负债表

单位：北京欣悦新能源科技有限公司　　2021年12月31日　　　　　　　　单位：万元

资产	年末数	年初数	负债及所有者权益	年末数	年初数
流动资产：			流动负债：		
货币资金	379	280	短期借款	689	100
交易性金融资产	10		应付票据	145	
应收票据	345	145	应付账款	416	94
应收股利	7		预收款项	5	
应收利息	2.5	1	应付职工薪酬	20	
应收账款	890	400	应付股利	580	
预付款项	5	40	应交税费	23	15
其他应收款	25.5		其他应付款	16	16

续表

资产	年末数	年初数	负债及所有者权益	年末数	年初数
存货	1 989	680	其他流动负债	70	
其他流动资产	1		流动负债合计	1 964	225
流动资产合计	3 654	1 546	非流动负债：		
非流动资产：			长期借款	1 490	100
持有至到期投资	115		应付债券	1 300	
长期股权投资	168		长期应付款	160	
固定资产	4 099	3 000	非流动负债合计	2 950	100
工程物资	28		负债合计	4 914	325
在建工程	982		实收资本	4 060	4 060
无形资产	509	509	资本公积	90	90
长期待摊费用	110		盈余公积	565	500
非流动资产合计	6 011	3 509	未分配利润	36	30
			所有者权益合计	4 751	4 730
资产总计	9 665	5 055	负债及所有者权益总计	9 665	5 055

表 1-1-8 利润表

单位：北京欣悦新能源科技有限公司　　　　2021 年度　　　　　　　　　　　　单位：万元

项目	本期金额	上期金额
一、营业收入：	14 000	13 320
其中：1. 主营业务收入	14 000	13 320
2. 其他业务收入	0	0
减：营业成本：	10 380	9 980
其中：1. 主营业务成本	10 380	11 180
2. 其他业务成本	0	0
营业税金及附加	58.6	45
销售费用	710	630
管理费用	936	850
财务费用	520	440
加：投资收益	28	24
二、营业利润	1 423.4	1 399
加：营业外收入	6	5
减：营业外支出	4	2
三、利润总额	1 425.4	1 402
减：所得税费用（税率25%）	356.35	350.5
四、净利润	1 069.05	1 051.5

该公司 2023 年 12 月 31 日其他相关财务数据（表 1-1-9）如下。

表 1-1-9　北京欣悦公司其他相关财务数据　　　　　　　　　单位：万元

项目	2022 年	2023 年
经营活动现金净流量	2 612	3 138
利息支出	550	576
项目	2021 年年末	
资产总计	9 980	
所有者权益总额	5 234	

任务实施

【数据处理】——计算资产负债表各项目变动的差额和差异率

操作演示

1. 新建 Excel 表格，将本教材附带的 Excel 表——北京欣悦公司 2023 年 12 月 31 日资产负债表粘贴至 Sheet1（图 1-1-1），并重命名为 2023 年资产负债表，增加差异额和差异率两列。

	A	B	C	D	E	F
1				资产负债表		
2	单位:北京欣悦新能源科技有限公司			2023年12月31日		单位:万元
3	资产	年末数	年初数	负债及所有者权益	年末数	年初数
4	流动资产：			流动负债：		
5	货币资金	502	456	短期借款	750	720
6	交易性金融资产	12	10	应付票据	118	165
7	应收票据	369	398	应付账款	377	456
8	应收股利	5	6	预收款项	2	4
9	应收利息	4	2	应付职工薪酬	16	18
10	应收账款	1010	960	应付股利	756	630
11	预付款项	9	6	应交税费	28	25
12	其他应收款	10	30	其他应付款	14	17
13	存货	2222	2106	其他流动负债	3	5
14	其他流动资产	3	2	流动负债合计	2064	2040
15	流动资产合计	4146	3976	非流动负债：		
16	非流动资产：			长期借款	1400	1200
17	持有至到期投资	122	125	应付债券	1500	1500
18	长期股权投资	186	186	长期应付款	294	176
19	固定资产	4476	4422	非流动负债合计	3194	2876
20	工程物资	12	36	负债合计	5258	4916
21	在建工程	1557	1072	股本	4960	4960
22	无形资产	495	521	资本公积	52	50
23	长期待摊费用	204	222	盈余公积	898	608
24				未分配利润	30	26
25				所有者权益合计	5940	5644
26	资产总计	11198	10560	负债及所有者权益总计	11198	10560

图 1-1-1　2023 年资产负债表

2. 在"2023年资产负债表"中，计算北京欣悦公司2023年资产负债表各项目的数据差异额和差异率，操作步骤如下（以货币资金项目为例）：货币资金差异额=2023年货币资金-2022年货币资金，即差异额=年末数-年初数；货币资金差异率=货币资金差异额/2022年货币资金，即差异率=差异额/年初数，如图1-1-2和图1-1-3所示。

图1-1-2 差异额计算图

图1-1-3 差异率计算图

3. 通过以上计算方法，可以将北京欣悦公司2023年资产负债表各个项目与2022年各个项目对比的差异额和差异率计算出来，结果如图1-1-4所示。

资产	年末数	年初数	差异额	差异率	负债及所有者权益	年末数	年初数	差异额	差异率
流动资产：					流动负债				
货币资金	502	456	46	10.09%	短期借款	750	720	30	4.17%
交易性金融资产	12	10	2	20.00%	应付票据	118	165	-47	-28.48%
应收票据	369	398	-29	-7.29%	应付账款	377	456	-79	-17.32%
应收股利	5	6	-1	-16.67%	预收款项	2	4	-2	-50.00%
应收利息	4	2	2	100.00%	应付职工薪酬	16	18	-2	-11.11%
应收账款	1 010	960	50	5.21%	应付股利	756	630	126	20.00%
预付款项	9	6	3	50.00%	应交税费	28	25	3	12.00%
其他应收款	10	30	-20	-66.67%	其他应付款	14	17	-3	-17.65%
存货	2 222	2 106	116	5.51%	其他流动负债	3	5	-2	-40.00%
其他流动资产	3	2	1	50.00%	流动负债合计	2 064	2 040	24	1.18%
流动资产合计	4 146	3 976	170	4.28%	非流动负债：				
非流动资产：					长期借款	1 400	1 200	200	16.67%
持有至到期投资	122	125	-3	-2.40%	应付债券	1 500	1 500	0	0.00%
长期股权投资	186	186	0	0.00%	长期应付款	294	176	118	67.05%
固定资产	4 476	4 422	54	1.22%	非流动负债合计	3 194	2 876	318	11.06%
工程物资	12	36	-24	-66.67%	负债合计	5 258	4 916	342	6.96%
在建工程	1 557	1 072	485	45.24%	股本	4 960	4 960	0	0.00%
无形资产	495	521	-26	-4.99%	资本公积	52	50	2	4.00%
长期待摊费用	204	222	-18	-8.11%	盈余公积	898	608	290	47.70%
					未分配利润	30	26	4	15.38%
					所有者权益合计	5 940	5 644	296	5.24%
资产总计	11 198	10 560	638	6.04%	负债及所有者权益总计	11 198	10 560	638	6.04%

图1-1-4 2023年资产负债表各个项目差异额与差异率

知识链接

1. 资产负债表的比较分析。

（1）比较分析的概念：比较分析法是通过同类财务指标在不同时期或者不同情况下数量的比较，计算各项目的变动额、变动率，以及各个项目的变动对总资产（权益）的影响程度，以揭示指标的差异情况与增减趋势，全面评价企业财务状况。

财务数据分析

（2）比较分析的内容：可以将实际的金额与选定的金额进行比较，分析会计要素的总量增减情况，如总资产、总负债和所有者权益的变动，可以用于时间序列分析，分析出数量逐年变化的趋势，揭示企业是否具有增长潜力，便于投资者做出决策。

2. 计算公式为：

$$差异额 = 年末数 - 年初数$$

$$差异率 = 差异额 / 年初数$$

3. 分析依据。

通过差异额和差异率分析，揭示表中相关资产、负债、所有者权益项目的变动，了解企业财务状况变动趋势和探究原因，如公司的货币资金若是显著增长的，有充裕的货币资金，体现公司货币资金的财务风险进一步减少，从而评价企业会计和管理者对于企业经营状况的反应灵敏度。

数据分析

资产负债表比较分析（各项目变动差额和差异率分析）

从图 1-1-4 中分别选取资产、负债、所有者权益的某些项目进行分析。

2023 年的货币资金比前一年增长了 46 万元，增长率为 10.09%，公司的货币资金是显著增长的，有充裕的货币资金，体现公司货币资金的财务风险进一步减小。

流动资产比前一年增长了 170 万元，差异率为 4.28%。说明该公司资产的流动性大为增强，资产的变现能力增强，短期偿债能力也增强。

2023 年短期借款比前一年增加 30 万元，差异率为 4.17%，说明企业对外资金需求在稳步增加。

2023 年企业盈余公积比前一年增加 290 万元，差异率为 47.7%，盈余公积的用途主要有：一是弥补亏损，二是转增资本，三是扩大企业生产经营。该企业盈余公积大幅度增长，说明企业经营状况稳步提升。

总资产、总负债及所有者权益比前一年增加了 638 万元，差异率为 6.04%，揭示了企业的增长潜力、相对规模的扩大等。

思考探究

2023 年总资产、总负债及所有者权益比前一年增加了 638 万元，差异率为 6.04%，是哪些因素导致了这种变化？你对企业的后续经营有何建议？

操作演示

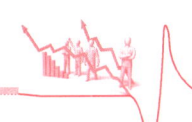

【数据处理】——计算资产负债表各项目的比重

1. 在 Sheet2 中创建“2023 年北京欣悦公司结构百分比资产负债表”（图 1-1-5），在此表格中复制数据。

资产总计	=11 198/111.98	

图 1-1-6　转换结构百分比报表步骤

	A	B	C	D	E	F	G	H	I	J
1					资产负债表					
2		单位:北京欣悦新能源科技有限公司			2023年12月31日					
3	资产	年末数	年初数	期末结构	期初结构	负债及所有者权益	[illegible]	[illegible]	[illegible]	[illegible]
4	流动资产:					流动负债:				
5	货币资金	502	456			短期借款	750	720		
6	交易性金融资产	12	10			应付票据	118	165		
7	应收票据	369	398			应付账款	377	456		
8	应收股利	5	6			预收款项	2	4		
9	应收利息	4	2			应付职工薪酬	16	18		
10	应收账款	1 010	960			应付股利	756	630		
11	预付款项	9	6			应交税费	28	25		
12	其他应收款	10	30			其他应付款	14	17		
13	存货	2 222	2 106			其他流动负债	3	5		
14	其他流动资产	3	2			流动负债合计	2 064	2 040		
15	流动资产合计	4 146	3 976			非流动负债:				
16	非流动资产:					长期借款	1 400	1 200		
17	持有至到期投资	122	125			应付债券	1 500	1 500		
18	长期股权投资	186	186			长期应付款	294	176		
19	固定资产	4 476	4 422			非流动负债合计	3 194	2 876		
20	工程物资	12	36			负债合计	5 258	4 916		
21	在建工程	1 557	1 072			实收资本	4 960	4 960		
22	无形资产	495	521			资本公积	52	50		
23	长期待摊费用	204	222			盈余公积	898	608		
24						未分配利润	30	26		
25						所有者权益合计	5 940	5 644		
26	资产总计	11 198	10 560			负债及所有者权益总计	11 198	10 560		
27										

图 1-1-5　2023 年北京欣悦公司结构百分比资产负债表

2. 将资产负债表转换为结构百分比报表，分别以资产总计和负债及所有者权益总计为 100%，显示资产负债表各个项目的比重。例如：将 2023 年年末的资产总计/111.98（图 1-1-6），将资产视为 100。其余各行依此类推，如图 1-1-7 所示。

	A	B	C	D	E	F	G	H	I	J
1					资产负债表					
2		单位:北京欣悦新能源科技有限公司			2023年12月31日		单位:万元			
3	资产	年末数	年初数	期末结构	期初结构	负债及所有者权益	年末数	年初数	期末结构	期初结构
4	流动资产:					流动负债:				
5	货币资金	502	456	4.48	4.32	短期借款	750	720	6.70	6.82
6	交易性金融资产	12	10	0.11	0.09	应付票据	118	165	1.05	1.56
7	应收票据	369	398	3.30	3.77	应付账款	377	456	3.37	4.32
8	应收股利	5	6	0.04	0.06	预收款项	2	4	0.02	0.04
9	应收利息	4	2	0.04	0.02	应付职工薪酬	16	18	0.14	0.17
10	应收账款	1 010	960	9.02	9.09	应付股利	756	630	6.75	5.97
11	预付款项	9	6	0.08	0.06	应交税费	28	25	0.25	0.24
12	其他应收款	10	30	0.09	0.28	其他应付款	14	17	0.13	0.16
13	存货	2 222	2 106	19.84	19.94	其他流动负债	3	5	0.03	0.05
14	其他流动资产	3	2	0.03	0.02	流动负债合计	2 064	2 040	18.43	19.32
15	流动资产合计	4 146	3 976	37.02	37.65	非流动负债:				
16	非流动资产:					长期借款	1 400	1 200	12.50	11.36
17	持有至到期投资	122	125	1.09	1.18	应付债券	1 500	1 500	13.40	14.20
18	长期股权投资	186	186	1.66	1.76	长期应付款	294	176	2.63	1.67
19	固定资产	4 476	4 422	39.97	41.88	非流动负债合计	3 194	2 876	28.52	27.23
20	工程物资	12	36	0.11	0.34	负债合计	5 258	4 916	46.95	46.55
21	在建工程	1 557	1 072	13.90	10.15	实收资本	4 960	4 960	44.29	46.97
22	无形资产	495	521	4.42	4.93	资本公积	52	50	0.46	0.47
23	长期待摊费用	204	222	1.82	2.10	盈余公积	898	608	8.02	5.76
24						未分配利润	30	26	0.27	0.25
25						所有者权益合计	5 940	5 644	53.05	53.45
26	资产总计	11 198	10 560	100.00	100.00	负债及所有者权益总计	11 198	10 560	100.00	100.00

图 1-1-7　转换完的结构百分比资产负债表

财务数据分析

> **知识链接**
>
> 1. 资产负债表结构分析又叫垂直分析，将表格中各个项目与总金额（总资产或者总权益）进行对比，计算出相应的比重，并且将不同时期的数据相比较，分析比重的合理性与原因，以此判断企业财务状况的发展趋势。
>
> 2. 计算公式：
>
>   各个项目的比重=各个项目金额/总金额（总资产或者总权益）
>
> 3. 分析依据：
>
>   结构百分比报表可以更好地反映出公司业绩的发展趋势，可用于评价企业的财务状况趋势。这种分析方法允许用当年的结构百分比报表与以前年度的结构百分比报表相比较，以评价企业的任务和目标。对于组织管理模式变化不大、业务增长缓慢的企业，可以采用以金额比较为基础的横向比较法。

数据分析

资产负债表结构分析（资产负债表各项目占比分析）

由图 1-1-7 可以看出，通过相对数的转换，可分析出各个项目的变动趋势，以下分别选取资产、负债、所有者权益的一个项目进行分析。

2023 年流动资产相对数为 37.02，比 2022 年降低了 0.63，而 2023 年非流动资产总相对数比 2022 年略有增长，主要是因为在建工程相对数大幅增加，说明企业可能是盖了新厂房、扩张了新生产线等。

2023 年流动负债相对数比 2022 年降低了 0.89，2023 年非流动负债相对数比 2022 年略有提升，可以反映会计要素的内在联系，考察某些部分所占比重是否合理，揭示企业财务状况的构成及发展变化情况。

2023 年盈余公积的相对数比前一年增加了 2.26，盈余公积是从净利润中提取的，国家规定净利润不能全部分配给投资人（股东），按一定比例留在企业里，说明企业的净利润稳步增长，经营状况良好。

> **知识链接**
>
> 结构分析的重要工具——结构百分比报表是反映公司的各项资产、负债及股东权益占全部资产金额的百分比，是相对数，而不再是以金额表示的实际数，对财务分析有着重要的帮助。

项目一 财务报表分析

资产负债表结构分析又叫垂直分析,将表格中各个项目与总金额(总资产或者总权益)进行对比,计算出相应的比重,并且将不同时期的数据相比较,分析比重的合理性与原因,以此判断企业财务状况的发展趋势。

结构百分比报表可以更好地反映出公司业绩的发展趋势,可用于评价企业的财务状况趋势。这种分析方法允许用当年的结构百分比报表与以前年度的结构百分比报表相比较,以评价企业的任务和目标。对于组织管理模式变化不大、业务增长缓慢的企业,可以采用以金额比较为基础的横向比较法。

任务拓展

请同学们将北京欣悦公司2021—2022年度的资产负债表转换为结构百分比资产负债表后,画出流动资产、固定资产、流动负债、实收资本、所有者权益期末结构的柱状图。

1. 将资产负债表转换为结构百分比报表,分别以资产总计和负债及所有者权益总计为100%,显示资产负债表各个项目的比重。操作步骤与前面所述一致,转换完的数据如图1-1-8所示。

资产	年末数	年初数	期末结构	期初结构	负债及所有者权益	年末数	年初数	期末结构	期初结构
流动资产:					流动负债:				
货币资金	456	379	4.32	3.92	短期借款	720	689	6.82	7.13
交易性金融资产	10	10	0.09	0.10	应付票据	165	145	1.56	1.50
应收票据	398	345	3.77	3.57	应付账款	456	416	4.32	4.30
应收股利	6	7	0.06	0.07	预收款项	4	5	0.04	0.05
应收利息	2	2.5	0.02	0.03	应付职工薪酬	18	20	0.17	0.21
应收账款	960	890	9.09	9.21	应付股利	630	580	5.97	6.00
预付款项	6	5	0.06	0.05	应交税费	25	23	0.24	0.24
其他应收款	30	25.5	0.28	0.26	其他应付款	17	16	0.16	0.17
存货	2106	1989	19.94	20.58	其他流动负债	5	70	0.05	0.72
其他流动资产	2	1	0.02	0.01	流动负债合计	2040	1964	19.32	20.32
流动资产合计	3976	3654	37.65	37.81	非流动负债:				
非流动资产:					长期借款	1200	1490	11.36	15.42
持有至到期投资	125	115	1.18	1.19	应付债券	1500	1300	14.20	13.45
长期股权投资	186	168	1.76	1.74	长期应付款	176	160	1.67	1.66
固定资产	4422	4099	41.88	42.41	非流动负债合计	2876	2950	27.23	30.52
工程物资	36	28	0.34	0.29	负债合计	4916	4914	46.55	50.84
在建工程	1072	982	10.15	10.16	实收资本	4960	4060	46.97	42.01
无形资产	521	509	4.93	5.27	资本公积	50	90	0.47	0.93
长期待摊费用	222	110	2.10	1.14	盈余公积	608	565	5.76	5.85
					未分配利润	26	36	0.25	0.37
					所有者权益合计	5644	4751	53.45	49.16
资产总计	10560	9665	100.00	100.00	负债及所有者权益总计	10560	9665	100.00	100.00

图1-1-8 北京欣悦公司2022年结构百分比资产负债表

2. 将图1-1-8中的流动资产合计、固定资产、资产总计数据复制到Excel表中,选中该区域,单击"插入"按钮,选择柱状图,生成2022年流动资产、固定资产期末结构的柱状图,如图1-1-9和图1-1-10所示。

41

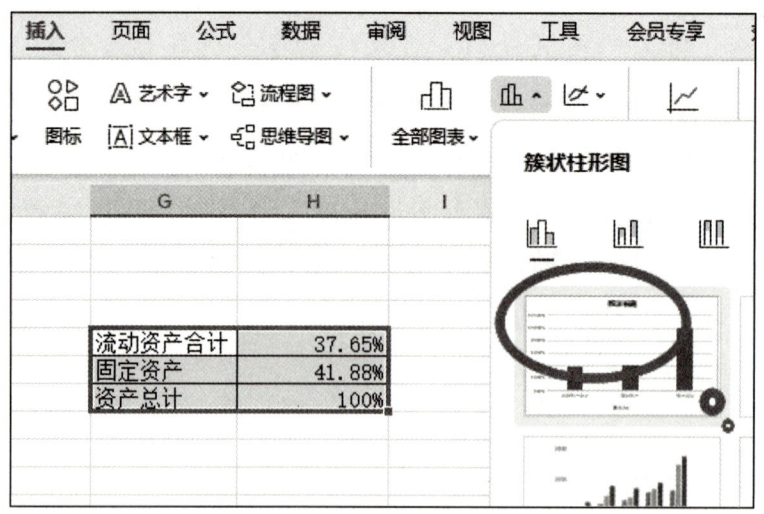

图 1-1-9　生成柱状图操作步骤

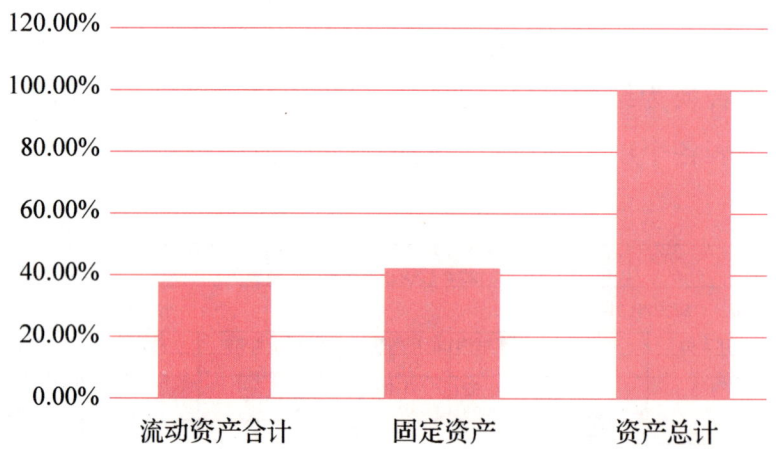

图 1-1-10　2022 年流动资产、固定资产期末结构的柱状图

3. 同理，单击"插入"按钮，选择柱状图，生成 2022 年流动负债合计、实收资本、所有者权益合计、负债及所有者权益总计的柱状图，如图 1-1-11 和图 1-1-12 所示。

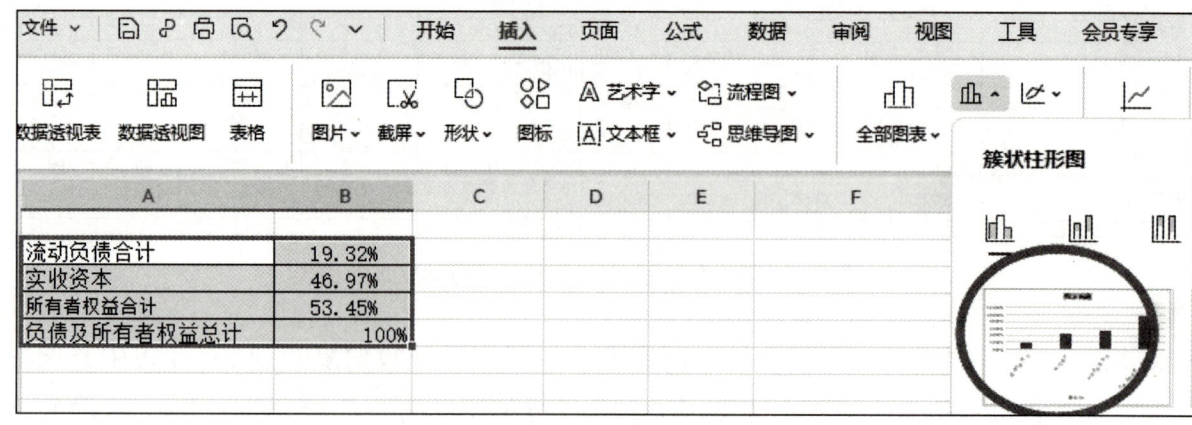

图 1-1-11　生成柱状图操作步骤

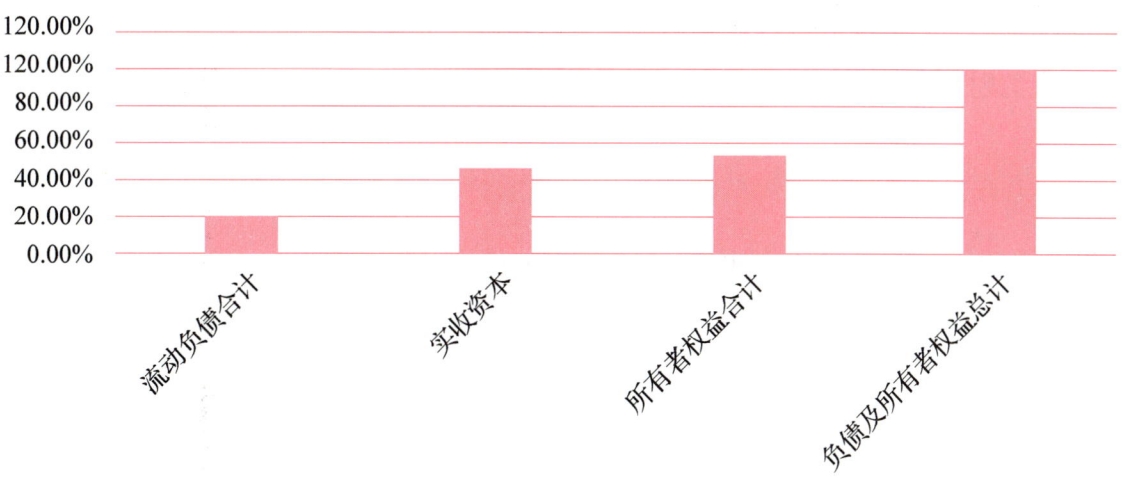

图1-1-12 2022年流动负债、实收资本、所有者权益合计和负债及所有者权益总计的柱状图

任务总结

资产负债表分析
- 资产负债表分析：评价资产质量及其短期和长期偿债能力、判定未来经营方向、预测公司财务状况变动趋势
- 资产负债表比较分析：将实际的金额与选定的金额进行比较，分析会计要素的总量增减情况
- 资产负债表结构分析：分析比重的合理性与原因，依此判断企业财务状况的发展趋势

任务检测

一、单选题

1. 编制结构百分比资产负债表时，需要用到至少（　　）的报表数据。
   A. 3 年　　　　　　B. 当年　　　　　　C. 2 年　　　　　　D. 4 年

2. 下列说法错误的是（　　）。
   A. 资产负债表中的资产项目是按流动性排列的，可以清晰地看到流动资产的构成的排列顺序，从而可以分析企业的长、短期偿债能力
   B. 通过资产负债表传送的信息，有助于分析、评价、预测企业的变现能力
   C. 通过资产负债表传送的信息，可以分析企业的财务弹性，预测企业的经营业绩
   D. 结构百分比资产负债表的变动趋势基本不变

3. 下列说法错误的是（　　）。
   A. 它可以协助管理者找出在一段时间内的趋势

B. 它可以识别资源浪费和过度耗费情况，从而可以进行成本控制

C. 它很难将公司的绩效与行业平均水平进行比较

D. 所有的财务结果都被表示为同一项目的一个相对数，这样就能够较为容易地比较年度间的经营结果

二、实训任务

分析北京欣悦公司 2022 年结构百分比资产负债表的数据变化，从中可以提取哪些会计信息？

任务评价

学生自我评价

班级： 姓名： 座号：

偿债能力综合分析		自我评价	
		我会了	我还有问题
流动比率	计算公式		
	分析依据		
	Excel 操作		
速动比率	计算公式		
	分析依据		
	Excel 操作		
流动比率较大，是否代表企业短期偿债能力较强	分析依据		
短期偿债能力与长期偿债能力的区别和联系	综合分析		
投资者、经营者、债权人关心的内容	综合分析		

项目一　财务报表分析

指导教师评价

任务名称	考核项目	考核内容	分值	得分	备注
偿债能力综合分析	相关知识预习	认真预习，完成预习作业	10		
	教学过程	积极参与Excel操作，在教学中学习专业知识和技能	20		
	任务实训	独立完成，正确表达	20		
	工作和学习的主动性	自主探究，团队协作	10		
	实训表现情况	遵守理实一体化教室的规章制度，爱护实训设备	10		
	纪律性	遵守课堂纪律，尊师爱友	30		
总评			100		
指导教师签名：				年　月　日	

任务二　利润表分析

利润表又称为收益表、损益表，是反映企业在一定会计期间经营成果的财务报表。利润表是按照"利润=收入−费用"这一公式编制的动态报表。通过利润表可以反映企业一定会计期间的收入实现情况；可以反映一定会计期间的费用耗费情况；可以反映企业生产经营活动的成果，即净利润的实现情况。通过对利润表的分析，可以让报表的使用人（债权人、投资者等）了解到企业的盈利能力、投资价值等信息。

利润表分析的作用和意义：

1. 可以更准确地评价企业的经营业绩。
2. 可以及时、准确地发现企业经营管理中存在的问题。
3. 可以为报表使用者提供更为充分、翔实的决策依据。

任务描述

期末，同学们拿到了北京欣悦公司的财务报表，请从以下3个方面进行逐步分析：

1. 财务人员可从利润表中提取哪些信息。
2. 如何对利润表进行比较分析。
3. 如何对利润表进行结构分析。

任务实施

【数据处理】——计算利润表各项目变动的差额和差异率

1. 新建 Excel 表格,将本教材附带的 Excel 表——北京欣悦公司 2023 年 12 月 31 日利润表粘贴至 Sheet1,并重命名为 2023 年利润表,增加差异额和差异率两列(图 1-2-1)。

操作演示

图 1-2-1 2023 年利润表

2. 在"2023 年利润表"中,计算北京欣悦公司近 2 年的数据差异,计算公式如下:

$$差异额 = 本期金额 - 上期金额$$

$$差异率 = 差异额 / 上期金额$$

如图 1-2-2 和图 1-2-3 所示。

图 1-2-2 2023 年利润表本期金额与上期金额差异额对比

项目一　财务报表分析

	A	B	C	D	E
1	利润表 单位:北京欣悦新能源科技有限公司　　2023年度　　　　　单位:万元				
2	项目	本期金额	上期金额	差异额	差异率
3	一、营业收入:	18 870	15 820	3 050	=D3／C3
4	其中：1、主营业务收入	18 450	15 420		
5	2、其他业务收入	420	400		
6	减：营业成本:	11 640	11 880		
7	其中：1、主营业务成本	11 440	11 680		
8	2、其他业务成本	200	200		
9	营业税金及附加	368.2	63.4		
10	销售费用	1 038	792.6		

图 1-2-3　2023 年利润表本期金额与上期金额差异率对比

3. 通过以上方法，可以将北京欣悦公司 2023 年利润表与前一年对比的差异额与差异率计算出来，结果如图 1-2-4 所示。

	A	B	C	D	E
1	利润表 单位:北京欣悦新能源科技有限公司　　2023年度　　　　　单位:万元				
2	项目	本期金额	上期金额	差异额	差异率
3	一、营业收入:	18 870	15 820	3 050	19.28%
4	其中：1、主营业务收入	18 450	15 420	3 030	19.65%
5	2、其他业务收入	420	400	20	5.00%
6	减：营业成本:	11 640	11 880	-240	-2.02%
7	其中：1、主营业务成本	11 440	11 680	-240	-2.05%
8	2、其他业务成本	200	200	0	0.00%
9	营业税金及附加	368.2	63.4	304.8	480.76%
10	销售费用	1 038	792.6	245.4	30.96%
11	管理费用	1 594	1 094	500	45.70%
12	财务费用	622.8	544	78.8	14.49%
13	加：投资收益	32	31	1	3.23%
14	二、营业利润	3 639	1 477	2 162	146.38%
15	加：营业外收入	17	18	-1	-5.56%
16	减：营业外支出	16	15	1	6.67%
17	三、利润总额	3 640	1 480	2 160	145.95%
18	减：所得税费用（税率：25%）	910	370	540	145.95%
19	四、净利润	2 730	1 110	1 620	145.95%

图 1-2-4　2023 年利润表与前一年对比的差异额与差异率结果

知识链接

1. 比较分析法是通过对同类财务指标在不同时期或者不同情况下数量的比较，来揭示指标的差异情况与增减趋势。

利润表的比较分析可以分析利润表各项目的总量增减情况，如净利润、利润总额和营业利润的变动，可以用于时间序列分析，分析出数量逐年变化的趋势，揭示企业是否具有增长潜力，便于投资者做出决策。

财务数据分析

2. 计算公式：

$$差异额=本期金额-上期金额$$
$$差异率=差异额/上期金额$$

3. 分析依据：

通过利润表分析，可以评价企业的可持续发展能力，它反映的盈利水平受到上市公司的投资者关注，它是资本市场的"晴雨表"。

(1) 它可以更准确地评价企业的经营业绩。

(2) 它可以及时、准确地发现企业经营管理中存在的问题。

(3) 它可以为报表使用者提供更为充分、翔实的决策依据。

 数据分析

利润表比较分析（各项目变动差额和差异率分析）

1. 营业利润分析。

营业利润既包括企业的主营业务利润和其他业务利润，又包括对外投资的净收益，它反映了企业自身生产经营业务的财务成果。从图1-2-4可以看出，北京欣悦公司2023年度营业收入比前一年增加了3 050万元，差异率为19.28%，上升幅度较大，而营业成本2023年度比前一年减少240万元，差异率为-2.02%，下降幅度小，最终营业利润是增加的。该公司营业收入上升的同时，税金及附加也随之上升且幅度较大，这是因为收入增加，对应的应交增值税额也会相应增加，因此税金及附加跟着增加。但是需要注意的是，该公司的税金及附加、销售费用、管理费用的上升幅度明显大于营业收入的增长幅度，可能是公司为了增加营业收入而过度投放广告、过度扩张，从而造成管理效率下降等不正常现象。

2. 利润总额分析。

利润总额是反映企业全部财务成果的指标，它不仅反映企业的营业利润，还反映企业的营业外收支情况。从图1-2-4可以看出，北京欣悦公司2023年度利润总额比前一年增长2 160万元，关键原因是营业利润比前年增长了2 162万元，差异率为146.38%，而营业外收支变动幅度不大。

3. 净利润分析。

净利润是指企业所有者最终取得的财务成果，或可供企业所有者分配或使用的财务成果。从图1-2-4可以看出，北京欣悦公司2023年度实现净利润2 730万元，比前一年增长了1 620万元，差异率为145.95%，增长幅度较高。通过对项目比较分析得知，企业的净利润增长主要是由利润总额比前年增长2 160万元引起的；由于所得税费用比上年增长540万元，二者相抵，导致净利润增长了1 620万元。

项目一 财务报表分析

思考探究

如果2023年净利润比前一年减少，会给企业带来什么样影响？你对企业的后续经营有何建议？

【数据处理】——计算利润表各项目的比重

1. 在Sheet2中创建"2023年北京欣悦公司结构百分比利润表"，在此表格中复制数据，并增加本期结构、上期结构和结构变动三列（图1-2-5）。

操作演示

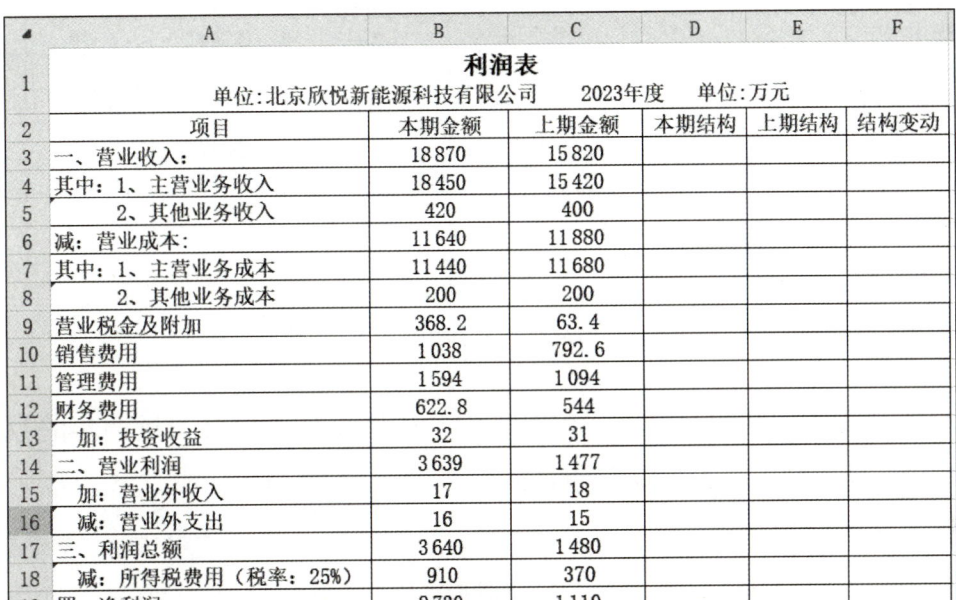

图1-2-5　2023年北京欣悦公司结构百分比利润表

2. 将利润表转换为结构百分比报表，以营业收入总计为100%，显示利润表各个项目的比重。例如：将2023年年末的营业收入总计/188.7，将营业收入视为100，如图1-2-6所示。其余各行依此类推，各行数值都除以188.70，如图1-2-7所示。

图1-2-6　转换结构百分比报表步骤图

49

财务数据分析

	A	B	C	D	E	F
1	利润表 单位:北京欣悦新能源科技有限公司　2023年度　单位:万元					
2	项目	本期金额	上期金额	本期结构	上期结构	结构变动
3	一、营业收入：	18 870	15 820	100.00	100.00	
4	其中：1、主营业务收入	18 450	15 420	97.77	97.47	
5	2、其他业务收入	420	400	2.23	2.53	
6	减：营业成本：	11 640	11 880	61.69	75.09	
7	其中：1、主营业务成本	11 440	11 680	60.63	73.83	
8	2、其他业务成本	200	200	1.06	1.26	
9	营业税金及附加	368.2	63.4	1.95	0.40	
10	销售费用	1 038	792.6	5.50	5.01	
11	管理费用	1 594	1 094	8.45	6.92	
12	财务费用	622.8	544	3.30	3.44	
13	加：投资收益	32	31	0.17	0.20	
14	二、营业利润	3 639	1 477	19.28	9.34	
15	加：营业外收入	17	18	0.09	0.11	
16	减：营业外支出	16	15	0.08	0.09	
17	三、利润总额	3 640	1 480	19.29	9.36	
18	减：所得税费用（税率：25%）	910	370	4.82	2.34	
19	四、净利润	2 730	1 110	14.47	7.02	

图 1-2-7　转换完的结构百分比利润表

3. 在"北京欣悦公司结构百分比利润表"中，计算北京欣悦公司近两年的数据差异，计算公式为：结构变动幅度＝本期结构－上期结构，如图1-2-8所示。

	A	B	C	D	E	F
1	利润表 单位:北京欣悦新能源科技有限公司　2023年度　单位:万元					
2	项目	本期金额	上期金额	本期结构	上期结构	结构变动
3	一、营业收入：	18 870	15 820	100.00	100.00	
4	其中：1、主营业务收入	18 450	15 420	97.77	97.47	=D4-E4
5	2、其他业务收入	420	400	2.23	2.53	
6	减：营业成本：	11 640	11 880	61.69	75.09	
7	其中：1、主营业务成本	11 440	11 680	60.63	73.83	
8	2、其他业务成本	200	200	1.06	1.26	
9	营业税金及附加	368.2	63.4	1.95	0.40	
10	销售费用	1 038	792.6	5.50	5.01	

图 1-2-8　结构百分比利润表结构变动幅度步骤图

4. 通过以上计算方法，可以将北京欣悦公司2023年百分比利润表与2022年百分比利润表对比的结构变动幅度计算出来，如图1-2-9所示。

项目一　财务报表分析

	A	B	C	D	E	F
1	利润表 单位:北京欣悦新能源科技有限公司　2023年度　单位:万元					
2	项目	本期金额	上期金额	本期结构	上期结构	结构变动
3	一、营业收入：	18 870	15 820	100.00	100.00	
4	其中：1、主营业务收入	18 450	15 420	97.77	97.47	0.30
5	2、其他业务收入	420	400	2.23	2.53	-0.30
6	减：营业成本：	11 640	11 880	61.69	75.09	-13.41
7	其中：1、主营业务成本	11 440	11 680	60.63	73.83	-13.21
8	2、其他业务成本	200	200	1.06	1.26	-0.20
9	营业税金及附加	368.2	63.4	1.95	0.40	1.55
10	销售费用	1 038	792.6	5.50	5.01	0.49
11	管理费用	1 594	1 094	8.45	6.92	1.53
12	财务费用	622.8	544	3.30	3.44	-0.14
13	加：投资收益	32	31	0.17	0.20	-0.03
14	二、营业利润	3 639	1 477	19.28	9.34	9.95
15	加：营业外收入	17	18	0.09	0.11	-0.02
16	减：营业外支出	16	15	0.08	0.09	-0.01
17	三、利润总额	3 640	1 480	19.29	9.36	9.93
18	减：所得税费用（税率：25%）	910	370	4.82	2.34	2.48
19	四、净利润	2 730	1 110	14.47	7.02	7.45

图 1-2-9　结构百分比利润表变动幅度图

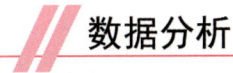知识链接

1. 利润表结构分析：是将常规形式的利润表换算成结构百分比形式的利润表，即以营业收入总额为共同基数，定为100%，然后求出表中各项目相对于共同基数的百分比，从而可以了解企业有关销售利润率以及各项费用率的百分比，同时，其他各个项目与关键项目之间的比例关系也会更加清晰地显示出来，可以看出企业财务资源的配置结构。

2. 计算公式：

以营业收入的总计为100%，显示利润表各个项目的比重。

各个项目的比重＝各个项目金额/总金额（总营业收入）

结构变动幅度＝本期结构－上期结构

数据分析

利润表各项目的比重分析（利润表结构分析）

由图 1-2-9 可以看出，通过相对数的转换，可以分析出各个项目的变动趋势，如北京欣悦公司 2023 年度每 100 元营业收入所提供的净利润比上一年度增加 7.45（＝14.47－7.02）元。分析其原因，主要是 2023 年度营业成本比上一年度有较大幅度的下降，即每 100 元营业

51

收入中营业成本减少了 13.6（=75.09-61.69）元。

北京欣悦公司 2023 年度各项财务成果的构成情况：营业利润占营业收入的比重为 19.23%，与 2022 年度的 9.34% 相比增长了 9.89%；利润总额占营业收入的比重为 19.29%，比 2022 年度的 9.36% 增长了 9.93%；净利润占营业收入的比重为 14.47%，比 2022 年度的 7.02% 增长了 7.45%。由此可见，从企业的利润结构上看，营业利润、利润总额和净利润占营业收入的结构比重都有所增长，说明 2023 年度的盈利能力比 2022 年度有所增强。

从营业利润结构的增长来看，各项财务成果结构增长主要是因为 2023 年度营业成本比 2022 年度有较大幅度的下降。利润总额结构增长的主要原因是营业利润比重增长。

任务拓展

请同学们将北京欣悦公司 2021—2022 年度的利润表转换为结构百分比利润表，并画出 2022 年度营业利润、利润总额、净利润本期结构的饼图。

1. 将北京欣悦公司 2021—2022 年度的利润表转换为结构百分比利润表。

（1）将 2022 年度北京欣悦公司利润表复制到新建的表格，如图 1-2-10 所示。

	A	B	C	D	E	F
1	利润表 单位:北京欣悦新能源科技有限公司　　2022年度　　单位:万元					
2	项目	本期金额	上期金额	本期结构	上期结构	结构变动
3	一、营业收入	15 820	14 000			
4	其中：1、主营业务收入	15 420	14 000			
5	2、其他业务收入	400	0			
6	减：营业成本：	11 880	10 380			
7	其中：1、主营业务成本	11 680	10 380			
8	2、其他业务成本	200	0			
9	营业税金及附加	63.4	58.6			
10	销售费用	792.6	710			
11	管理费用	1 094	936			
12	财务费用	544	520			
13	加：投资收益	31	28			
14	二、营业利润	1 477	2 423.4			
15	加：营业外收入	18	6			
16	减：营业外支出	15	4			
17	三、利润总额	1 480	1 425.4			
18	减：所得税费用（税率：25%）	370	356.35			
19	四、净利润	1 110	1 069.05			

图 1-2-10　2022 年度北京欣悦公司利润表

（2）将利润表转换为结构百分比报表，分别以营业收入总计为 100%，显示利润表各个项目的比重。操作步骤与前面所述一致，图片略。转换完的数据如图 1-2-11 所示。

	A	B	C	D	E	F
1	利润表 单位:北京欣悦新能源科技有限公司　　2022年度　　单位:万元					
2	项目	本期金额	上期金额	本期结构	上期结构	结构变动
3	一、营业收入：	15 820	14 000	100.00	100.00	0.00
4	其中：1、主营业务收入	15 420	14 000	97.47	100.00	-2.53
5	2、其他业务收入	400	0	2.53	0.00	2.53
6	减：营业成本：	11 880	10 380	75.09	74.14	0.95
7	其中：1、主营业务成本	11 680	10 380	73.83	74.14	-0.31
8	2、其他业务成本	200	0	1.26	0.00	1.26
9	营业税金及附加	63.4	58.6	0.40	0.42	-0.02
10	销售费用	792.6	710	5.01	5.07	-0.06
11	管理费用	1 094	936	6.92	6.69	0.23
12	财务费用	544	520	3.44	3.71	-0.28
13	加：投资收益	31	28	0.20	0.20	0.00
14	二、营业利润	1 477	2 423.4	9.34	17.31	-7.97
15	加：营业外收入	18	6	0.11	0.04	0.07
16	减：营业外支出	15	4	0.09	0.03	0.07
17	三、利润总额	1 480	1 425.4	9.36	10.18	-0.83
18	减：所得税费用（税率：25%）	370	356.35	2.34	2.55	-0.21
19	四、净利润	1 110	1 069.05	7.02	7.64	-0.62

图1-2-11　北京欣悦公司2022年度结构百分比利润表

2. 画出营业利润、利润总额、净利润本期结构的柱形图。

（1）新建Excel表格，将2022年度营业利润、利润总额、净利润本期结构百分比数据复制到表格中，步骤如图1-2-12所示。

	A	B
1	项目	本期结构百分比
2	营业利润	9.34%
3	利润总额	9.36%
4	净利润	7.02%

图1-2-12　营业利润、利润总额、净利润本期结构百分比数据

（2）将表格数据用柱形图展示，单击"插入"→"图表"，选择"柱形图"，步骤如图1-2-13所示。

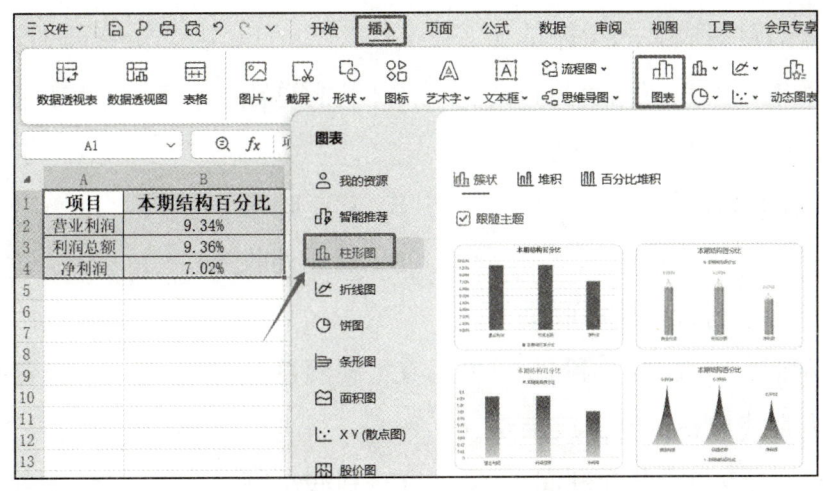

图1-2-13　插入柱形图操作步骤

（3）生成营业利润、利润总额、净利润本期结构的柱形图，如图1-2-14所示。

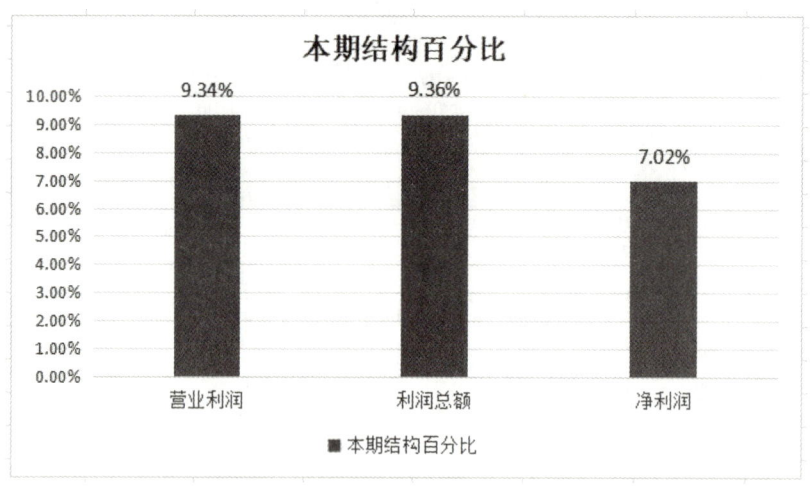

图1-2-14　营业利润、利润总额、净利润本期结构的柱形图

任务总结

利润表分析
- 利润表分析：评价企业的经营业绩，发现企业经营管理中存在的问题，为报表使用者提供更为充分、翔实的决策依据
- 利润表比较分析：比较分析法是通过同类财务指标在不同时期或者不同情况下数量的比较，以揭示指标的差异情况与增减趋势
- 利润表结构分析：分析比重的合理性与原因，可以看出企业财务资源的配置结构

任务检测

一、单选题

1. 反映企业全部财务成果的指标是（　　）。
  A. 主营业务利润　　B. 营业利润　　C. 利润总额　　D. 净利润

2. 下列各项，属于企业收入的是（　　）。
  A. 公允价值变动净收益　　　　　B. 营业收入
  C. 投资收益　　　　　　　　　　D. 营业外收入

3. 企业商品经营盈利状况最终取决于（　　）。
  A. 主营业务利润　　B. 营业利润　　C. 利润总额　　D. 投资收益

4. 企业所有者最终取得的财务成果是（　　）。
  A. 净利润　　B. 营业利润　　C. 利润总额　　D. 主营业务利润

5. 下列各项中，不属于影响企业利润因素的是（　　）。

A. 股东权益　　　　B. 收入　　　　　C. 费用　　　　　D. 利得

二、实训任务

请同学们自行查找一家企业的利润表，利用以上所学知识进行 Excel 操作，再对计算结果进行利润表分析训练，并形成文档提交，同时完成以下任务评价表。

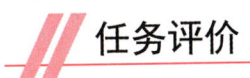

学生自我评价

班级：　　　　　　　　姓名：　　　　　　　　　　　　座号：

利润表分析		自我评价	
		我会了	我还有问题
比较分析	计算公式		
	分析依据		
	Excel 操作		
结构分析	计算公式		
	分析依据		
	Excel 操作		
比较分析与结构分析的区别与联系	综合分析		

指导教师评价

任务名称	考核项目	考核内容	评分		备注
			分值	得分	
利润表分析	相关知识预习	认真预习，完成预习作业	10		
	教学过程	积极参与 Excel 操作，在教学中学习专业知识和技能	20		
	课后练习	独立完成，正确表达	30		
	工作和学习的主动性	自主探究，团队协作	10		
	纪律性	遵守课堂纪律，尊师爱友	30		
总评			100		
指导教师签名：			年　　月　　日		

任务三　现金流量表分析

现金就是企业的血液，现金流量表是反映企业在一定会计期间现金和现金等价物流入与流出的报表。它是告诉我们企业现金流动过程的一张表，一般把企业经营过程中的活动分为经营活动、投资活动和筹资活动。

现金流量表披露的企业经营活动净现金流入，从根本上体现了企业创造现金的能力，虽然可以通过对外筹资的途径取得现金，但债务的偿还还是取决于经营活动的净现金流入。由此可见，经营活动的净现金流入占比越高，企业自我供足资金的能力就越强，财务基础就越踏实、牢固，支付能力和偿债能力就越强。

任务描述

请同学们根据北京欣悦公司的现金流量表，从以下3个方面进行逐步分析：

1. 现金流量表项目分布中，哪一个最重要？
2. 如何对现金流量表进行比较分析？
3. 如何对现金流量表进行结构分析？

任务实施

【数据处理】——计算现金流量表各项目变动的差异额和差异率

1. 新建Excel表格，将本教材附带的Excel表——北京欣悦公司2023年度和2022年度现金流量表粘贴至Sheet1，并重命名为2022—2023年现金流量表，单位：元，如图1-3-1所示。

2. 在"2022—2023年现金流量表"中，增加"增减额"和"增减率"两列，计算北京欣悦公司近两年的数据差异，操作步骤如下：增减额=2023年度数-2022年度数，如图1-3-2所示；增减率=差异额/2022年度数，如图1-3-3所示。

3. 通过以上计算方法，可以将北京欣悦公司2022—2023年度现金流量表的增减额与增减率计算出来，如图1-3-4所示。

操作演示

项目一　财务报表分析

	A	B	C
1	现　金　流　量　表		
2	编制单位：北京欣悦公司	2023年度	2022年度
3	项　　　　目	金　额	金　额
4	一、经营活动产生的现金流量：		
5	销售商品、提供劳务收到的现金	5 290 000.88	5 173 330.93
6	收到的税费返还		
7	收到的其他与经营活动有关的现金	487 740.99	499 002.22
8	现金流入小计	5 777 741.87	5 672 333.15
9	购买商品、接受劳务支付的现金	890 000.88	792 971.00
10	支付给职工以及为职工支付的现金	1 123 900.92	1 197 666.90
11	支付的各项税费	3 123 900.92	3 000 800.80
12	支付的其他与经营活动有关的现金	231 455.88	348 997.88
13	现金流出小计	5 369 258.60	5 340 436.58
14	经营活动产生的现金流量净额	408 483.27	331 896.57
15	二、投资活动产生的现金流量：		
16	收回投资所收到的现金	283 883.99	307 789.23
17	取得投资收益所收到的现金	21 122.73	32 002.33
18	处置固定资产、无形资产和其他长期资产所收回的现金净额	399 393.22	488 900.88
19	收到的其他与投资活动有关的现金	29 933.11	34 678.82
20	现金流入小计	734 333.05	863 371.26
21	购建固定资产、无形资产和其他长期资产所支付的现金	233 345.88	334 550.88
22	投资所支付的现金	234 424.86	145 677.90
23	支付的其他与投资活动有关的现金	33 2341.7	246 788.83
24	现金流出小计	800 112.44	727 017.61
25	投资活动产生的现金流量净额	-65 779.39	136 353.65
26	三、筹资活动产生的现金流量：		
27	吸收投资所收到的现金	13 328.96	197 474.22
28	借款所收到的现金	420 000	460 000.00
29	收到的其他与筹资活动有关的现金	32 245.76	41 934.86
30	现金流入小计	465 574.72	699 409.08
31	偿还债务所支付的现金	273 737.22	320 002.33
32	分配股利、利润或偿付利息所支付的现金	77 723.2	77 854.99
33	支付的其他与筹资活动有关的现金	567.3	345.75
34	现金流出小计	352 027.72	398 203.07
35	筹资活动产生的现金流量净额	113 547.00	301 206.01
36	四、汇率变动对现金的影响	3 749.12	543.77
37	五、现金及现金等价物净增加额	460 000.00	770 000.00
38	六、期末现金及现金等价物余额	5 020 000.00	4 560 000.00

图 1-3-1　2022—2023 年现金流量表

	A	B	C	D
1	现　金　流　量　表			
2	编制单位：北京欣悦公司	2023年度	2022年度	
3	项　　　　目	金　额	金　额	增减额
4	一、经营活动产生的现金流量：			
5	销售商品、提供劳务收到的现金	5 290 000.88	5 173 330.93	=B5-C5

图 1-3-2　增减额计算公式

	A	B	C	D	E
1	现　金　流　量　表				
2	编制单位：北京欣悦公司	2023年度	2022年度		
3	项　　　　目	金　额	金　额	增减额	增减率
4	一、经营活动产生的现金流量：				
5	销售商品、提供劳务收到的现金	5 290 000.88	5 173 330.93	116 669.95	=D5/C5

图 1-3-3　增减率计算公式

57

财务数据分析

	A	B	C	D	E
1	现 金 流 量 表				
2	编制单位：北京欣悦公司	2023年度	2022年度		
3	项 目	金 额	金 额	增减额	增减率
4	一、经营活动产生的现金流量:				
5	销售商品、提供劳务收到的现金	5 290 000.88	5 173 330.93	116 669.95	2.26%
6	收到的税费返还				
7	收到的其他与经营活动有关的现金	487 740.99	499 002.22	-11 261.23	-2.26%
8	现金流入小计	5 777 741.87	5 672 333.15	105 408.72	1.86%
9	购买商品、接受劳务支付的现金	890 000.88	792 971.00	97 029.88	12.24%
10	支付给职工以及为职工支付的现金	1 123 900.92	1 197 666.90	-73 765.98	-6.16%
11	支付的各项税费	3 123 900.92	3 000 800.80	123 100.12	4.10%
12	支付的其他与经营活动有关的现金	231 455.88	348 997.88	-117 542	-33.68%
13	现金流出小计	5 369 258.60	5 340 436.58	28 822.02	0.54%
14	经营活动产生的现金流量净额	408 483.27	331 896.57	76 586.7	23.08%
15	二、投资活动产生的现金流量:				
16	收回投资所收到的现金	283 883.99	307 789.23	-23 905.24	-7.77%
17	取得投资收益所收到的现金	21 122.73	32 002.33	-10 879.6	-34.00%
18	处置固定资产、无形资产和其他长期资产所收回的现金净额	399 393.22	488 900.88	-89 507.66	-18.31%
19	收到的其他与投资活动有关的现金	29 933.11	34 678.82	-4 745.71	-13.68%
20	现金流入小计	734 333.05	863 371.26	-129 038.21	-14.95%
21	购建固定资产、无形资产和其他长期资产所支付的现金	233 345.88	334 550.88	-101 205	-30.25%
22	投资所支付的现金	234 424.86	145 677.90	88 746.96	60.92%
23	支付的其他与投资活动有关的现金	33 2341.7	246 788.83	85 552.87	34.67%
24	现金流出小计	800 112.44	727 017.61	73 094.83	10.05%
25	投资活动产生的现金流量净额	-65 779.39	136 353.65	-202 133.04	-148.24%
26	三、筹资活动产生的现金流量:				
27	吸收投资所收到的现金	13 328.96	197 474.22	-184 145.26	-93.25%
28	借款所收到的现金	420 000	460 000.00	-40 000	-8.70%
29	收到的其他与筹资活动有关的现金	32 245.76	41 934.86	-9 689.1	-23.11%
30	现金流入小计	465 574.72	699 409.08	-233 834.36	-33.43%
31	偿还债务所支付的现金	273 737.22	320 002.33	-46 265.11	-14.46%
32	分配股利、利润或偿付利息所支付的现金	77 723.2	77 854.99	-131.79	-0.17%
33	支付的其他与筹资活动有关的现金	567.3	345.75	221.55	64.08%
34	现金流出小计	352 027.72	398 203.07	-461 75.35	-11.60%
35	筹资活动产生的现金流量净额	113 547.00	301 206.01	-187 659.01	-62.30%
36	四、汇率变动对现金的影响	3 749.12	543.77	3 205.35	589.47%
37	五、现金及现金等价物净增加额	460 000.00	770 000.00	-310 000	-40.26%
38	六、期末现金及现金等价物余额	5 020 000.00	4 560 000.00	460 000	10.09%

图1-3-4 2023年现金流量表与2022年对比的增减额与增减率

知识链接

1. 现金流量表反映企业在一定会计期间现金和现金等价物流入与流出的报表，可以看作企业一定时期的现金收支情况表，现金流量表对每一部分现金流量分别以现金流入和现金流出列示，流入减去流出的净额就是现金净流量。实际上，反映的是企业赚钱、花钱、找钱的能力。

现金流量表主要由三部分组成：①经营活动现金流量；②投资活动现金流量；③筹资活动现金流量。

2. 计算公式为：

$$差异额 = 年末数 - 年初数$$

$$差异率 = 差异额 / 年初数$$

58

3. 分析依据：

现金流量表比较分析，又叫水平分析，是一种关注历史变化的方法。水平分析是非常重要的分析方法，是对比不同时间段的现金流量变化情况，对企业的现金流量水平和变动情况进行评估。能够帮助企业了解历史变化趋势和风险情况，为制定未来的经营和财务决策提供参考。

（1）从动态维度分析企业现金变动情况和原因。

通过资产负债表中的"货币资金"项目，可以看到企业一定时期现金变动的结果，是静态的现金存量，而这部分现金存量从期初到期末是如何变动的，现金如何取得，用途是什么，只有通过现金流量表分析，才能从动态上了解现金变动的情况，揭示现金变动的原因。例如，企业期末现金及现金等价物余额比前一年增长，增长率可以计算出来，增长率提示企业的货币资金增长情况，体现企业货币资金的财务风险增加或减少。

（2）对企业获取现金的能力做出判断。

通过对现金流量表进行现金流量分析，结合资产负债表、利润表来解读，对企业获得现金的能力可以做出判断。

（3）评估企业收益的质量。

企业的净利润通常与现金流量呈现同向变动情况，但利润不代表企业真实的收益，有些年份有利润却无现金，仍有可能发生财务危机。高质量的盈利必须伴有现金流入作为保障，分析企业本期净利润与经营活动产生的现金流量之间的差异和原因，便于评估企业的盈利质量。

（4）预测企业未来的成长能力。

通过分析现金流量表，可以评估企业现金的来源和用途是否合理，判断是扩大或缩小经营规模，从而对企业的发展趋势和持续经营能力进行预测。

在进行水平分析之前，需要准备好现金流量表和相关财务报表，这些信息将作为分析的依据。下面是进行水平分析的步骤：

第一步：编制水平分析表。

表中应包含不同时间段的现金流量项目、金额和变动率等信息，方便进行对比和分析。

第二步：分析经营活动、投资活动和筹资活动现金流。

通过对比不同时间段经营活动现金流量的变化情况，可以了解企业主营业务的变化趋势。若经营活动现金流量出现下降趋势，则需要进一步分析经营业绩的原因和影响。

投资活动现金流反映企业投资活动（如购买固定资产和投资其他企业）所产生的现金流入和现金流出情况。通过对比不同时间段投资活动现金流量的变化情况，可以了解企业是否扩大投资、缩小投资或投的方向发生变化。若投资活动现金流量出现上升趋势，可能意味着企业正在进行大规模扩张或外部收购等活动。

筹资活动现金流反映企业筹资活动（如发行股票、发行债券和还本付息）所产生的现金流入和现金流出情况。通过对比不同时间段筹资活动现金流量的变化情况，可以了解企业的融资需求和融资方式的变化情况。若筹资活动现金流量减少，则可能是企业已经还清了借款或减少了股票和债券的发行。

数据分析

现金流量表比较分析（各项目变动差额和差异率分析）

从图1-3-4可以看出，企业2023年的期末现金及现金等价物余额比前一年增长了46万元，增长率为10.09%，企业的货币资金是显著增长的，体现企业货币资金的财务风险进一步减小。具体来说：

1. 经营活动：2023年经营活动现金流入量比前一年增加105 408.72元，增加了1.86%，经营活动现金流出量比前一年增加28 822.02元，增加了0.54%。2023年经营活动现金流出量的增加额小于经营活动现金流入量的增加额，经营活动现金流入量增加的主要原因是"销售商品、提供劳务收到的现金"，说明企业的营销活动做得好，如新能源企业汽车的补贴政策宣传到位，商品销售量增加，现金流入量增加了约116 669.95元，增长率为2.26%。2023年经营活动现金流出量增加的主要原因是："购买商品、接受劳务支付的现金"，增加了97 029.88元，增长率为12.24%；"支付的各项税费"增加了123 100.12元，增长率为4.1%。

2. 投资活动：2023年投资活动现金流量净额比前一年减少了202 133.04元，下降率为148.24%，其中，变动显著的有："取得投资收益所收到的现金"，比前一年减少了10 879.6元，下降率为34%；"处置固定资产、无形资产和其他长期资产所收回的现金净额"，比前一年减少了89 507.66元，下降率为18.31%；"购建固定资产、无形资产和其他长期资产所支付的现金"，比前一年减少了101 205元，减少率为30.25%；"投资所支付的现金"，比前一年增加了88 746.96元，增长率为60.92%；"支付的其他与投资活动有关的现金"，比前一年增加了85 552.87元，增长率为34.67%。

3. 筹资活动：2023年筹资活动现金流量净额比前一年减少了187 659.01元，下降率为62.3%，变动显著的有："吸收投资所收到的现金"，比前一年减少了184 145.26元，下降率为93.25%；"收到的其他与筹资活动有关的现金"，比前一年减少了9 689.1元，下降率为23.11%；"偿还债务所支付的现金"，比前一年减少了46 265.11元，下降率为14.46%。

【数据处理】——现金流入结构分析表

1. 新建Excel表格，命名为"2023年现金流入结构分析表"，插入所需数据，在右侧插入一列"结构百分比%"，如图1-3-5所示。

操作演示

项目一　财务报表分析

	A	B	C
1	现金流入结构分析表		
2	编制单位：北京欣悦公司　单位：元	2023年度	
3	一、经营活动产生的现金流量：		结构百分比%
4	销售商品、提供劳务收到的现金	5 290 000.88	
5	收到的税费返还		
6	收到的其他与经营活动有关的现金	487 740.99	
7	现金流入小计	5 777 741.87	
8	二、投资活动产生的现金流量：		
9	收回投资所收到的现金	283 883.99	
10	取得投资收益所收到的现金	21 122.73	
11	处置固定资产、无形资产和其他长期资产所收回的现金净额	399 393.22	
12	收到的其他与投资活动有关的现金	29 933.11	
13	现金流入小计	734 333.05	
14	三、筹资活动产生的现金流量：		
15	吸收投资所收到的现金	13 328.96	
16	借款所收到的现金	420 000	
17	收到的其他与筹资活动有关的现金	32 245.76	
18	现金流入小计	465 574.72	
19	四、现金流入总量	6 977 649.64	
20			

图 1-3-5　2023 年现金流入结构分析表

2. 在"结构百分比%"这一列的各个单元格中输入公式"结构百分比=该项目金额/现金流入总量"，单击 C4 单元格，输入"＝B4/B19"，依此类推，如图 1-3-6 和图 1-3-7 所示。

	A	B	C
1	现金流入结构分析表		
2	编制单位：北京欣悦公司　单位：元	2023年度	
3	一、经营活动产生的现金流量：		结构百分比%
4	销售商品、提供劳务收到的现金	5 290 000.88	=B4/B19
5	收到的税费返还		
6	收到的其他与经营活动有关的现金	487 740.99	
7	现金流入小计	5 777 741.87	
8	二、投资活动产生的现金流量：		
9	收回投资所收到的现金	283 883.99	
10	取得投资收益所收到的现金	21 122.73	
11	处置固定资产、无形资产和其他长期资产所收回的现金净额	399 393.22	
12	收到的其他与投资活动有关的现金	29 933.11	
13	现金流入小计	734 333.05	
14	三、筹资活动产生的现金流量：		
15	吸收投资所收到的现金	13 328.96	
16	借款所收到的现金	420 000	
17	收到的其他与筹资活动有关的现金	32 245.76	
18	现金流入小计	465 574.72	
19	四、现金流入总量	6 977 649.64	
20			

图 1-3-6　结构百分比计算公式

61

财务数据分析

	A	B	C
1	现金流入结构分析表		
2	编制单位：北京欣悦公司　　　单位：元	2023年度	
3	一、经营活动产生的现金流量：		结构百分比%
4	销售商品、提供劳务收到的现金	5 290 000.88	75.81%
5	收到的税费返还		0.00%
6	收到的其他与经营活动有关的现金	487 740.99	6.99%
7	现金流入小计	5 777 741.87	82.80%
8	二、投资活动产生的现金流量：		0.00%
9	收回投资所收到的现金	283 883.99	4.07%
10	取得投资收益所收到的现金	21 122.73	0.30%
11	处置固定资产、无形资产和其他长期资产所收回的现金净额	399 393.22	5.72%
12	收到的其他与投资活动有关的现金	29 933.11	0.43%
13	现金流入小计	734 333.05	10.52%
14	三、筹资活动产生的现金流量：		0.00%
15	吸收投资所收到的现金	13 328.96	0.19%
16	借款所收到的现金	420 000	6.02%
17	收到的其他与筹资活动有关的现金	32 245.76	0.46%
18	现金流入小计	465 574.72	6.67%
19	四、现金流入总量	6 977 649.64	100.00%

图 1-3-7　结构百分比计算结果

现金流入结构分析

由图 1-3-7 可知，经营活动产生的现金流入量占现金流入总量的 82.8%，投资活动的现金流入量占现金流入总量的 10.52%，筹资活动的现金流入量占现金流入总量的 6.67%，由此可见，企业的现金流入主要是靠经营活动，说明该企业的经营状况良好，偿债能力佳，其次是投资活动，而筹资活动现金流入所占比重最小，结构合理，主营业务创收最多。

【数据处理】——现金流出结构分析表

1. 新建表格，将 2023 年现金流出数据导入表格，新建一列"结构百分比%"，如图 1-3-8 所示。

2. 单击单元格 C4，输入"＝B4/B19"，依此类推，如图 1-3-9 和图 1-3-10 所示。

操作演示

项目一　财务报表分析

	A	B	C
1	现金流出结构分析表		
2	编制单位：北京欣悦公司　　　　　单位：元	2023年度	
3	一、经营活动产生的现金流量：		结构百分比%
4	购买商品、接受劳务支付的现金	890 000.88	
5	支付给职工以及为职工支付的现金	1 123 900.92	
6	支付的各项税费	3 123 900.92	
7	支付的其他与经营活动有关的现金	231 455.88	
8	现金流出小计	5 369 258.60	
9	二、投资活动产生的现金流量：		
10	购建固定资产、无形资产和其他长期资产所支付的现金	233 345.88	
11	投资所支付的现金	234 424.86	
12	支付的其他与投资活动有关的现金	332 341.7	
13	现金流出小计	800 112.44	
14	三、筹资活动产生的现金流量：		
15	偿还债务所支付的现金	273 737.22	
16	分配股利、利润或偿付利息所支付的现金	77 723.2	
17	支付的其他与筹资活动有关的现金	567.3	
18	现金流出小计	352 027.72	
19	四、现金流出总量	6 521 398.76	

图 1-3-8　2023 年现金流出结构分析表

	A	B	C
1	现金流出结构分析表		
2	编制单位：北京欣悦公司　　　　　单位：元	2023年度	
3	一、经营活动产生的现金流量：		结构百分比%
4	购买商品、接受劳务支付的现金	890 000.88	=B4/B19
5	支付给职工以及为职工支付的现金	1 123 900.92	
6	支付的各项税费	3 123 900.92	
7	支付的其他与经营活动有关的现金	231 455.88	
8	现金流出小计	5 369 258.60	
9	二、投资活动产生的现金流量：		
10	购建固定资产、无形资产和其他长期资产所支付的现金	233 345.88	
11	投资所支付的现金	234 424.86	
12	支付的其他与投资活动有关的现金	332 341.7	
13	现金流出小计	800 112.44	
14	三、筹资活动产生的现金流量：		
15	偿还债务所支付的现金	273 737.22	
16	分配股利、利润或偿付利息所支付的现金	77 723.2	
17	支付的其他与筹资活动有关的现金	567.3	
18	现金流出小计	352 027.72	
19	四、现金流出总量	6 521 398.76	

图 1-3-9　结构百分比计算公式

财务数据分析

	A	B	C
1	现金流出结构分析表		
2	编制单位：北京欣悦公司　　　单位：元	2023年度	
3	一、经营活动产生的现金流量：		结构百分比%
4	购买商品、接受劳务支付的现金	890 000.88	13.65%
5	支付给职工以及为职工支付的现金	1 123 900.92	17.23%
6	支付的各项税费	3 123 900.92	47.90%
7	支付的其他与经营活动有关的现金	231 455.88	3.55%
8	现金流出小计	5 369 258.60	82.33%
9	二、投资活动产生的现金流量：		0.00%
10	购建固定资产、无形资产和其他长期资产所支付的现金	233 345.88	3.58%
11	投资所支付的现金	234 424.86	3.59%
12	支付的其他与投资活动有关的现金	332 341.7	5.10%
13	现金流出小计	800 112.44	12.27%
14	三、筹资活动产生的现金流量：		0.00%
15	偿还债务所支付的现金	273 737.22	4.20%
16	分配股利、利润或偿付利息所支付的现金	77 723.2	1.19%
17	支付的其他与筹资活动有关的现金	567.3	0.01%
18	现金流出小计	352 027.72	5.40%
19	四、现金流出总量	6 521 398.76	100.00%

图 1-3-10　结构百分比结果

知识链接

1. 现金流量表结构分析又称为现金流量表垂直分析，通过分析可以得知企业现金的来源、用途，现金的余额是由哪些现金流组成的，各占总量的百分比等。其目的是通过揭示现金流入量和流出量的结构情况，了解企业财务状况的形成、变动过程及变动原因，以抓住企业现金流量管理的重点。

2. 计算公式为：

结构百分比＝某项目金额/现金流入或流出总量

3. 分析依据：

（1）现金流入结构分析：了解企业现金取得的途径，可以采用哪些管理手段增加企业现金流入，若现金流入主要是靠经营活动，说明该企业的经营状况良好，偿债能力佳。

（2）现金流出结构分析：了解企业现金流出的原因，分析企业的偿债能力和变现能力。若经营活动的现金流出中购买商品和接受劳务支出的现金占比大一些，则体现了经营活动的现金流出具有稳定性的特点，结构良好。

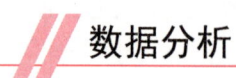

现金流出结构分析

由图 1-3-10 可知，经营活动产生的现金流出量占现金流出总量的 82.33%，投资活动的现金流出量占现金流出总量的 12.27%，筹资活动的现金流出量占现金流出总量的 5.4%。一

项目一 财务报表分析

般来说,经营活动的现金流出中购买商品和接受劳务支出的现金占比会大一些,本企业正符合此种情况,经营活动的现金流出具有稳定性的特点,结构良好。投资活动和筹资活动现金流出所占比重较小,具有随意性和偶然性的特点。

任务拓展

1. 请同学们将上述现金流入结构百分比报表的数据制作成饼图。

(1) 新建 Excel 表格,将三种活动(经营活动、投资活动、筹资活动)产生的现金流入的数据导入表格,如图 1-3-11 所示。

	A	B
1		结构百分比%
2	经营活动产生的现金流入小计	82.80%
3	投资活动产生的现金流入小计	10.52%
4	筹资活动产生的现金流入小计	6.68%

图 1-3-11　各项目现金流入所占比重

(2) 将表格数据用饼图展示,单击"插入"→"图表",选择"饼图",如图 1-3-12 所示。

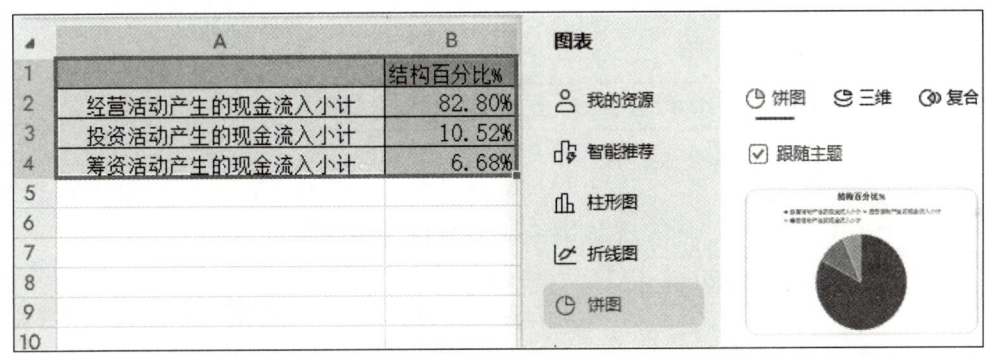

图 1-3-12　现金流入饼图步骤

(3) 所选数据通过饼图直观展示,如图 1-3-13 所示。

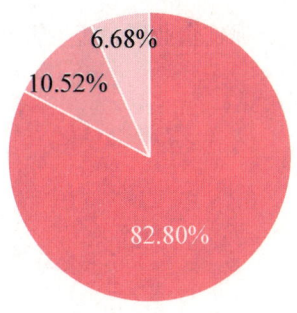

图 1-3-13　现金流入饼图

65

2. 将上述现金流出结构百分比报表的数据制作成饼图，制作方法相同，不再赘述，此处仅展示饼图效果。

数据通过饼图直观展示，如图 1-3-14 所示。

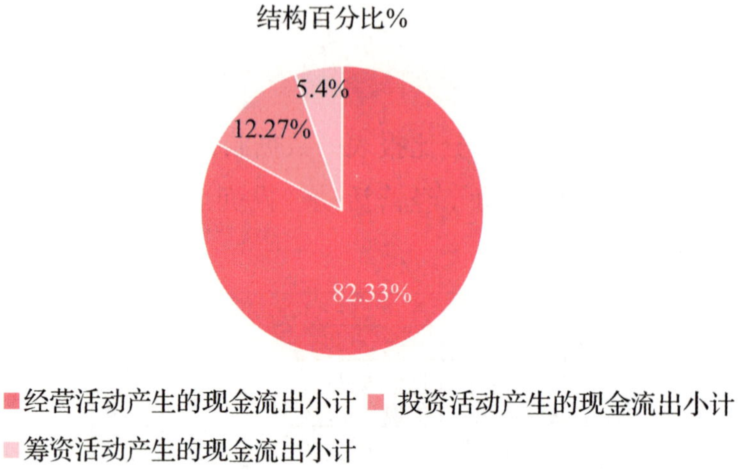

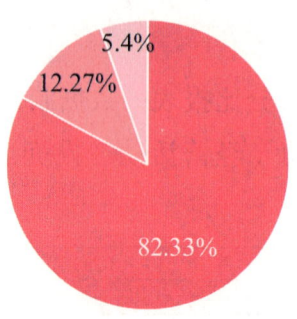

图 1-3-14　现金流出饼图

任务总结

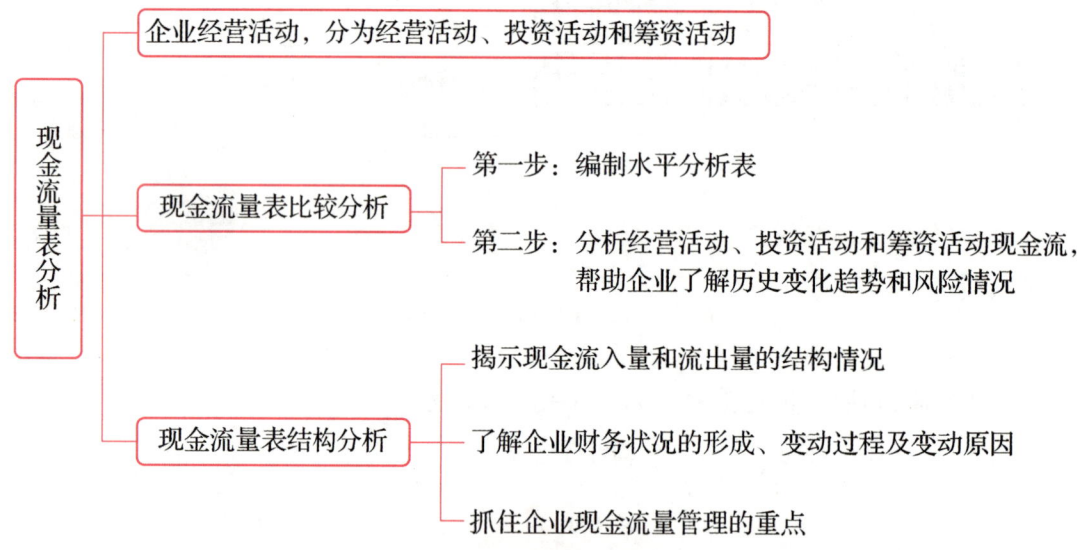

任务检测

一、实训任务

1. 下图是某竞争对手的现金流入结构百分比报表，请对此结构进行分析。

项目一　财务报表分析

项目	金额（元）	结构百分比（%）
经营活动现金流入	26 040 402.09	17.17
其中：销售商品、提供劳务收到的现金	23 083 834.73	15.22
收到的税费返还	2 956 567.37	1.95
收到的其他与经营活动有关的现金	0	0
投资活动现金流入	78 879 518.32	52.02
其中：取得投资收益的现金	55 757 888.21	36.77
处置固定资产等收到的现金	23 121 630.11	15.25
筹资活动现金流入	46 728 150.23	30.81
其中：吸收投资收到的现金	12 909 150.23	8.51
取得借款收到的现金	33 819 000.00	22.30
现金流入合计	151 648 070.64	100.00

2. 下图是某竞争对手的现金流出结构百分比报表，请对此结构进行分析。

项目	金额（元）	结构百分比（%）
经营活动现金流出	14 314 480.38	22.06
其中：购买商品、接受劳务支付的现金	3 635 200.78	5.60
支付给职工以及为职工支付的现金	3 108 409.45	4.79
支付的各项税费	4 241 608.18	6.54
支付的其他与经营活动有关的现金	3 329 261.97	5.13
投资活动现金流出	9 141 142.87	14.09
其中：购建固定资产等支付的现金	9 141 142.87	14.09
筹资活动现金流出	41 425 527.36	63.85
投资支付的现金	0.00	0.00
其中：偿还债务支付的现金	38 013 821.15	58.59
分配股利、利润或偿付利息支付的现金	2 536 000.00	3.91
支付其他与投资活动有关的现金	875 706.21	1.35
现金流出合计	64 881 150.61	100.00

素养小课堂

财务造假

曾经，某咖啡品牌开到了全国各地，利用大量促销手段吸引客户。顾客感受到可以免费喝咖啡或者使用3.8折券喝咖啡，甚至使用1.8折的优惠券来喝咖啡。2020年4月2日，该咖啡品牌发布公告，承认虚假交易22亿元人民币，股价暴跌80%，该品牌被推上了舆论浪潮的巅峰。

该咖啡品牌财务造假案例警示我们，要对财务案例进行全方位多角度辨析分析，掌握专业知识，以及求真务实、实践创新、精益求精的学习精神。作为未来的会计，要拥有良好的

财务数据分析

会计道德修养和素质,树立正确的商业伦理观,遵守职业操守和道德规范,在未来的会计岗位上具有事业心、责任感和严谨的工作态度,以及遵纪守法的精神。

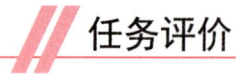 任务评价

学生自我评价

班级:　　　　　　　　　　姓名:　　　　　　　　　　座号:

偿债能力综合分析		自我评价	
^^	^^	我会了	我还有问题
流动比率	计算公式		
^^	分析依据		
^^	Excel 操作		
速动比率	计算公式		
^^	分析依据		
^^	Excel 操作		
流动比率较大,是否代表企业短期偿债能力较强	分析依据		
短期偿债能力与长期偿债能力的区别与联系	综合分析		
投资者、经营者、债权人关心的内容	综合分析		

指导教师评价

任务名称	考核项目	考核内容	评分		备注
^^	^^	^^	分值	得分	^^
偿债能力综合分析	相关知识预习	认真预习,完成预习作业	10		
^^	教学过程	积极参与 Excel 操作,在教学中学习专业知识和技能	20		
^^	实训任务	独立完成,正确表达	30		
^^	工作和学习的主动性	自主探究,团队协作	10		
^^	纪律性	遵守课堂纪律,尊师爱友	30		
总评				100	
指导教师签名:					年　月　日

项目二

偿债能力分析

> 偿债能力是指企业以其资产偿还其债务（含本金和利息）的能力。偿债能力如何，是衡量一个企业财务状况好坏的重要标志。通过偿债能力分析，能够揭示一个企业财务风险的大小，这对于企业的管理者、投资者、债权人都具有十分重大的意义。按照债务偿还期限长短的不同，偿债能力分析可以分为短期偿债能力分析和长期偿债能力分析。

知识目标

1. 认识偿债能力的含义及其分类。
2. 了解短期偿债能力、长期偿债能力的内涵及其常用财务指标。
3. 熟悉短期偿债能力、长期偿债能力分析指标的计算及其 Excel 数据分析。

技能目标

1. 学会运用 Excel 表格进行短期偿债能力分析指标的计算并进行简要分析。
2. 学会运用 Excel 表格进行长期偿债能力分析指标的计算并进行简要分析。
3. 学习运用偿债能力分析指标进行企业偿债能力的综合分析。

素养目标

1. 研判企业偿债能力，提高财务风险防范意识。
2. 培养运用财务数据进行分析问题、解决问题的能力。

财务数据分析

任务一　短期偿债能力分析

短期偿债能力，是指企业流动资产对流动负债及时足额偿还的保证程度，是企业当前财务能力，特别是流动资产变现能力的重要标志。因此，衡量一个企业的短期偿债能力，主要是对企业的流动资产和流动负债进行分析。当企业短期偿债能力不足时，可能会引起破产或造成生产经营混乱。评价短期偿债能力的财务指标主要有营运资本、流动比率、速动比率、现金比率等。

任务描述

请同学们根据北京欣悦公司2023年的资产负债表（见项目一（表1-1-1）），运用Excel计算该公司的2023年及2022年短期偿债能力的一系列财务指标，分析流动资产和流动负债的规模与结构，分析流动资产对流动负债的保障程度，从而对该公司短期偿债能力的强弱、资本结构是否合理等作出客观评价。

任务实施

【数据处理】——营运资本

1. 新建Excel表格，将本教材附带的Excel表——北京欣悦公司2023年资产负债表复制粘贴至Sheet1表，并重命名为资产负债表，如图2-1-1所示。在Sheet2工作表中创建"短期偿债能力计算分析表"，如图2-1-2所示。

操作演示

2. 在"短期偿债能力计算分析表"中，计算2022年和2023年营运资本。2022年营运资本示例操作如下：单击B3单元格，输入"="，单击"资产负债表"，选中C15单元格（即2023年流动资产年初数，注：2023年年初数=2022年年末数），输入"-"，再选中F14单元格（即2023年流动负债年初数合计），按Enter键。选中B3单元格，右击，选择"设置单元格格式"→"数字"→"常规"，计算出2022年营运资本，操作如图2-1-3所示。求2023营运资本方法同2022年，操作略，计算结果如图2-1-4所示。

70

项目二　偿债能力分析

资产负债表

单位：北京欣悦新能源科技有限公司　　2023年12月31日　　　　　　　　单位：万元

资产	年末数	年初数	负债及所有者权益	年末数	年初数
流动资产：			流动负债：		
货币资金	502	456	短期借款	750	720
交易性金融资产	12	10	应付票据	118	165
应收票据	369	398	应付账款	377	456
应收股利	5	6	预收款项	2	4
应收利息	4	2	应付职工薪酬	16	18
应收账款	1 010	960	应付股利	756	630
预付款项	9	6	应交税费	28	25
其他应收款	10	30	其他应付款	14	17
存货	2 222	2 106	其他流动负债	3	5
其他流动资产	3	2	流动负债合计	2 064	2 040
流动资产合计	4 146	3 976	非流动负债：		
非流动资产：			长期借款	1 400	1 200
持有至到期投资	122	125	应付债券	1 500	1 500
长期股权投资	186	186	长期应付款	294	176
固定资产	4 476	4 422	非流动负债合计	3 194	2 876
工程物资	12	36	负债合计	5 258	4 916
在建工程	1 557	1 072	股本	4 960	4 960
无形资产	495	521	资本公积	52	50
长期待摊费用	204	222	盈余公积	898	608
			未分配利润	30	26
			所有者权益合计	5 940	5 644
资产总计	11 198	10 560	负债及所有者权益总计	11 198	10 560

图 2-1-1　北京欣悦公司 2023 年资产负债表

短期偿债能力计算分析表		
指　标	2022年	2023年
营运资本		
流动比率		
速动比率		
现金比率		

图 2-1-2　短期偿债能力计算分析表

71

财务数据分析

图2-1-3 设置2023年营运资本公式

图2-1-4 2022年、2023年营运资本计算结果

知识链接

（1）营运资本是指流动资产总额减流动负债总额后的剩余部分，能够直接反映流动资产偿还流动负债后剩余的金额。

（2）计算公式为：

营运资本＝流动资产－流动负债

（3）分析依据：若营运资本>0，则说明企业流动资产能保障流动负债的按期偿还，其金额越大，说明企业到期偿债能力越强，债权人到期债权的安全性越高。若营运资本<0，则说明企业流动资产无法保障流动负债的按时偿还，出现资金短缺，其金额越大，企业的偿债风险越高。评价这个指标一般大于0为好，但是多少为宜没有固定标准。

项目二 偿债能力分析

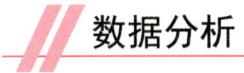

数据分析

营运资本

通过计算后分析：北京欣悦公司2023年的营运资本2 082（=4 146-2 064）万元比2022年的营运资本1 936（=3 976-2 040）万元高，究其原因，主要是欣悦公司2023年的存货比2022年的存货多了116万元。作为国家大力倡导的新能源行业，存货流转较为顺利，且其营运资本呈上升态势，说明该公司短期偿债能力较强，负债风险较低。但是企业持有过多的营运资本虽然可以提高短期偿债能力，降低财务风险，但也可能会降低企业的盈利能力。所以，作为北京欣悦公司的经营者，应在风险与收益间进行权衡，根据企业的实际情况，采取不同的融资策略，合理安排企业的营运资本。

同时，营运资本作为一个绝对数指标，直观、明了，能直接反映企业偿还流动负债后余额，符合常规思维。但由于不同企业受企业财务运作和规模的影响，该指标不适合进行企业之间的比较，一般适用于同一企业不同年份的同期比较。

思考探究

若该公司2023年营运资本小于0，反映了什么问题？若企业的营运资本数据比其他公司高，是否意味着该公司的短期偿债能力比对方强？为什么？

【数据处理】——流动比率

操作演示

打开"短期偿债能力计算分析表"，求2022年、2023年流动比率。

2022年流动比率操作示例：单击B4单元格，输入"="，单击"资产负债表"，选中C15单元格（即2023年流动资产年初数合计），输入"/"，再选中F14单元格（即2023年流动负债年初数合计），按Enter键。选中B4单元格，右击，选择"设置单元格格式"→"数字"→"数值"，小数位数："2"，单击"确定"按钮，如图2-1-5所示。求2023年流动比率方法同2022年，操作略，计算结果如图2-1-6所示。

图2-1-5 设置流动比率单元格格式

财务数据分析

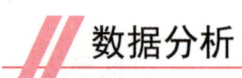

图 2-1-6　2022 年、2023 年流动比率

知识链接

（1）流动比率也称为营运资本比率或真实比率，是指一定时期流动资产与流动负债的比率。它是一个相对数指标，是分析企业短期偿债能力最常用、最基本的财务指标。

（2）计算公式为：

流动比率＝流动资产/流动负债

（3）分析依据：一般情况下，企业的流动比率越大，企业偿还流动负债能力越强，债权人就越有保障。根据西方国家企业的长期经验，一般认为流动比率为 2∶1 左右比较适宜。但这一比率究竟多少合适，还需要根据企业的行业特点和自身现金流量来确定。

数据分析

流动比率

通过计算后分析：北京欣悦公司 2023 年的流动比率 2.01（＝4 146/2 064）比 2022 年的流动比率 1.95（＝3 976/2 040）略有上升，作为新能源公司，存货较前一年增加，且流动比率更接近 2∶1，说明其短期偿债能力更强了。横向看该公司连续两年流动比率都稳定在 2∶1 左右，说明该公司短期偿债能力较强，对公司的经营有利。

流动比率易于理解、计算简单。但在运用该指标进行分析时，还应注意以下几点：

（1）流动比率不是衡量短期偿债能力的唯一指标。由于流动比率没有考虑流动资产和流动负债的结构问题，所以必须结合速动比率等指标才能更好地分析企业偿债能力的大小。

（2）流动比率好坏、高低，要因行业而异。如房地产、商品流通企业的流动比率一般会较高，而制造业的流动比率会较低。

（3）流动比率不是越高越好。流动比率过高，可能表明企业未能有效利用资金，造成企业机会成本增加，影响企业的获利能力。

项目二 偿债能力分析

与营运资本指标相比,流动比率更能反映出流动资产对流动负债的保障程度,并可以对不同企业进行横向比较。

思考探究

1. 若公司流动比率逐年下降,经营者需要关注什么问题?有哪些策略?
2. 一个企业的流动比率是不是越高越好?高流动比率是否意味着强短期偿债能力?

【数据处理】——速动比率

打开"短期偿债能力计算分析表",求 2022 年、2023 年的速动比率。

2022 年速动比率操作示例:单击 B5 单元格,输入"=",单击"资产负债表",选中 C15 单元格(即 2023 年流动资产年初数合计),输入"−"。选中 C11 单元格(即 2023 年预付账款年初数),输入"−"。选中 C13 单元格(即 2023 年存货年初数),输入"−"。选中 C14 单元格(即 2023 年其他流动资产年初数),整个公式前后输入"( )",再输入"/"。然后选中 F14 单元格(即 2023 年流动负债年初数合计),按 Enter 键。操作过程如图 2-1-7 所示。接着选中 B4 单元格,单击"格式刷",单击 B5 单元格,即得出 2022 年流动比率。求 2023 年的速动比率方法同 2022 年,操作略,计算结果如图 2-1-8 所示。

操作演示

图 2-1-7 设置 2022 年速运比率操作过程

图 2-1-8 2022 年、2023 年速动比率

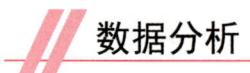

（1）速动比率是指企业速动资产与流动负债的比值，是衡量企业流动资产可以立即用于偿还流动负债的能力。

（2）计算公式为：

速动比率 = 速动资产/流动负债 =（流动资产-存货-预付账款-其他流动资产）/流动负债

（3）分析依据：一般来说，速动比率越高，短期偿债能力越强，意味着企业流动负债的安全程度越高，短期债权人到期收回本息的可能性越大。通常认为速动比率接近 1 时比较合理，它表明企业的每一元流动负债都有一元易于变现的资产用于抵债。

数据分析

速动比率

通过计算后分析：北京欣悦公司 2023 年的速动比率 0.93 [=(4 146-9-2 222-3)/2 064] 比 2022 年的速动比率 0.91 [=(3 976-6-2 106-2)/2 040] 略有提高，说明该公司的短期偿债能力有所增加。从横向看，该公司近两年速动比率和流动比率都维持在合理范围，说明该公司流动负债偿还的安全性和稳定性较高。综合流动比率指标发现，2023 年的流动比率比速动比率更接近合理范围，究其原因，是该公司 2023 年存货占流动资产的比重为 53.59%，比 2022 年的占比 52.97% 多了 0.62%，但新能源公司作为新兴行业，这些都是合理的财务指标数值。

速动比率是流动比率的补充，在衡量企业短期偿债能力方面，速动比率较流动比率更为严密可靠。但在分析中还应注意以下问题：

（1）应结合行业和企业的具体情况分析，不可一概而论。如采用现金销售的商超等流通企业，速动比率低于 1 是正常的。

项目二 偿债能力分析

（2）应收账款变现能力对速动比率的影响。速动资产中包含了应收账款，有的应收账款金额较大或者账龄较长，其实际的坏账可能高于所计提的坏账准备等因素，因此，在运用该指标时，须结合应收账款周转率进行分析。

（3）速动比率和流动比率一样，易受人控制，用以粉饰企业的财务状况。因此，在运用该指标进行分析时，应进一步对企业整个会计期间和前后不同会计期间的速动资产、流动资产和流动负债进行考虑。

思考探究

速动比率低是否就意味着企业无法偿还到期的流动负债？

【数据处理】——现金比率

打开"短期偿债能力计算分析表"，求2022年、2023年现金比率。

2022年现金比率操作示例：单击B6单元格，输入"="，单击"资产负债表"，选中C5单元格（即2023年货币资金年初数），输入"+"。选中C6单元格（即2023年交易性金融资产年初数），输入"+"。选中C7单元格（即2023年应收票据年初数），整个公式前后输入"（）"，输入"/"。再选中F14单元格（即2023年流动负债年初数合计），并按Enter键，操作过程如图2-1-9所示。接着选中B5单元格，单击"格式刷"，单击B6单元格，即得出2022年现金比率。求2023年现金比率的方法同2022年，操作略。计算结果如图2-1-10所示。

操作演示

图2-1-9 设置2023年现金比率操作过程

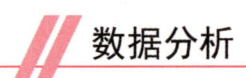

图 2-1-10　2022 年、2023 年现金比率

知识链接

（1）现金比率是现金类资产与流动负债的比值。其中，现金类资产包括企业持有的所有货币资金、交易性金融资产（或短期投资）和应收票据。

（2）计算公式为：

　　现金比率=[货币资金+交易性金融资产（或短期投资）+应收票据]/流动负债

（3）分析依据：一般来讲，该比率越高，说明企业的现金流动性越高，短期偿债能力越强。一般认为，现金比率保持在 0.2 以上为好。

较之流动比率或速动比率，利用该指标评价企业的短期偿债能力更为谨慎、最为可信。但在实际工作中，单独考查现金比率没有多大意义，只有当企业把应收账款和存货都抵押出去或已有迹象表明应收账款和存货的变现能力存在问题的情况下，计算该比率才是有效的。

数据分析

现金比率

通过计算后分析：北京欣悦公司 2023 年的现金比率 0.43 [=（502+12+369）/2 064] 比 2022 年的现金比率 0.42 [=（456+10+398）/2 040] 高一点，且都大大超过了 0.2，说明公司近两年现金充足，其流动资产对流动负债的保障能力较强。但是由于现金类资产是盈利性最差的资产，过多的现金类资产可能导致资金闲置，意味着企业的资产利用效率降低。北京欣悦公司作为国家大力倡导的新能源行业，前景较好，且其流动比率和速动比率均较为合理，所以企业可适当降低现金类资产，将其用于更好的投资机会，从而提高企业的盈利能力。

现金比率可以反映企业的直接支付能力，但在运用该指标分析时，还应注意以下问题：

（1）在进行短期偿债能力评价时，分析现金比率的重要性不大，因为正常不可能要求企业立即用现金偿还全部流动负债。但当企业遇到财务困难或经营活动具有高投机性和风险性时，分析现金比率就比较重要，因为它表明企业最坏情况下的短期偿债能力。

（2）现金比率不是越高越好。因为该指标过高，可能意味着企业不善于利用现金资源，没有很好地将现金投入企业经营环节或失去一些有利的投资机会。所以，在运用该指标进行短期偿债能力分析时，应与流动比率、速动比率等结合起来分析评价。

思考探究

你认为短期偿债能力的影响因素有哪些？在进行短期偿债能力分析时，是否需要综合考虑以上财务指标？

任务拓展

请同学们将以上案例的各财务指标数据绘制成折线图，通过图表观察相关指标之间的关系。

1. 打开"短期偿债能力计算分析表"，长按 Ctrl 键，框选表格内制作比率折线图所需的内容，单击"插入"→"全部图表"→"折线图"→"折线图-标记"，操作过程如图 2-1-11 所示。

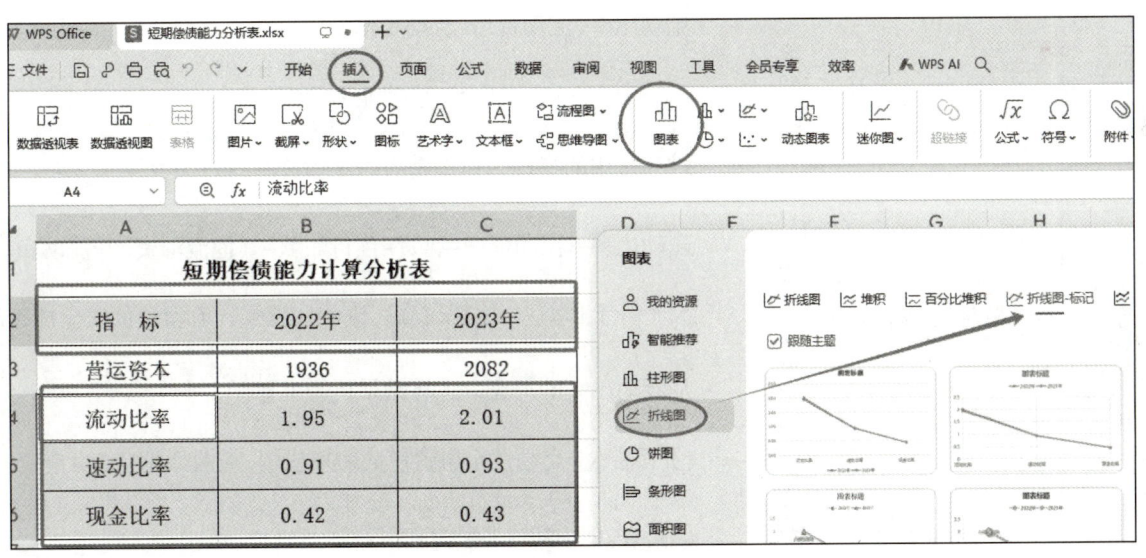

图 2-1-11　绘制比率折线图操作过程

2. 双击更改图文标题，完成流动比率、速动比率和现金比率的关系图绘制，如图 2-1-12 所示。营运资本折线图可参照此操作绘制。

图 2-1-12　流动比率、速动比率和现金比率的关系图

任务总结

- 短期偿债能力分析
  - 绝对数指标
    - 营运资本
      - 营运资本=流动资产–流动负债
      - >0为好，金额越大，偿债能力越强
      - 直观、明了，但不适用于不同企业间的横向比较
  - 相对数指标
    - 流动比率
      - 流动比率=流动资产/ 流动负债
      - 2：1为宜，比率越大，偿债能力越强
      - 最为常用的指标，但没有考虑流动资产的结构等
    - 速动比率
      - 速动比率=(流动资产–存货–预付账款–其他流动资产)/流动负债
      - 大于等于1为宜，比率越高，流动性越强，流动负债安全性越高
      - 是流动比率的补充，计算结果更为可靠
    - 现金比率
      - (货币资金+交易性金融资产或短期投资+应收票据)/流动负债
      - 保持在20%~30%水平为宜
      - 是最谨慎的指标，但在实际工作中，单独考察意义不大
  - 说明
    - 不能孤立地看某个指标，须综合分析才能客观判断企业短期偿债能力

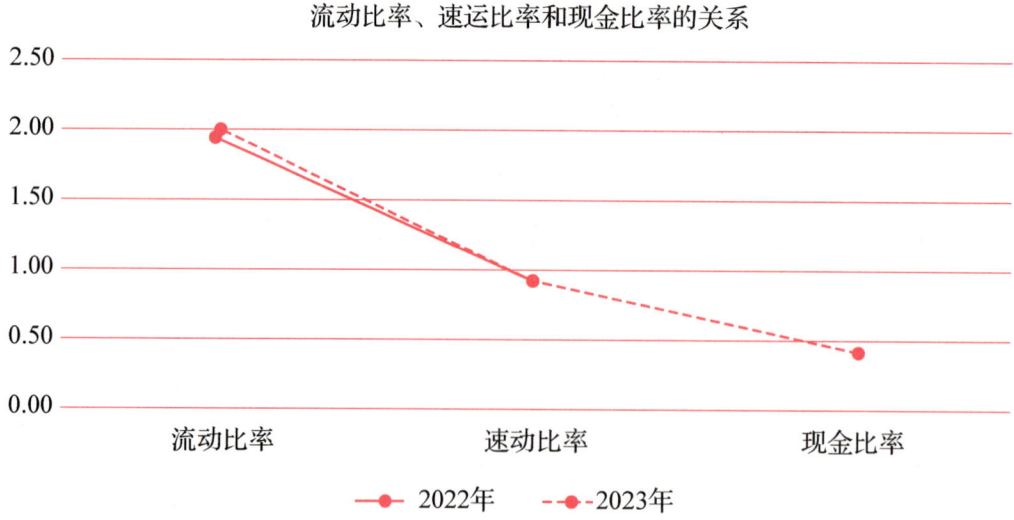

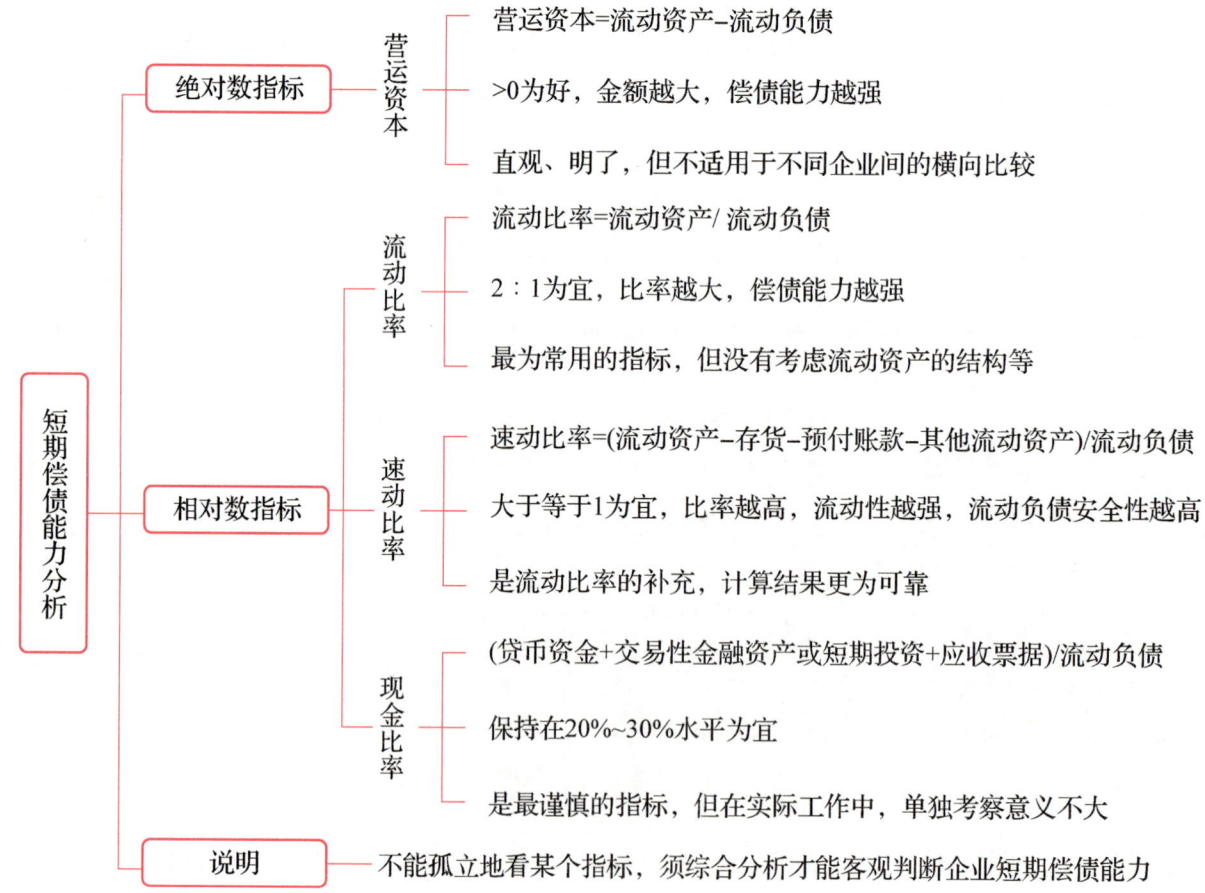

任务检测

一、单选题

1. 理论上,速动比率应维持的最佳比率是（　　）。
   A. 2∶1　　　　　B. 1∶1　　　　　C. 0.5∶1　　　　　D. 0.25∶1

2. 某企业期末现金为160万元,期末流动负债为240万元,期末流动资产为320万元,则该企业的现金比率为（　　）。
   A. 66.67%　　　B. 50%　　　　　C. 133.33%　　　　D. 200%

3. 如果流动负债小于流动资产,则期末以现金偿付一笔短期借款所导致的结果是（　　）。
   A. 营运资本减少　　B. 营运资本增加　　C. 流动比率降低　　D. 流动比率提高

4. 某企业期末货币资金为320万元,速动比率为200%,期末速动资产为400万元,则该企业的现金比率为（　　）。
   A. 0.4　　　　　B. 0.625　　　　C. 1.6　　　　　　D. 2.5

5. 有时速动比率小于1也是正常的,比如（　　）。
   A. 流动负债大于速动资产　　　　　B. 应收账款不能实现
   C. 大量采用现金销售　　　　　　　D. 存货过多,导致速动资产减少

二、多选题

1. 反映短期偿债能力的指标包括（　　）。
   A. 营运资本　　　B. 流动比率　　　C. 速动比率　　　D. 资产负债率
   E. 现金比率

2. 速动资产包括（　　）。
   A. 存货　　　　　B. 货币资金　　　C. 交易性金融资产　　D. 应收账款
   E. 预收账款

3. 计算速动资产时,需要把存货从流动资产中扣除的原因有（　　）。
   A. 存货的变现速度慢　　　　　　　B. 存货的周转速度慢
   C. 存货的成本与市价不一致　　　　D. 有些存货可能已经报废或者被抵押

4. 影响速动比率的因素有（　　）。
   A. 应收账款　　　B. 存货　　　　　C. 短期借款　　　D. 预付账款

5. 流动比率有局限性的原因有（　　）。
   A. 流动资产中存货有可能积压　　　B. 应收账款有可能出现呆账
   C. 流动比率是相对比值　　　　　　D. 流动比率是静态分析指标
   E. 流动比率可以在不同企业之间比较

财务数据分析

三、实训任务

请同学们自行查找一家企业的资产负债表,利用以上所学知识进行 Excel 操作,再对计算结果进行财务数据分析训练,并形成文档提交,同时完成以下任务评价表。

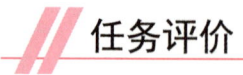任务评价

学生自我评价

班级:　　　　　　　姓名:　　　　　　　座号:

短期偿债能力分析		自我评价	
		我会了	我还有问题
营运资本	计算公式		
	Excel 操作		
	数据分析		
流动比率	计算公式		
	Excel 操作		
	数据分析		
速动比率	计算公式		
	Excel 操作		
	数据分析		
现金比率	计算公式		
	Excel 操作		
	数据分析		

指导教师评价

任务名称	考核项目	考核内容	评分		备注
			分值	得分	
短期偿债能力分析	相关知识预习	认真预习,完成预习作业	10		
	教学过程	积极参与各项指标的 Excel 实操,在教学中学习专业知识和技能	20		
	实训任务	独立完成,正确表达	30		
	实训和学习的主动性	自主探究,团队协作	10		
	纪律性	遵守课堂纪律,尊师爱友	30		
总评			100		
指导教师签名:			年　　月　　日		

项目二 偿债能力分析

任务二　长期偿债能力分析

长期偿债能力，是指企业偿还长期债务的能力。衡量企业长期偿债能力主要看企业资金结构是否合理、稳定，以及企业长期盈利能力的大小。因此，确定长期偿债能力的主要指标有资产负债率、产权比率、权益乘数、利息保障倍数、有形净值债务比率等。

任务描述

请同学们根据北京欣悦公司的财务报表，运用 Excel 计算该公司 2023 年及 2022 年长期偿债能力的一系列财务比率，分析权益与资产之间的关系，分析不同权益的内在联系，从而对该公司长期偿债能力的强弱、资本结构是否合理等作出客观评价。

任务实施

【数据处理】——资产负债率

打开 Excel 表，将本教材附带的北京欣悦公司 2023 年的资产负债表、利润表、其他相关财务数据表复制粘贴至 Sheet1（图 2-2-1~图 2-2-3），在 Sheet2 中制作长期偿债能力评价分析表（图 2-2-4），求 2022 年、2023 年的资产负债率。

操作演示

	A	B	C	D	E	F
1			资产负债表			
2	单位:北京欣悦新能源科技有限公司		2023年12月31日			单位:万元
3	资产	年末数	年初数	负债及所有者权益	年末数	年初数
4	流动资产：			流动负债：		
5	货币资金	502	456	短期借款	750	720
6	交易性金融资产	12	10	应付票据	118	165
7	应收票据	369	398	应付账款	377	456
8	应收股利	5	6	预收款项	2	4
9	应收利息	4	2	应付职工薪酬	16	18
10	应收账款	1 010	960	应付股利	756	630
11	预付款项	9	6	应交税费	28	25
12	其他应收款	10	30	其他应付款	14	17
13	存货	2 222	2 106	其他流动负债	3	5
14	其他流动资产	3	2	流动负债合计	2 064	2 040
15	流动资产合计	4 146	3 976	非流动负债：		
16	非流动资产：			长期借款	1 400	1 200
17	持有至到期投资	122	125	应付债券	1 500	1 500
18	长期股权投资	186	186	长期应付款	294	176
19	固定资产	4 476	4 422	非流动负债合计	3 194	2 876
20	工程物资	12	36	负债合计	5 258	4 916
21	在建工程	1 557	1 072	股本	4 960	4 960
22	无形资产	495	521	资本公积	52	50
23	长期待摊费用	204	222	盈余公积	898	608
24				未分配利润	30	26
25				所有者权益合计	5 940	5 644
26	资产总计	11 198	10 560	负债及所有者权益总	11 198	10 560

图 2-2-1　北京欣悦公司 2023 年的资产负债表

83

打开 Sheet2 长期偿债能力评价分析表，把输入法切换至英文半角状态，求 2022 年资产负债率：单击 B3 单元格，输入"="，单击 Sheet1 表，选中 F20 单元格（即 2023 年负债合计年初数，注：2023 年年初数＝2022 年年末数），输入"/"，再选中 C26 单元格（即 2023 年资产合计年初数），按 Enter 键。求 2023 年资产负债率的方法同 2022 年，操作略。

29	利润表		
30	单位：北京欣悦新能源科技有限公司	2023年度	单位：万元
31	项目	本期金额	上期金额
32	一、营业收入：	16 870	15 820
33	其中：1、主营业务收入	16 450	15 420
34	2、其他业务收入	420	400
35	减：营业成本：	12 640	11 880
36	其中：1、主营业务成本	12 440	11 680
37	2、其他业务成本	200	200
38	营业税金及附加	68.2	63.4
39	销售费用	838	792.6
40	管理费用	1 094	1 094
41	财务费用	622.8	544
42	加：投资收益	32	31
43	二、营业利润	1 639	1 477
44	加：营业外收入	17	18
45	减：营业外支出	16	15
46	三、利润总额	1 640	1 480
47	减：所得税费用(税率25%)	410	370
48	四、净利润	1 230	1 110

图 2-2-2　北京欣悦公司 2023 年的利润表

51	北京欣悦新能源科技有限公司其他相关财务数据表		
52			单位：万元
53	项目	2022年	2023年
54	经营活动现金净流量	2 612	3 138
55	利息支出	550	576
56	项目	2021年年末	
57	资产总计	9 980	
58	所有者权益总额	5 234	

图 2-2-3　北京欣悦公司 2023 年的其他相关财务数据表

	B3	fx	=Sheet1!F20/Sheet1!C26
	A	B	C
1	长期偿债能力计算分析表		
2	指标	2022年	2023年
3	资产负债率	46.55%	
4	产权比率		
5	权益乘数		
6	利息保障倍数		
7	有形资产净值债务率		

图 2-2-4　长期偿债能力评价分析表

项目二 偿债能力分析

知识链接

（1）资产负债率亦称为负债比率，是指企业负债总额与资产总额之比，即每1元资产所承担负债的数额。它是衡量企业负债偿还物质保证程度的指标。

（2）计算公式为：

$$资产负债率=负债总额÷资产总额×100\%$$

（3）分析依据：企业的资金是由所有者权益和负债构成的，所以，企业资产总额应该大于负债总额，总资产负债率应该小于100%。如果企业的资产负债率在50%以下，则说明企业有较好的偿债能力和负债经营能力；如果资产负债率高于50%，表明企业资产来源主要依靠的是负债，财务风险较大。因此，评价这个指标的标准，一般以50%左右为好。但若负债比率过高，则财务风险会超出企业的承受能力。一旦达到100%以上，则表明企业已资不抵债，已达到破产的警戒线，债权人将蒙受极大的损失。

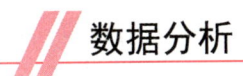数据分析

资产负债率

通过计算后分析：2023年的资产负债率46.95%（=5258÷11 198×100%）比2022年的资产负债率46.55%（=4 916÷10 560×100%）略有提高（46.95%>46.55%），表明公司对债权人的资金利用程度有所提高。另外，2023年资产负债率小于50%，说明公司的长期偿债能力较强，负债比率还是适当的。同时，也说明公司可能没有利用负债经营获取更多的利润，未能充分发挥财务杠杆作用。

2019年开始，新能源行业资产负债率均值超过50%。新能源企业在发展阶段通过外部融资获得大量资金来研发新技术，大量企业压低利润挤占市场、扩张规模。从债权结构看，行业平均资产负债率较为合理，负债率最高达到90%以上。新能源行业发展迅速且行业目前正处于长周期、高投入、低回报的阶段，在如此高的资产负债率下，新能源公司偿债隐患提高，企业未来继续融资风险会持续增加，若未来新能源行业的政策红利消失，新能源企业的偿债能力将会减弱，影响企业绩效的同时，可能会使债权人无法收回本金，甚至过多的负债可能最终导致企业破产或被收购。

公司经营者应进一步分析原因，将资产负债率控制在适当水平，以获取更多利润。

对该指标进行分析时，还应结合以下几个方面：

（1）营业周期分析：营业周期短的企业，资产周转速度快，可以适当提高资产负债率。

（2）资产构成分析：流动资产占的比率比较大的企业可以适当提高资产负债率。

(3) 企业经营状况分析：兴旺期间的企业可适当提高资产负债率。

(4) 客观经济环境分析：如利率和通货膨胀率水平。当利率提高时，会加大企业负债的利息负担、增加企业的偿债压力，这时企业应降低资产负债率。

(5) 资产质量和会计政策分析。

(6) 行业差异分析：不同行业资产负债率有较大差异。

思考探究

如果上述资产负债率大于50%，请同学们思考此数据反映了什么问题？是哪些因素导致了这种结果？你对企业的后续经营有何建议？

【数据处理】——产权比率

打开 Sheet2 长期偿债能力计算分析表（图 2-2-5），求 2022 年、2023 年的产权比率。

操作演示

图 2-2-5 长期偿债能力计算分析表

求 2022 年产权比率：单击 B4 单元格，输入"="，单击 Sheet1，选中 F20 单元格（即 2023 年负债合计年初数，注：2023 年年初数＝2022 年年末数），输入"/"，再选中 F25 单元格（即 2023 年所有者权益合计年初数），按 Enter 键。求 2023 年产权比率的方法同 2022 年，操作略。

知识链接

(1) 产权比率又称为负债权益比率，是指企业负债总额与所有者权益总额之间的比率。它反映债权人提供的资本与所有者权益提供的资本的相对关系，说明企业所有者权益对债权人权益的保障程度，或者是企业清算时对债权人利益的保障程度。

(2) 计算公式为：

$$产权比率 = 负债总额 \div 所有者权益总额 \times 100\%$$

项目二　偿债能力分析

（3）分析依据：一般来说，产权比率越低，表明企业长期偿债能力越强，债权人权益的保障程度越高，债权人承担的风险越小，但企业不能充分地发挥负债的财务杠杆效应。若比率过高，则企业长期偿债能力太弱，债权人权益得不到充分保障。这个指标的评价标准一般应小于1。

数据分析

产权比率

通过计算得出：2023年的产权比率88.52%（=5 258÷5 940×100%）比2022年的产权比率87.10%（=4 916÷5 644×100%）上升（88.52%>87.10%）了1.42%（=88.52%-87.10%），但其仍然较低，说明公司的长期偿债能力较强，对债权人权益的保护程度较高，财务风险较小，同时收益也低。

一般认为，产权比率1∶1最理想。如果认为资产负债率应当在40%~60%之间，则意味着产权比率应当维持在（0.7∶1）~（1.5∶1）之间。通过指标分析，新能源公司未能充分发挥负债的财务杠杆作用。

随着我国《可再生能源法》等一系列政策的出台，为新能源产业的发展提供了坚实的政策保障。如果企业是在应该扩张的时候，财务杠杆用得不高，会牺牲一定的成长性，因此，该新能源企业可以适当增加借款。

对该指标进行分析时，还应结合以下几个方面：

（1）产权比率不仅反映了由债务人提供的资本与所有者提供的资本的相对关系，即企业财务结构是否稳定；而且反映了债权资本受股东权益保障的程度，或者是企业清算时对债权人利益的保障程度。

（2）产权比率高，是高风险、高报酬的财务结构；产权比率低，是低风险、低报酬的财务结构。

（3）产权比率与资产负债率对评价偿债能力的作用基本一致，只是资产负债率侧重于分析债务偿付安全性的物质保障程度，产权比率侧重于揭示财务结构的稳健程度及自有资金对偿债风险的承受能力。

【数据处理】——权益乘数

打开Sheet2制作长期偿债能力计算分析表（图2-2-6），求2022年、2023年的权益乘数。

求2022年权益乘数：单击B5单元格，输入"="，单击Sheet1，选中C26单元格（即2023年资产合计年初数，注：2023年年初数=2022年年末数），输

操作演示

87

入"/",再选中 F25 单元格(即 2023 年所有者权益合计年初数),按 Enter 键。求 2023 年权益乘数的方法同 2022 年,操作略。

图 2-2-6　长期偿债能力计算分析表

知识链接

（1）权益乘数是指所有者权益总额相当于资产总额的倍数。

（2）计算公式为：

权益乘数＝资产总额÷所有者权益总额＝1÷（1−资产负债率）

（3）分析依据：权益乘数与资产负债率具有同向变动关系，如果企业资产负债率升高，则企业的权益乘数也升高。一般认为，这个比率升高，说明企业经营风险加大，应引起足够重视。

数据分析

权益乘数

由计算得出：2023 年的权益乘数 1.885 2[＝11 198÷5 940 或 1÷（1−46.95%）] 比 2022 年的权益乘数 1.871 0[＝10 560÷5 644 或 1÷（1−46.55%）] 略有上升（1.885 2＞1.871 0），公司利用财务杠杆效应的强度有所上升。

权益乘数一般为 2~3 合适。如果权益乘数较小，反映所有者投入的资本在资产总额中所占比重较大，企业的长期偿债能力较强。

权益乘数越大，代表公司向外融资的财务杠杆倍数也越大，公司将承担较大的风险。但是，若新能源公司营运状况刚好处于向上趋势，较高的权益乘数反而可以创造更高的公司利润，通过提高公司的股东权益报酬率，对公司的股票价值产生正面激励效果。

思考探究

如果上述权益乘数较小，请同学们思考此数据反映了什么问题？是哪些因素导致了这种结果？你对企业在后续经营有何建议？

【数据处理】——利息保障倍数

打开 Sheet2 长期偿债能力计算分析表（图 2-2-7），求 2022 年、2023 年的利息保障倍数。

操作演示

图 2-2-7 长期偿债能力计算分析表

求 2022 年利息保障倍数：打开 Sheet2 长期偿债能力计算分析表，单击 B6 单元格，输入"="。单击 Sheet1，选中 C48 单元格（即 2023 年上期金额净利润，注：2023 年上期数 = 2022 年年末数），输入"+"。选中 C47 单元格（即 2022 年所得税费用），输入"+"，选中 B55 单元格（即 2022 年全年的利息支出数），整个公式前后输入"（）"，再输入"/"。然后选中 B55 单元格，按 Enter 键。求 2023 年利息保障倍数的方法同 2022 年，操作略。

知识链接

（1）利息保障倍数又称已获利息倍数，是指企业息税前利润与应付利息的比率。
（2）计算公式为：

$$利息保障倍数 = 息税前利润 \div 应付利息$$

其中，息税前利润 = 净利润 + 利润表中的利息费用 + 所得税。全部利息费用是指本期发生的全部应付利息，不仅包括财务费用中的利息费用，还应包括计固定资产成本的资本化利息。

（3）分析依据：利息保障倍数越大，说明企业支付利息费用的能力越强，而利息保障倍数过小，企业将面临偿债的安全性与稳定性下降的风险。如果小于1，则表示企业的获利能力无法承担举债经营的利息支出。也就是说，息税前利润至少要大于应付利息，企业才具有偿还债务的可能性。根据经验，该项指标一般为3~5时较为合适。

数据分析

利息保障倍数

通过计算得出：2023年的利息保障倍数3.85［=（1 230+576+410）÷576］比2022年的利息保障倍数3.69［=（1 110+550+370）÷550］略有提高（3.85>3.69），公司偿付债务利息的能力较强。

（1）利息保障倍数反映支付利息的利润来源（息税前利润）与利息支出之间的关系，该比率越高，长期偿债能力越强。

（2）利息保障倍数不仅反映了企业获利能力的大小，而且反映了获利能力对偿还到期债务的保证程度，它既是企业举债经营的依据，也是衡量企业长期偿债能力大小的重要标志。对这个指标的评价标准，要看行业水平或企业历史水平。

新能源行业的利息保障倍数普遍较高，超过2.0。由于该行业的特殊性质，新能源公司通常需要巨额的资本支出来建设和扩大设施，通常需要大量的债务来支持这些资本支出。由于政府对新能源的大力支持，许多新能源公司能够获得各种形式的财政补贴和税收优惠。这些政策的变化可能会对新能源公司的财务表现产生重要影响。另外，随着全球对碳排放的关注度不断提高，新能源公司也面临着越来越多的法规和标准，这也可能会对公司的财务表现产生影响。

思考探究

如果上述利息保障倍数小于3，请同学们思考此数据反映了什么问题？是哪些因素导致了这种结果？你对企业的后续经营有何建议？假如上述利息保障倍数大于5呢？

【数据处理】——有形资产净值债务率

打开Sheet2长期偿债能力计算分析表（图2-2-8），求2022年、2023年的有形资产净值债务率。

求2022年有形资产净值债务率：打开Sheet2，单击B7单元格，输入"="。

操作演示

单击 Sheet1，选中 F20 单元格（即 2023 年上期金额负债合计数，注：2023 年上期数 = 2022 年年末数），输入“/”，再输入“（”。选中 F25 单元格（即 2022 年所有者权益合计数），输入“-”。选中 C22 单元格（即 2022 年无形资产净值），再输入“）”，按 Enter 键。求 2023 年有形资产净值债务率方法同 2022 年，操作略。

B7　　=Sheet1!F20/(Sheet1!F25-Sheet1!C22)

	A	B	C
1	长期偿债能力计算分析表		
2	指标	2022年	2023年
3	资产负债率	46.55%	46.95%
4	产权比率	87.10%	88.52%
5	权益乘数	1.8710	1.8852
6	利息保障倍数	3.69	3.85
7	有形资产净值债务率	95.96%	

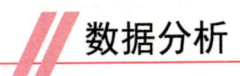

图 2-2-8　长期偿债能力计算分析表

知识链接

（1）有形资产净值债务率是企业负债总额与有形净值的百分比。有形净值是所有者权益减去无形资产净值后的净值，即所有者具有所有权的有形资产净值。有形净值债务率用于揭示企业的长期偿债能力，表明债权人在企业破产时的被保护程度。

（2）计算公式为：

有形净值债务率 =［负债总额÷（所有者权益总额-无形资产净值）］×100%

（3）分析依据：有形资产净值债务率主要是用于衡量企业的风险程度和对债务的偿还能力。这个指标越大，表明风险越大；反之，则越小。同理，该指标越小，表明企业长期偿债能力越强；反之，则越弱。

数据分析

有形资产净值债务率

由计算得出：2023 年的有形资产净值债务率 96.57%（=［4 916÷(5 644-521)］×100%）比 2022 年的有形资产净值债务率 95.96%（=［4 916÷(5 644-521)］×100%）略有上升（96.57%>95.96%），从长期偿债能力来讲，该指标越低越好。

为落实碳达峰、碳中和目标，2021年至今，我国新能源全产业链均获得良好发展，行业企业各项经营指标均表现良好。新能源产业作为"新"产业，发展迅猛，对公司来说，随着企业规模（总资产、营收等）增长，有形资产中的存货量也会随之增长，但市场短期爆发，导致存货增长过快，将存在不确定风险，因此，除关注无形资产外，还得关注存货的变现能力。

（1）有形净值债务率揭示了负债总额与有形资产净值之间的关系，能够计量债权人在企业处于破产清算时能获得多少有形财产保障。从长期偿债能力来讲，指标越低越好。

（2）有形资产净值债务率指标最大的特点是在可用于偿还债务的净资产中扣除了无形资产，这主要是由于无形资产的计量缺乏可靠的基础，不可能作为偿还债务的资源。

（3）有形资产净值债务率指标的分析与产权比率分析相同，负债总额与有形资产净值应维持1∶1的比例。

（4）在使用产权比率时，必须结合有形资产净值债务率指标做进一步分析。

（5）还需要指出的是，从深入的角度看，当我们认为无形资产的计量缺乏可靠的基础时，并不能就此认为有形资产的计量就是绝对可靠的。这需要从会计、财务和经营的角度实事求是地分析才能得出结论。因此，我们并不能说有形资产净值债务率比产权比率高明很多。

思考探究

如果上述有形资产净值债务率大于100%，请同学们思考此数据反映了什么问题？是哪些因素导致了这种结果？你对企业的后续经营有何建议？

任务拓展

请同学们将上述Excel计算的长期偿债能力分析生成统计图，如图2-2-9、图2-2-10所示。

打开Sheet2，框选"长期偿债能力计算分析表"整个表格，单击"插入"→"全部图表"→"折线图"，选择第一个图形。

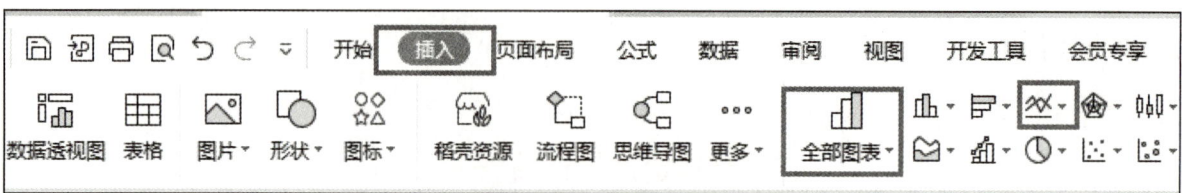

图2-2-9　长期偿债能力评价折线图操作过程

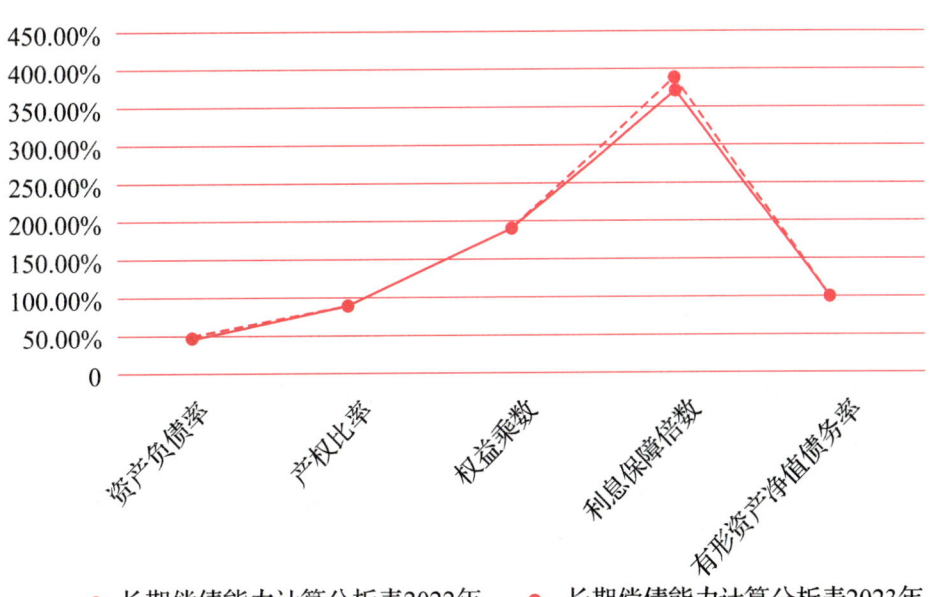

图 2-2-10　长期偿债能力评价折线图

任务总结

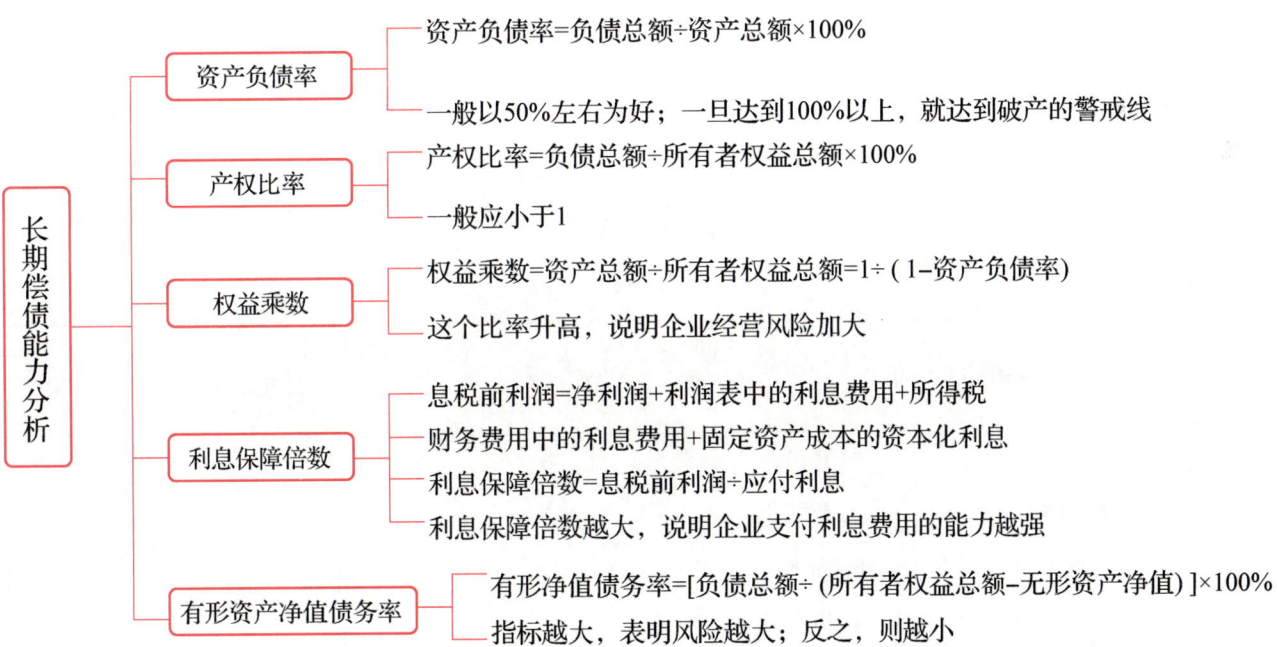

财务数据分析

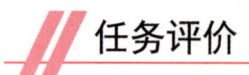

一、单选题

1. 开心公司 2023 年年末资产总额为 6 000 万元，产权比率为 5，则资产负债率为（　　）。

A. 83.33%　　　　B. 69.72%　　　　C. 82.33%　　　　D. 85.25%

2. 产权比率越高，通常反映的信息是（　　）。

A. 财务结构越稳健　　　　　　　　B. 长期偿债能力越强

C. 财务杠杆效应越强　　　　　　　D. 股东权益的保障程度越高

3. 下列指标中，其数值大小与偿债能力大小同方向变动的是（　　）

A. 产权比率　　　B. 资产负债率　　　C. 利息保障倍数　　　D. 权益乘数

二、多选题

下列财务指标中，不能用来直接反映企业长期偿债能力的有（　　）。

A. 总资产净利率　　B. 固定资产周转率　　C. 资产负债率　　D. 净资产收益率

三、实训任务

请同学们在网上查找一家本年度中国 500 强企业的财务报表，在 Excel 中进行操作，测算该企业的长期偿债能力分析，并将相关资料及计算分析过程形成文档。

任务评价

学生自我评价

班级：　　　　　　　　　姓名：　　　　　　　　　座号：

长期偿债能力分析		自我评价	
^^	^^	我会了	我还有问题
资产负债率	计算公式		
^^	分析依据		
^^	Excel 操作		
产权比率	计算公式		
^^	分析依据		
^^	Excel 操作		
权益乘数	计算公式		
^^	分析依据		
^^	Excel 操作		

项目二 偿债能力分析

续表

长期偿债能力分析		自我评价	
		我会了	我还有问题
利息保障倍数	计算公式		
	分析依据		
	Excel 操作		
有形资产净值债务比率	计算公式		
	分析依据		
	Excel 操作		

指导教师评价

任务名称	考核项目	考核内容	评分		备注
			分值	得分	
长期偿债能力分析	相关知识预习	认真预习，完成预习作业	10		
	教学过程	积极参与各项指标的 Excel 实操，在教学中学习专业知识和技能	20		
	实训任务	独立完成，正确表达	30		
	工作和学习的主动性	自主探究，团队协作	10		
	纪律性	遵守课堂纪律，尊师爱友	30		
总评			100		
指导教师签名：			年 月 日		

任务三　偿债能力综合分析

短期偿债能力计算的偿债期限为一年或者超过一年的一个营业周期内；长期偿债能力的偿债期限在一年以上。二者都属于财务分析方法中比率分析法的相关比率，相关比率是反映经济活动中的相互关系。长期偿债能力分析的不确定性要高于短期偿债能力。二者都可以反映企业资本结构的合理性、营运资金占用的合理性，从而评价企业的债务利用程度，反馈企业的财务状况，提示财务风险，为企业的投资与筹资提供信息依据。财务人员必须十分重视企业债务的偿还能力，这将有利于债权人进行正确的借贷决策、经营者对未来经营方向的调整与维护企业的良好信誉。

财务数据分析

任务描述

同学们学习了北京欣悦公司的短期偿债能力和长期偿债能力的分析之后，在复习讨论时是否会产生疑问：若公司的董事会想了解公司2021—2023年的偿债能力发展趋势，而且要与竞争对手进行对比分析，来评价公司的综合偿债能力，他们该如何帮财务部门做好这项数据分析？

请同学们从以下几点进行逐步分析：

1. 从速动比率、流动比率、权益乘数、资产负债率4个方面对北京欣悦公司2021—2023年偿债能力进行趋势分析。

2. 将2023年的偿债能力指标与行业竞争对手的指标进行对比分析。

3. 从投资者、经营者、债权人的角度分析，他们更关心的是什么？

任务实施

【数据处理】——北京欣悦公司2021—2023年的速动比率、流动比率、权益乘数、资产负债率

操作演示

1. 新建Excel表格，将本教材附带的Excel表——北京欣悦公司2023年和2022年资产负债表粘贴至Sheet1和Sheet2，并重命名为2023年资产负债表和2022年资产负债表。在Sheet3中创建"综合偿债能力计算分析表"（图2-3-1）。

2. 在"综合偿债能力计算分析表"中，计算北京欣悦公司2021—2023年的速动比率、流动比率、权益乘数、资产负债率（图2-3-2），操作步骤请参照此前任务讲解，此处不再赘述。

图2-3-1 综合偿债能力计算分析表

指标	2021年	2022年	2023年
速动比率	0.84	0.91	0.93
流动比率	1.86	1.95	2.01
权益乘数	2.03	1.87	1.89
资产负债率	50.84%	46.55%	46.95%

图2-3-2 2021—2023年偿债能力指标数据

3. 通过以上计算，可以将北京欣悦公司2021—2023年综合偿债能力的4个比率绘成折线图，如图2-3-3所示。

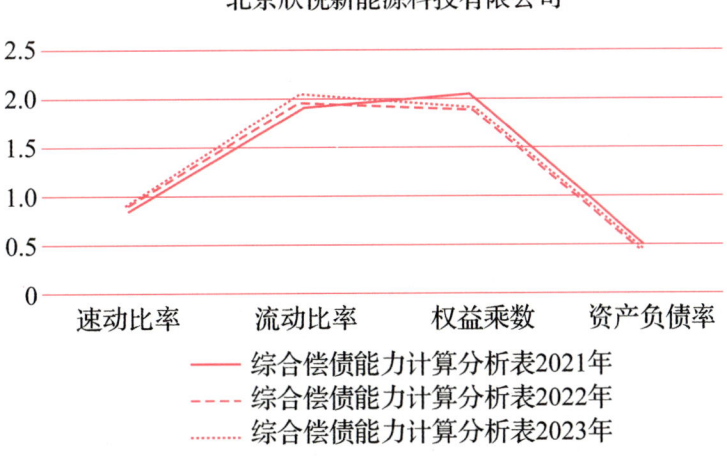

图 2-3-3　2021—2023 年 4 个比率的折线图

知识链接

1. 短期偿债能力与长期偿债能力的区别。

（1）期限不同：短期偿债能力偿债期限在一年或者超过一年的一个营业周期内。长期偿债能力偿债期限在一年以上。

（2）计算指标不同：短期偿债能力计算指标通常有3个（现金比率、流动比率、速动比率）；长期偿债能力计算指标通常有6个（资产负债率、产权比率、股东权益比率、权益乘数、负债权益比率、利息保障倍数），分析的不确定性要高于短期偿债能力。

2. 短期偿债能力与长期偿债能力的共性。

（1）二者都属于财务分析方法中比率分析法的相关比率，相关比率反映经济活动中的相互关系。

（2）二者都可以反映企业资本结构的合理性、营运资金占用的合理性，从而评价企业的债务利用程度，反馈企业的财务状况，提示财务风险，为企业的投资与筹资提供信息依据；二者都有一定的局限性，因为比率分析仅针对单个指标进行分析，建立在以历史数据为基础的财务报表上，提供的信息是过去时，与决策的关联性会打一定折扣。

3. 短期偿债能力与长期偿债能力的关系。

（1）前者对后者不具有决定作用。速动比率与流动比率皆是从企业期末财务状况分析而来的，并不能代表企业长期的财务状况。因此，短期偿债能力是长期偿债能力的基础，但不具有决定作用。

（2）短期偿债能力会波动，长期偿债能力不一定随着前者波动。有时，体现企业短期偿债能力的3个比率有较大波动性，例如，受季节性淡旺季影响的企业，短期偿债能力虽然看起来弱，但只要企业盈利的结构与财务状况不发生显著变化，长期偿债能力也将呈现稳定的状态。

数据分析

北京欣悦公司2021—2023年偿债能力进行趋势分析

1. 速动比率、流动比率。

由计算得出：2021年速动比率=(3 654-1 989-5-1)/1 964=0.84，2022年速动比率=(3 976-2 106-6-2)/2 040=0.91，2023年速动比率=(4 146-2 222-9-3)/2 064=0.93。2021年流动比率=3 654/1 964=1.86，2022年流动比率=3 976/2 040=1.95，2023年流动比率=4 146/2 064=2.01。从3年的速动比率、流动比率数据来看，北京欣悦公司2023年速动比率和流动比率比前两年都有提高。

该公司的经营方向和企业战略是利于企业长期发展的，短期偿债能力在持续走强。这可能是由于公司增加了流动资产或速动资产，或者是因为流动负债减少了。增加流动资产或速动资产可能是因为企业增加了应收账款、存货等项目的金额，或者是因为收到了较多的预付款项。流动负债减少可能是因为企业已经偿还了部分债务，或者是因为债务已经到期，企业没有能力偿还。

2. 权益乘数。

由计算得出：2021年权益乘数=9 665/4 751=2.03，2022年权益乘数=10 560/5 644=1.87，2023年权益乘数=11 198/5 940=1.89。从三年的权益乘数来看，北京欣悦公司2023年权益乘数比2022年略微升高，比2021年降低。

解释和分析权益乘数的变化需要综合考虑以上因素及其他相关因素，并结合企业的具体情况进行分析。2021年较高的权益乘数表明企业可能使用了较高的债务融资，具有较高的杠杆风险，因为债务需要支付利息，并增加了企业的财务风险。2022年与2021年相对于2021年降低的权益乘数，表示企业可能采用了较多的股权融资，具有较低的财务风险。

对权益乘数进行分析时，还应结合以下几个方面：

（1）资产结构变化：企业的资产结构是指资产的融资方式和比例。如果企业增加了借入的资金，即债务增加，资产负债表中的负债部分增加，而股东权益不变，那么权益乘数将增加。这意味着企业采用了更多的债务融资，以扩大其资产规模。

（2）资本结构变化：资本结构是指企业使用不同类型资金（股权和债权）来融资的比例。

如果企业发行新的股票或回购股票，或者有股东的权益发生变化，那么股东权益的数值将发生变化，进而影响权益乘数的数值。

（3）盈利水平变化：企业盈利水平的变化也会影响权益乘数。如果企业的盈利增加，净利润增加，股东权益也会增加，从而降低权益乘数。相反，如果企业的盈利下降，股东权益减少，权益乘数将增加。

3. 资产负债率。

由计算得出：2021年资产负债率＝4 914/9 665×100%＝50.84%，2022年资产负债率＝4 916/10 560×100%＝46.55%，2023年资产负债率＝5 258/11 198×100%＝46.95%。从3年的资产负债率来看，北京欣悦公司2023年和2022年的资产负债率比2021年的资产负债率总体是下降的，近两年都是低于50%，说明资产对负债的保障能力变化不大，公司的长期偿债能力较强，负债比率还是适当的。2023年比2022年略微提升，表明公司对债权人的资金利用程度有所提高。

综合分析结论：速动比率、流动比率、权益乘数、资产负债率，这些偿债能力分析指标的维度存在着一定的关联性。企业不能孤立、单一地通过某个指标评价企业偿债能力，而应综合具体的相关数据进行分析，结合近期几年的实际数据、报表中其他关联数据及企业所处的宏观经济背景、行业状况等条件进行分析和评价。

思考探究

> 2021年资产负债率大于50%，请同学们思考此数据反映了什么问题？2022年与2023年资产负债率小于50%，是哪些因素导致了这种变化？你对企业的后续经营有何建议？

【数据处理】——2021—2023年北京欣悦公司偿债能力指标与行业指标

在Sheet4中创建"2021—2023年北京欣悦公司偿债能力指标与行业指标对比分析表"（图2-3-4），在此表格中填入数据。其中，行业指标的数据直接输入数值，本企业指标的数据填入方法参照此前任务的操作步骤，不再赘述。

操作演示

指标	2021年行业均值	2021年北京欣悦	2022年行业均值	2022年北京欣悦	2023年行业均值	2023年北京欣悦
速动比率	0.97	0.84	1.25	0.91	1.05	0.93
流动比率	1.37	1.86	1.8	1.95	1.35	2.01
权益乘数	1.64	2.03	1.75	1.87	1.75	1.89
资产负债率	64.44%	50.84%	57.6%	46.55%	56.00%	46.95%

2021—2023年北京欣悦公司偿债能力指标与行业指标对比分析表

图2-3-4　2021—2023年北京欣悦公司偿债能力指标与行业指标对比分析表

知识链接

投资者、经营者、债权人关注的利益点：

1. 投资者。

投资者投资入股，不仅关注企业的营运获利能力，还要考虑偿债能力；不仅关注投入的资产是否能获利增值，还关注资产是否能保全。

2. 经营者。

经营者要达成经营目标，需要生产经营过程中各个环节的顺利流转，所关注的是企业的资金循环与周转速度。企业的资金循环的优良可以通过企业偿债能力直接反映。

3. 债权人。

债权人把资金投入企业，所关注的是本金、利息是否能收回，对下一步的资金流向做出决策，依据是企业的偿债能力是否优秀。虽然三者所处角度不同，关注点侧重有所区别，但都需要细致分析企业的偿债能力，偿债能力是三者的利益相关点。

数据分析

2021—2023 年偿债能力指标与行业指标的对比分析

1. 速动比率。

由图 2-3-4 可知，2021 年北京欣悦公司的速动比率（0.84）低于行业均值（0.97），低了 0.13；2022 年北京欣悦公司的速动比率（0.91）低于行业均值（1.25），低了 0.34；2023 年北京欣悦公司的速动比率（0.93）低于行业均值（1.05），低了 0.12，略低但基本接近行业平均水平，2023 年的差距 0.12 比 2022 年的 0.34 缩小了较多。说明该公司的偿债能力虽略低于行业水平，但在缩小差距。但从本企业维度看，北京欣悦公司的速动比率在逐年增长，虽然速动比率略低于行业水平，但不能认为速动比率较低的企业难以偿还短期负债，它属于新能源行业，属于国家大力倡导的资源节约型绿色企业，存货销量大增，流转顺利，应收账款也周转较快，即使速动比率较低，只要流动比率高，企业仍有较强的偿债能力。一般情况下，流动比率和速动比率数值越高，说明企业短期偿债能力越强。

2. 流动比率。

由图 2-3-4 可知，2021 年北京欣悦公司的流动比率（1.86）高于行业均值（1.37），高了 0.49；2022 年北京欣悦公司的流动比率（1.95）高于行业均值（1.8），高了 0.15；2023 年北京欣悦公司的流动比率（2.01）高于行业均值（1.35），高了 0.66。说明该公司偿债能力在流动比率维度强于行业水平。流动比率比较高时，还需要考虑企业存货占用资金的合理性、

项目二　偿债能力分析

是否存在大量的应收款项，应该更深入地分析款项形成原因和风险，以及其他流动资产是否为企业现实的资产等，这些都会影响到流动比率的变化，或者说会导致流动比率的虚高。

3. 权益乘数。

由图2-3-4可知，2021年北京欣悦公司的权益乘数（2.03）高于行业均值权益乘数（1.64），高了0.39；2022年北京欣悦公司的权益乘数（1.87）高于行业均值权益乘数（1.75），高了0.12；2022年北京欣悦公司的权益乘数（1.89）高于行业均值权益乘数（1.75），高了0.14。权益乘数用来评估公司财务杠杆情况，2021年较高的权益乘数表明企业可能使用了较高的债务融资，具有较高的杠杆风险，因为债务需要支付利息，并增加了企业的财务风险。2022年与行业均值的差距相对于2021年与行业均值的差距缩小了，表示企业可能采用了较多的股权融资，具有较低的财务风险，但财务风险仍需把控。一旦财务杠杆过高，则公司的含金量需要打折考虑。

4. 资产负债率。

由图2-3-4可知，2021年北京欣悦公司的资产负债率（50.84%）比行业均值（64.44%）低13.6%，公司偿债能力比行业略强。2022年北京欣悦公司的资产负债率（46.55%）比行业均值（57.66%）低了11.11%。2023年北京欣悦公司资产负债率（46.95%）比行业均值（56%）低了9.05%，说明该公司长期偿债能力略高于行业水平。北京欣悦公司2023年和2022年的资产负债率比2021年的资产负债率总体是下降的，近两年都小于50%，说明资产对负债的保障能力变化不大，公司的长期偿债能力较强，跟行业对比来说，负债比率还是适当的，公司对债权人的资金利用程度是有优化的。

对比分析结论：在评定一个企业偿债能力大小时，不能单一地从某个指标数据的大小来断定企业偿债能力的高低，应结合企业近几年的数据、同行业平均水平、报表其他相关数据等进行纵向、横向比较，从宏观与微观维度进行分析，以客观评价企业偿债能力。

任务拓展

请同学们将2021—2023年北京欣悦公司的4个比率和新能源汽车行业均值绘制成折线图。

（1）打开"2021—2023年北京欣悦公司偿债能力指标与行业指标对比分析表"，框选整个表格，右击，选择"插入图表"，如图2-3-5所示。

图2-3-5　选择"插入图表"

101

（2）单击"折线图"，选择第一个图形，如图 2-3-6 所示。

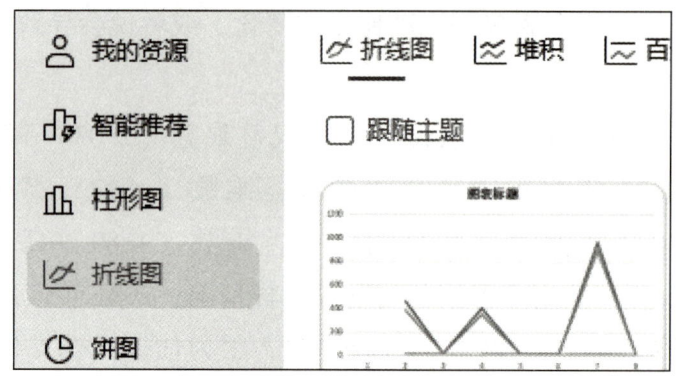

图 2-3-6　选择折线图

（3）选择第一个图形后，出现如图 2-3-7 所示图形。

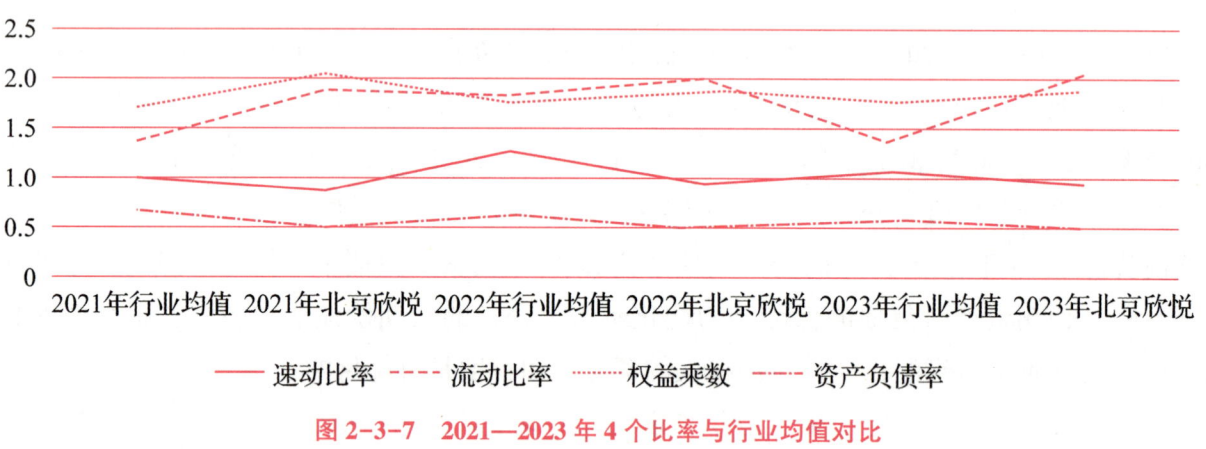

图 2-3-7　2021—2023 年 4 个比率与行业均值对比

任务总结

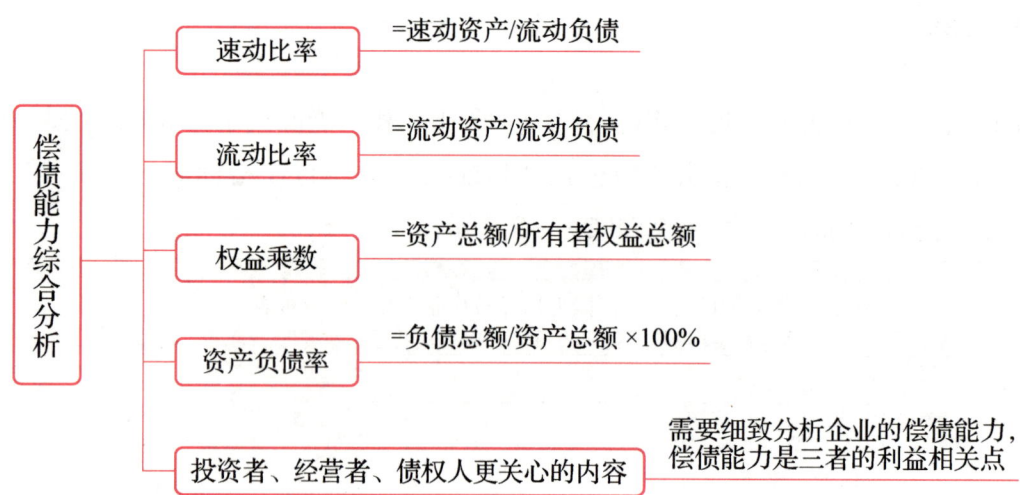

项目二　偿债能力分析

任务检测

一、单选题

1. 短期偿债能力包括（　　）。
   A. 资产负债率　　　B. 产权比率　　　C. 股东权益比率　　　D. 现金比率
2. 长期偿债能力包括（　　）。
   A. 流动比率　　　B. 现金比率　　　C. 利息保障倍数　　　D. 速动比率

二、实训任务

请根据华趣公司以下相关资料（表 2-3-1）进行该公司长期偿债能力的分析。

表 2-3-1　华趣公司 2021—2023 年主要长期偿债能力指标一览表

序号	指标名称	2023 年	2022 年	2021 年
1	资产负债率	61.49%	52.41%	52.78%
2	产权比率	159.66%	110.14%	111.78%
3	有形净值债务率	160.03%	110.52%	112.60%
4	有形净值流动负债率	159.71%	110.42%	111.91%
5	全部资本比率	0.31%	0.10%	0.68%
6	固定资产与权益比率	21.72%	24.88%	37.54%

素养小课堂

昔日的龙头房企，如今危机频发

截至 2023 年 11 月末，某地产公司涉及未能清偿的到期债务累计约 3 163.91 亿元，逾期商票累计约 2 055.37 亿元。

此企业曾经是房地产行业的"领头羊"，销售额连续 8 年位居全国第一，如今却债务警报拉响，其销售业绩出现巨幅下滑。克而瑞地产研究数据显示，2023 年该企业全口径销售金额为 603.3 亿元，全国排名第 24 位。这一切都可以归因于该企业高负债模式，最终资金链直接断裂。

企业负债经营既有利又有弊。在合理使用债务资金的前提下，可以帮助企业实现快速扩张，提高竞争力。但如果债务管理不当，会增加企业的经营风险和财务压力。因此，企业在决策时应权衡利弊，合理规划财务结构。同时，企业应加强风险管理，提高盈利能力，避免过度负债带来的不利影响。

财务数据分析

任务评价

学生自我评价

班级： 姓名： 座号：

偿债能力综合分析		自我评价	
		我会了	我还有问题
比较分析	计算公式		
	分析依据		
	Excel 操作		
速动比率	计算公式		
	分析依据		
	Excel 操作		
流动比率较大，是否代表企业短期偿债能力较强	分析依据		
短期偿债能力与长期偿债能力的区别与联系	综合分析		
投资者、经营者、债权人关心的内容	综合分析		

指导教师评价

任务名称	考核项目	考核内容	评分		备注
			分值	得分	
偿债能力综合分析	相关知识预习	认真预习，完成预习作业	10		
	教学过程	积极参与 Excel 操作，在教学中学习专业知识和技能	20		
	实训任务	独立完成，正确表达	30		
	工作和学习的主动性	自主探究，团队协作	10		
	纪律性	遵守课堂纪律，尊师爱友	30		
总评				100	
指导教师签名：					年　月　日

项目三

盈利能力分析

> 盈利能力是指公司赚取利润的能力，是评价公司持续经营管理水平的重要依据。盈利能力是公司组织生产经营活动、销售活动和财务管理水平高低的综合体现。盈利能力分析是指通过对利润表中有关项目的对比分析，以及利润表和资产负债表有关项目之间关系的分析来评价公司的盈利能力。盈利能力分析可以分为与销售收入有关的盈利能力分析和与市场有关的盈利能力分析。

知识目标

1. 认识盈利能力的含义及其分类。
2. 了解与销售收入有关的盈利能力的内涵、与市场有关的盈利能力的内涵及其常用财务指标。
3. 熟悉与销售收入有关的盈利能力分析指标的计算、与市场有关的盈利能力分析指标的计算及其 Excel 数据分析。

技能目标

1. 学会运用 Excel 表格进行与销售收入有关的盈利能力分析指标的计算并进行简要分析。
2. 学会运用 Excel 表格进行与市场有关的盈利能力分析指标的计算并进行简要分析。
3. 学习运用盈利能力分析指标进行公司盈利能力的综合分析。

素养目标

1. 研判公司盈利能力，提高财务风险防范意识。
2. 培养运用财务数据分析问题、解决问题的能力。
3. 财务人员社会责任的使命担当。

任务一 与销售收入有关的盈利能力分析

与销售收入有关的盈利能力指标，主要包括营业毛利率、营业净利率、总资产净利率、净资产收益率。

任务描述

请同学们根据北京欣悦公司的财务报表，运用 Excel 计算该公司 2023 年及 2022 年盈利能力的一系列财务比率，分析权益与资产之间的关系，分析不同权益的内在联系，从而对该公司盈利能力的强弱、资本结构是否合理等作出客观评价。

任务实施

【数据处理】——营业毛利率

打开 Excel 表，将本教材附带的北京欣悦公司 2022 年、2023 年的资产负债表、利润表分别复制粘贴至 Sheet1、Sheet2，在 Sheet3 中制作"与销售收入有关的盈利能力评价分析表"，求 2022 年、2023 年的营业毛利率。

操作演示

打开 Sheet3 中的"与销售收入有关的盈利能力评价分析表"，把输入法切换至英文半角状态，求 2022 年营业毛利率：单击 B3 单元格，输入"="、"("。单击 Sheet1，选中 B32 单元格（即 2022 年利润表营业收入），输入"-"。选中 B35 单元格（即 2022 年利润表营业成本），输入")"，再输入"/"。然后选中 B32 单元格，按 Enter 键，如图 3-1-1 所示。求 2023 年资产负债率的方法同 2022 年，操作略。

图 3-1-1 与销售收入有关的盈利能力评价分析表

项目三　盈利能力分析

知识链接

（1）营业毛利率又称为销售毛利率，是营业毛利与营业收入的比值。

（2）计算公式为：

营业毛利率=营业毛利÷营业收入×100% =（营业收入-营业成本）÷营业收入×100%

（3）分析依据：营业毛利率越高，说明公司营业收入中营业成本所占的比重越小，表明公司通过销售获利的能力越强。营业毛利率可理解为每百元营业收入能为公司带来多少毛利。只有较高的营业毛利率才能保证公司能获得较高的净利润，否则就无法形成公司的最终利润。因此，该指标越高，公司营业获利能力越强，其产品在市场上的竞争能力也越强；反之，则获利能力越弱。

数据分析

营业毛利率

由图 3-1-1 得出：2023 年的营业毛利率 38.31%［=（18 870-11 640）÷18 870×100%］比 2022 年的营业毛利率 24.91%［=（15 820-11 880）÷15 820×100%］略有提高（38.31%＞24.91%），表明公司的盈利能力有所改善。主要原因有两个方面：一是公司内部营业收入相对于营业成本增加了，营业毛利率自然就升高了，这在一定程度上表明该公司产品市场定位准确，市场占有额逐年增加，消费者群体对产品的接受情况较好，公司营销和经营策略比较成功；二是北京欣悦公司所处的新能源行业对技术创新、更新迭代要求较高，需要较多的人力投入、研发费用投入，并且研发技术实现商业化需较长的周期，属于资本密集型、长周期型产业，则要求有较高的营业利率，以弥补高额的固定成本。

计算与分析营业毛利率指标时应注意的问题：

（1）营业毛利率的高低与公司产品定价政策有关。

公司获取利润的主要途径是销售产品，而产品销售价格决定了营业毛利率水平的高低。一般来说，营业毛利率高，公司用于补偿产品税金、销售费用、管理费用和财务费用等支出后，才会产生余额，从而使公司获取利润；有时公司为了增加产品的市场份额，会采取薄利多销政策，从而使公司营业毛利率偏低。

（2）营业毛利率具有明显的行业特点。

一般来说，营业周期短、固定费用低的行业，其营业毛利率水平比较低，如商品零售行业；营业周期长、固定费用高的行业，则要求有较高的营业毛利率，以弥补高额的固定成本，如重工业公司。为了公平地评价公司获利能力，应将该指标与本公司历史水平、同行业平均

财务数据分析

水平及先进水平相比较,并结合公司目标毛利率来进行分析,以正确评价公司的获利能力,并从中找出差距,提高其获利水平。

思考探究

> 同学们,你知道哪些因素会影响营业毛利率?你对公司在后续经营中提高该利率有何建议?

【数据处理】——营业净利率

打开 Sheet3 中的"与销售收入有关的盈利能力评价分析表"(图3-1-2),求 2022 年、2023 年的营业净利率。

求 2022 年营业净利率:单击 B4 单元格,输入"="。单击 Sheet1,选中 B48 单元格(即 2022 年利润表净利润),输入"/"。选中 B32 单元格(即 2022 年利润表营业收入),输入"*100%",按 Enter 键。求 2023 年营业净利率的方法同 2022 年,操作略。

操作演示

指标	2022年	2023年
营业毛利率	24.91%	38.31%
营业净利率	7.02%	14.47%
总资产净利率		
净资产收益率		

图 3-1-2 与销售收入有关的盈利能力评价分析表

知识链接

(1)营业净利率是净利润与营业收入的比值,它用来衡量公司通过销售赚取利润的能力。该指标反映了公司最终获得的利润占营业收入的比率,代表公司最终的获利水平。

(2)计算公式为:

$$营业净利率 = 净利润 \div 营业收入 \times 100\%$$

(3)分析依据:营业净利率越高,公司的盈利能力越强。将营业净利率按利润的扣除项目进行分解,可以识别影响营业净利率的主要因素。

营业净利率是公司销售的最终获利能力指标，比率越高，说明公司的获利能力越强。但是它受行业特点影响较大，通常来说，越是资本密集型公司，营业净利率就越高；反之，资本密集程度较低的公司，营业净利率也较低。

数据分析

营业净利率

由图 3-1-2 得出：2023 年的营业净利率 14.47%（=2 730÷18 870×100%）比 2022 年的营业净利率 7.02%（=1 110÷15 820×100%）略有提高（14.47%>7.02%），表明公司的盈利能力有所改善。进一步分析，该公司营业成本的降幅及营业收入的增幅超过税金及附加，以及期间费用、所得税费用的增幅，营业净利率自然就升高了。这在一定程度上表明该公司产品市场定位准确，市场占有额逐年增加，消费者群体对产品的接受情况较好，公司营销和经营策略比较成功，公司可以进一步统筹期间费用的开支，更大幅度提高营业净利率。此外，该指标也受行业特点影响较大，北京欣悦公司所处的新能源行业是资本密集型企业，固定资产投资规模大，资产周转较慢，对营业净利率的影响就大。

计算与分析营业净利率指标时应注意的问题：

（1）净利润中包含了营业外收支净额和投资净收益，这些指标在年度之间变化较大且无规律。如果是公司管理者和所有者进行分析，应将该指标的数额与净利润的内部构成结合分析，以正确判断公司正常经营盈利能力；如果本期营业净利率的升降主要是因为营业外项目的影响作用，就不能简单地认为公司管理水平有了提高或下降。

（2）对单个公司来说，营业净利率指标越高越好，但各行业及公司之间的竞争能力、经济状况、负债融资的程度及行业经营的特征，使不同的行业之间及同行业的公司之间营业净利率的大小有所不同。因此，在利用该指标进行分析时，还要注意将个别公司指标与行业平均或行业先进水平进行比较。

思考探究

如果公司的营业毛利率提高了，营业净利率却下降了，你觉得会是哪些原因造成的？可以采取什么样的措施使二者均提高？

【数据处理】——总资产净利率

打开 Sheet3 中的"与销售收入有关的盈利能力评价分析表"（图 3-1-3），求 2022 年、2023 年的总资产净利率。

操作演示

求 2022 年总资产净利率：单击 B5 单元格，输入"="。单击 Sheet1，选中 B48 单元格（即 2022 年利润表净利润），输入"/""（("。选中 B26 单元格（即 2022 年资产合计年末数），输入"+"。再选中 C26 单元格（即 2022 年资产合计年初数），输入")""/""2)""*100%"，按 Enter 键。求 2023 年总资产净利率的方法同 2022 年，操作略。

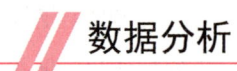

图 3-1-3　与销售收入有关的盈利能力评价分析表

知识链接

（1）总资产净利率是公司一定时期内净利润与平均资产总额的比值。

（2）计算公式为：

总资产净利率＝净利润÷平均资产总额×100%

（3）分析依据：总资产净利率衡量的是公司的盈利能力。该指标反映公司资产的利用效果，总资产净利率越高，表明公司利用全部资产的盈利能力越强。影响总资产净利率的因素是营业净利率和总资产周转率。

数据分析

总资产净利率

由图 3-1-3 得出：2023 年的总资产净利率 25.09%（＝2 730÷[（11 198＋10 560）÷2]×100%）比 2022 年的总资产净利率 10.98%（＝1 110÷[（10 560＋9 665）÷2)×100%] 略有提高（25.09%＞10.98%），它反映了公司资产利用效率和成本控制水平，意味着公司注重增加收入和节约资金，提高销售利润率，加速资金周转。该指标越高，表明公司投入产出水平越高，资产运营越有效。

项目三 盈利能力分析

思考探究

如果该公司想进一步提高总资产净利率，可以通过提高销售价格、扩大市场份额或推出新产品来实现，从而增加净利润。这种说法是对的吗？

【数据处理】——净资产收益率

打开 Sheet3 中"与销售收入有关的盈利能力评价分析表"（图 3-1-4），求 2022 年、2023 年的净资产收益率。

求 2022 年净资产收益率：单击 B6 单元格，输入"="。单击 Sheet1，选中 B48 单元格（即 2022 年利润表净利润），输入"/""(("。选中 E25 单元格（即 2022 年所有者权益合计年末数），输入"+"。选中 F25 单元格（即 2022 年所有者权益合计年初数），输入")""/""2)""*100%"，按 Enter 键。求 2023 年净资产收益率的方法同 2022 年，操作略。

操作演示

图 3-1-4 与销售收入有关的盈利能力评价分析表

知识链接

（1）净资产收益率又称股东权益报酬率，是一定时期内公司净利润与平均所有者权益的比值，表明公司股东（权益人）所获得的投资报酬。

（2）计算公式为：

净资产收益率＝净利润÷平均所有者权益（即平均净资产）×100%

净资产收益率＝资产净利率×权益乘数

（3）分析依据：净资产收益率越高，公司的获利能力越强。一般来说，净资产收益率越高，股东和债权人的利益保障程度越高。如果公司的净资产收益率在一段时期内持续增长，说明资本盈利能力稳定上升。但净资产收益率不是越高越好，分析时要注意公司的财务风险。

数据分析

净资产收益率

由图3-1-4得出：2023年的净资产收益率47.13%（=2 730÷[（5 940+5 644）÷2]×100%）比2022年的净资产收益率21.36%（=1 110÷[（5 644+4 751）÷2]×100%）略有提高（47.13%>21.36%），说明公司所有者权益的盈利能力越强，公司运用自有资本的效率（投资带来的收益）越高。此外，该指标呈上升趋势，是因为北京欣悦公司所处的新能源行业净资产收益的中位数和平均数普遍偏高，这与新能源的逐渐普及和认可不无关系，也是投资者普遍看好该行业的重要原因。

需要注意的是，对所有者来说，该比率越大，投资者投入资本盈利能力越强。但是上市公司的净资产收益率越高越好也是有条件的，就是负债率不能太高，否则，过高的净资产收益率也蕴含着风险。比如，个别上市公司虽然净资产收益率很高，但负债率却超过了80%（一般来说，如果负债占总资产的比率超过80%，则会被认为经营风险过高），这时就得小心。这样的公司虽然盈利能力强，运营效率也很高，但这是建立在高负债基础上的，一旦行业有什么波动或市场政策发生变化，不仅净资产收益率会大幅下降，公司自身也可能会出现亏损。

思考探究

对所有公司来说，净资产收益率是越高越好吗？请讲讲你的看法，并说明原因。

任务拓展

将上述用Excel计算的与销售收入有关的盈利能力分析生成统计图。

打开Sheet3，框选"与销售收入有关的盈利能力评价分析表"整个表格，单击"插入"→"全部图表"→"折线图"（图3-1-5），选择第一个图形，结果如图3-1-6所示。

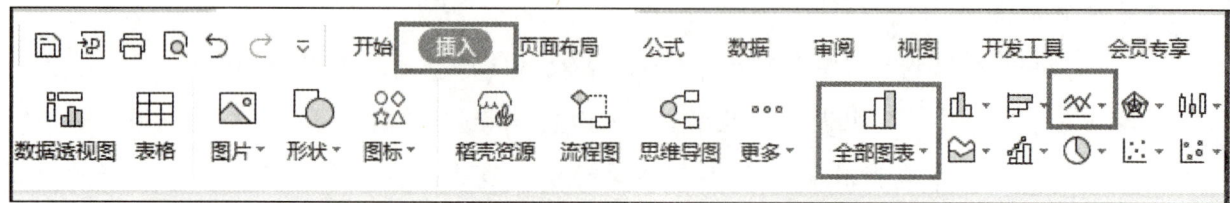

图3-1-5　与销售收入有关的盈利能力评价分析表折线图

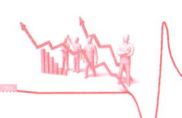

图 3-1-6　与销售收入有关的盈利能力评价分析表折线图

任务总结

- 与销售收入有关的盈利能力分析
  - 营业毛利率
    - 营业毛利率=(营业收入−营业成本)/营业收入×100%
    - 指标越大，获利能力越强
  - 营业净利率
    - 营业净利率=净利润/营业收入×100%
    - 指标越大，获利能力越强
  - 总资产净利率
    - 总资产净利率=净利润/平均资产总额×100%
    - 指标越大，利用全部资产的盈利能力越强
  - 净资产收益率
    - 净资产收益率=净利润/平均所有者权益(即平均净资产）×100%
    - 指标越大，获利能力越强；但不是越高越好，要注意财务风险

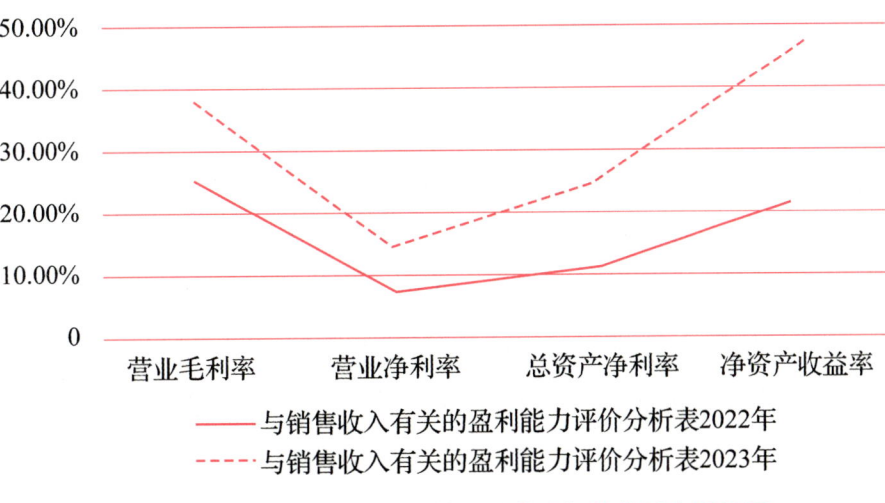

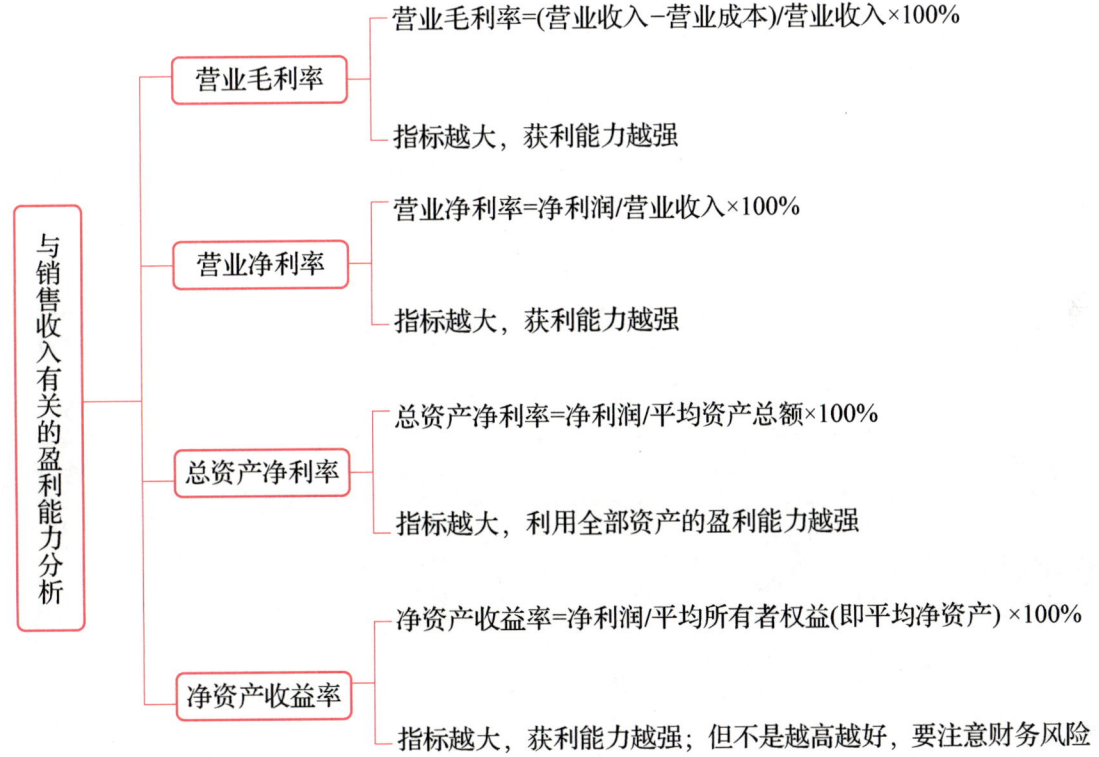

任务检测

一、单选题

1. 下列各项中，与净资产收益率密切相关的有（　　）。

   A. 营业净利率　　　B. 总资产周转率　　　C. 总资产增长率　　　D. 权益乘数

2. 某公司今年与上年相比，营业收入增长10%，净利润增长8%，资产总额增加12%，负债总额增加9%。可以判断，该公司净资产收益率比上年下降了。（　　）

   A. 正确　　　　　B. 错误

二、实训任务

请同学们根据以下资料（表3-1-1、表3-1-2），计算出总资产净利率、营业净利率（计算中需要使用期初与期末平均数的，以期末数替代）。

表3-1-1　资产负债表部分数据　　　　　　　　　　　　单位：万元

流动资产合计	27 500	负债合计	35 000
非流动资产合计	32 500	所有者权益合计	25 000
资产总计	60 000	负债与所有者权益总计	60 000

表3-1-2　利润表项目（年度数）　　　　　　　　　　　　单位：万元

营业收入	18 000	利润总额	3 000
营业成本	11 000	所得税	750
期间费用	4 000	净利润	2 250

任务评价

学生自我评价

班级：　　　　　　　　　　姓名：　　　　　　　　　　座号：

与销售收入有关的盈利能力分析		自我评价	
^^ ^^	^^	我会了	我还有问题
营业毛利率	计算公式		
^^	分析依据		
^^	Excel 操作		

114

项目三　盈利能力分析

续表

与销售收入有关的 盈利能力分析		自我评价	
		我会了	我还有问题
营业净利率	计算公式		
	分析依据		
	Excel 操作		
总资产净利率	计算公式		
	分析依据		
	Excel 操作		
净资产收益率	计算公式		
	分析依据		
	Excel 操作		

指导教师评价

任务名称	考核项目	考核内容	评分		备注
			分值	得分	
与销售收入 有关的盈利 能力分析	相关知识预习	认真预习，完成预习作业	10		
	教学过程	积极参与各项指标的 Excel 实操，在教学中学习专业知识和技能	20		
	实训任务	独立完成，正确表达	30		
	工作和学习的 主动性	自主探究，团队协作	10		
	纪律性	遵守课堂纪律，尊师爱友	30		
总评			100		
指导教师签名：			年	月	日

任务二　与市场有关的盈利能力分析

与市场有关的盈利能力，是对上市公司的盈利能力进行分析，主要通过分析每股收益、每股股利、市盈率、市净率、每股净资产等指标来衡量上市公司利用其拥有的资产和资源达到稳定、持续盈利的能力。

115

财务数据分析

任务描述

由于北京欣悦公司才成立不久，目前还没有上市，将来上市之后要进行与市场有关的这些指标的分析。

请同学们根据本教材附带的北京欣悦公司的 2024 年、2025 年及 2026 年[①] Excel 财务报表，运用 Excel 计算该公司的 2025 年及 2026 年与市场有关的盈利能力的一系列财务比率，分析权益与资产之间的关系，分析不同权益的内在联系，从而对该公司与市场有关的盈利能力的强弱、资本结构是否合理等作出客观评价。

任务实施

【数据处理】——每股收益

打开 Excel 表，将本教材附带的北京欣悦公司 2024 年、2025 年及 2026 年的资产负债表、利润表分别复制粘贴至 Sheet1（2024 年财务报表）、Sheet2（2025 年财务报表）、Sheet3（2026 年财务报表），在 Sheet4 中制作"与市场有关的盈利能力评价分析表"，求 2025 年、2026 年的每股收益。

操作演示

打开 Sheet3 中的"与市场有关的盈利能力评价分析表"，把输入法切换至英文半角状态，求 2025 年每股收益：单击 B3 单元格，输入"="。单击 Sheet2（2025 年财务报表），选中 B63 单元格（即 2025 年利润表净利润本期金额），输入"/"。选中 C71 单元格（即 2025 年累计发行在外的普通股股数（万股）），按 Enter 键，如图 3-2-1 所示。求 2026 年每股收益的方法同 2025 年，操作略。

	A	B	C	D
1	与市场有关的盈利能力评价分析表			
2	指标	2025年	2026年	
3	每股收益	0.98	1.43	
4	市盈率			
5	每股净资产			
6	市净率			

图 3-2-1　与市场有关的盈利能力评价分析表

---

① 年份设置用于进行纵向对比分析。

116

知识链接

（1）每股收益又称为每股税后利润、每股盈余，指税后利润与股本总数的比率，是普通股股东每持有一股所能享有的公司净利润或需承担的公司净亏损。每股收益通常被用来反映公司的经营成果，衡量普通股的获利水平及投资风险，是投资者等信息使用者据以评价公司盈利能力、预测公司成长潜力，进而做出相关经济决策的重要的财务指标之一。

（2）计算公式为：

每股收益＝净利润÷发行在外的普通股加权平均数

式中：

发行在外的普通股加权平均数＝期初发行在外的普通股股数＋当期新发行的普通股股数×（已发行时间÷报告期时间）－当期回购的普通股股数×（已回购时间÷报告期时间）

发行在外的普通股加权平均数的已发行时间、报告期时间和已回购时间一般按天数计算，在不影响计算结果合理性的前提下，也可以采用简化的计算方法，即按月数计算。

（3）分析依据：每股收益是综合反映公司获利能力的重要指标，可以用来判断和评价管理层的经营业绩。每股收益这一财务指标在不同行业、不同规模的上市公司之间具有相当大的可比性，因而在各上市公司之间的业绩比较中被广泛地加以引用。此指标越高，表明投资价值越大；反之，每股收益多，并不意味着每股股利多。此外，每股收益不能反映股票的风险水平。

数据分析

每股收益

由图3-2-1得出：2026年的每股收益1.43（＝71 275.5÷50 000）比2025年的每股收益0.98（＝41 101.5÷42 000）略有提高（1.43＞0.98），表明新能源公司盈利能力好，股利分配来源充足，资产增值能力变强。进一步分析发现，公司的营业收入增加幅度超过营业成本的增加幅度，从而使其盈利能力提高，基本每股收益也将相应提高。

思考探究

有哪些因素导致每股收益提高？每股收益是越高越好吗？你对公司的后续经营有何建议？

【数据处理】——市盈率

打开 Sheet3 中的"与市场有关的盈利能力评价分析表",求 2025 年、2026 年的市盈率。

求 2025 年市盈率:单击 B4 单元格,输入"="。单击 Sheet2(2025 年财务报表),选中 C72 单元格(即 2025 年 12 月每股均价),输入"/"。选中 B67 单元格(即 2025 年每股收益),按 Enter 键,如图 3-2-2 所示。求 2026 年每股收益的方法同 2025 年,操作略。

操作演示

指标	2025年	2026年
每股收益	0.98	1.43
市盈率	8.06	7.13
每股净资产		
市净率		

B4 单元格公式:='2025年财务报表'!C72/'2025年财务报表'!B67

图 3-2-2 与市场有关的盈利能力评价分析表

知识链接

(1)市盈率是普通股每股市价与每股收益的比值。市盈率反映了普通股股东为获取 1 元净利润所愿意支付的股票价格。

(2)计算公式为:

$$市盈率 = 每股市价 \div 每股收益$$

式中:

$$每股收益 = 净利润 \div 发行在外的普通股加权平均数$$

(3)分析依据:市盈率是股票市场上反映股票投资价值的重要指标,该比率的高低反映市场上投资者对股票投资收益和投资风险的预期。一方面,市盈率越高,意味着投资者对股票的收益预期越看好,投资价值越大;另一方面,市盈率越高,说明要获得一定的预期利润,投资者需要支付更高的费用,因此,投资该股票的风险也越大。

项目三　盈利能力分析

市盈率

由图3-2-2得出：2026年的市盈率7.13（=10.2÷1.43）比2025年的市盈率8.06（=7.9÷0.98）略有降低（7.16<8.07），表明投资者对该股票评价较低，这也说明新能源公司股票未来上涨的空间比较大，可以把它作为价值投资的标的，或者说明投资回收期比较短，投资风险比较小。

但要谨慎看待市盈率，如果持续走低，可能意味着投资者对公司的未来发展前景感到悲观。特别是当市盈率低于同行业或整个市场的平均水平时，表明市场对该公司的增长潜力可能持怀疑态度，这可能是由于行业竞争加剧、公司面临的风险增加或者是公司战略决策引发的不确定性等原因。因此，投资者需要谨慎对待低市盈率股票，以免遭受未来投资回报下降的风险。

影响公司股票市盈率的因素有：

（1）上市公司盈利能力的成长性。

（2）投资者所获报酬率的稳定性。

（3）市盈率也受到利率水平变动的影响。当市场利率水平变化时，市盈率也应做相应的调整。

使用市盈率进行分析的前提是每股收益维持在一定水平之上，如果每股收益很少或接近亏损，但股票市价不会降为零，则会导致市盈率极高，但此时很高的市盈率不能说明任何问题。此外，以市盈率衡量股票投资价值尽管具有市场公允性，但还存在一些缺陷：

（1）股票价格的高低受很多因素影响，非理性因素的存在会使股票价格偏离其内在价值。

（2）市盈率反映了投资者的投资预期，但由于市场不完全和信息不对称，投资者可能会对股票做出错误估计。因此，通常难以根据某一股票在某一时期的市盈率对其投资价值做出判断，应该进行不同期间以及同行业不同公司之间的比较或与行业平均市盈率进行比较，以判断股票的投资价值。

思考探究

假设上述公司市盈率持续走低，你对公司在后续经营有何建议？

【数据处理】——每股净资产

打开Sheet3中的"与市场有关的盈利能力评价分析表"，求2025年、2026年的每股净资产。

操作演示

求 2025 年每股净资产：单击 B5 单元格，输入"="。单击 Sheet2（2025 年财务报表），选中 E34 单元格（即 2025 年 12 月股东权益合计期末数），输入"/"。选中 C71 单元格（即 2025 年累计发行在外的普通股股数（万股）），按 Enter 键，如图 3-2-3 所示。求 2026 年每股净资产的方法同 2025 年，操作略。

指标	2025年	2026年
每股收益	0.98	1.43
市盈率	8.06	7.13
每股净资产	2.12	2.14
市净率		

与市场有关的盈利能力评价分析表

图 3-2-3　与市场有关的盈利能力评价分析表

知识链接

（1）每股净资产，是指公司期末净资产与期末发行在外的普通股股数之间的比率。

（2）计算公式为：

每股净资产＝期末净资产÷期末发行在外的普通股总数

式中：

期末普通股净资产＝期末股东权益－期末优先股股东权益

分析依据：利用该指标进行横向和纵向对比，可以衡量上市公司股票的投资价值。如在公司性质相同、股票市价相近的条件下，某一公司股票的每股净资产越高，则公司发展潜力与其股票的投资价值越大，投资者所承担的投资风险越小。但是也不能一概而论，在市场投机气氛较浓的情况下，每股净资产指标往往不太受重视。

每股净资产显示了发行在外的每一普通股股份所能分配的公司账面净资产的价值。这里所说的账面净资产是指公司账面上的总资产减去负债后的余额，即股东权益总额。每股净资产指标反映了在会计期末每一股份在公司账面上到底值多少钱，它与股票面值、发行价值、市场价值乃至清算价值等往往有较大差距，是理论上股票的最低价值。

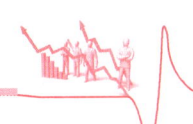

数据分析

每股净资产

由图 3-2-3 得出：2026 年的每股净资产 2. 14(= 106 965. 2÷50 000) 比 2025 年的每股净资产 2. 12(= 89 151÷42 000) 略有提高（2. 14 >2. 12），表明该公司的财务实力较强，创造利润的能力和抵御外来因素影响的能力增强。根本原因是业绩状况较好，某种程度上来说，每股净资产越高越好。

思考探究

每股净资产值越高，说明这家公司的经济实力越强，不需要凭借大量增发股票来融资。但是要想客观地判断，还需要跟股价相比较。如果每股净资产高于股价，说明什么问题？

【数据处理】——市净率

打开 Sheet3 中的“与市场有关的盈利能力评价分析表”，求 2025 年、2026 年的市净率。

操作演示

求 2025 年市净率：单击 B5 单元格，输入“=”。单击 Sheet2（2025 年财务报表），选中 C72 单元格（即 2025 年 12 月每股均价），输入“/”。选中 Sheet3 中与市场有关的盈利能力评价分析表的 B5 单元格（即 2025 年每股净资产），按 Enter 键，如图 3-2-4 所示。求 2026 年市净率的方法同 2025 年，操作略。

B6　fx　='2025年财务报表'!C72/B5

	A	B	C
1	与市场有关的盈利能力评价分析表		
2	指标	2025年	2026年
3	每股收益	0.98	1.43
4	市盈率	8.06	7.13
5	每股净资产	2.12	2.14
6	市净率	3.72	4.77

图 3-2-4　与市场有关的盈利能力评价分析表

知识链接

（1）市净率是普通股每股市价与每股净资产的比值。

（2）计算公式为：

$$市净率 = 每股市价 \div 每股净资产$$

式中：

$$每股净资产 = 普通股的股东权益 \div 流通在外普通股的股数$$

（3）分析依据：净资产代表的是全体股东共同享有的权益，是股东拥有公司财产和公司投资价值最基本的体现。一般来说，市净率较低的股票，投资价值较高。但有时较低市净率反映的可能是投资者对公司前景的不良预期，而较高市净率则相反。因此，在判断某只股票的投资价值时，还要综合考虑当时的市场环境以及公司经营情况、资产质量、盈利能力等因素。

数据分析

市净率

由图3-2-4得出：2026年的市净率4.77（=10.2÷2.14）比2025年的市净率3.72（=7.9÷2.12）略有提高（4.77＞3.72），表明该新能源公司的股票价格提高幅度大于每股净资产的增加幅度，说明公司的发展潜力好，投资者对该公司进行投资时，愿意付出更高的股价。但是如果市净率过高，也意味着投资这个股票的风险更高。

市净率可用于投资分析，一般来说，市净率较低的股票，投资价值较高；反之，则投资价值较低。在判断投资价值时，还要考虑当时的市场环境以及公司经营情况、盈利能力等因素。

思考探究

如果市净率低于1，就一定说明公司资产质量差，行业前景不好吗？请谈谈你的观点，并说明理由。

任务拓展

将上述Excel计算的与市场有关的盈利能力分析生成统计图。

打开Sheet4，框选"与市场有关的盈利能力评价分析表"整个表格，单击"插入"→

项目三 盈利能力分析

"全部图表"→"折线图"(图3-2-5),选择第一个图形。生成的折线图如图3-2-6所示。

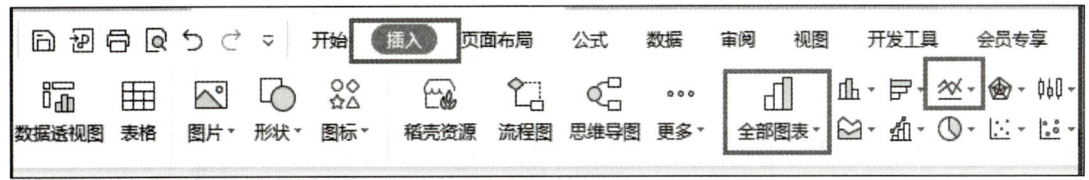

图3-2-5 与市场有关的盈利能力评价分析表折线图

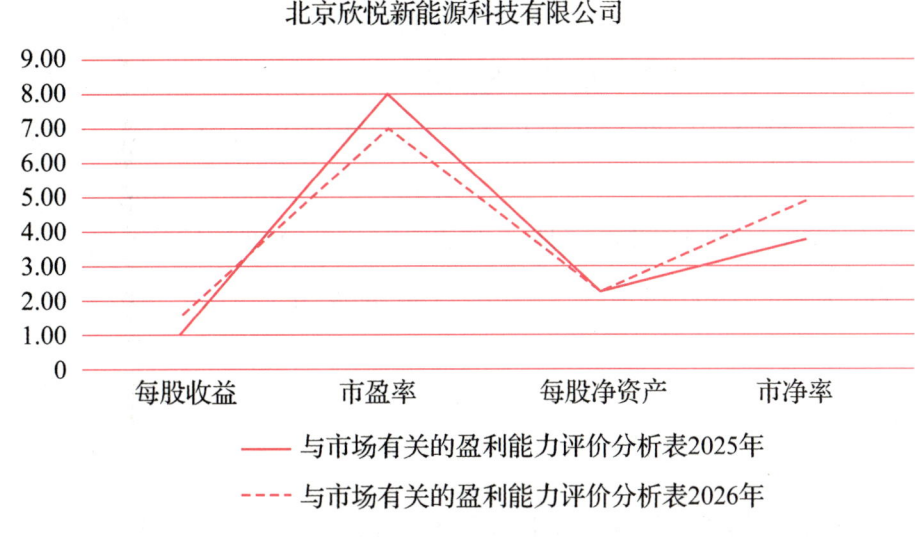

图3-2-6 与市场有关的盈利能力评价分析表折线图

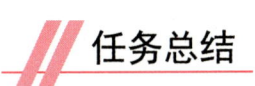 任务总结

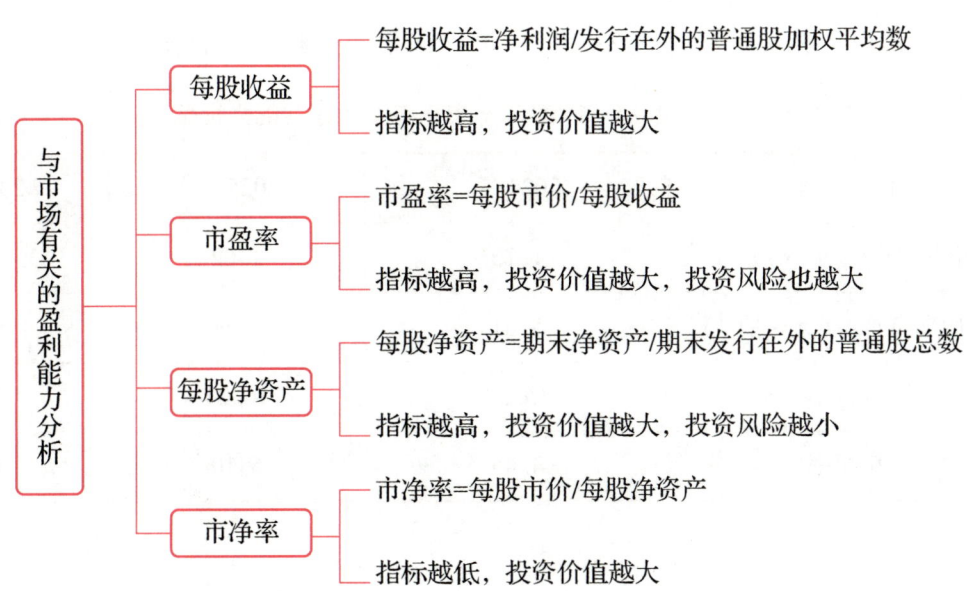

123

任务检测

一、单选题

1. 下列各项财务指标中，能够综合反映公司成长性和投资风险的是（　　）。

   A. 市盈率　　　　　　　　　　B. 每股收益

   C. 销售净利率　　　　　　　　D. 每股净资产

2. 甲公司 2023 年年初流通在外的普通股有 8 000 万股，优先股有 500 万股；2023 年 6 月 30 日增发普通股 4 000 万股。2023 年年末股东权益合计 35 000 万元，优先股每股股东权益 10 元，无拖欠的累积优先股股息。2023 年年末甲公司普通股每股市价 12 元，市净率是（　　）。

   A. 2.8　　　　　B. 4.8　　　　　C. 4　　　　　D. 5

3. 某上市公司 2023 年度归属于普通股股东的净利润为 2 000 万元，发行在外的普通股加权平均数为 5 000 万股，该普通股平均市场价格为 4 元。那么，2023 年度每股收益为（　　）元。

   A. 0.5　　　　　B. 2.5　　　　　C. 2　　　　　D. 0.4

二、判断题

1. 上市公司盈利能力的成长性和稳定性是影响其市盈率的重要因素。（　　）

2. 通过横向和纵向对比，每股净资产指标可以作为衡量上市公司股票投资价值的依据之一。（　　）

三、实训任务

请根据某公司以下相关资料（表 3-2-1）进行该公司盈利能力的分析。

表 3-2-1　某公司 2024—2026 年与市场有关的盈利能力指标一览表

序号	指标名称	2024 年	2025 年	2026 年
1	每股收益/（元·股$^{-1}$）	1.25	1.62	1.17
2	每股净资产/（元·股$^{-1}$）	5.81	6.31	5.86
3	市盈率	15.52	16.21	15.93
4	市净率	4.45	5.10	4.94

项目三　盈利能力分析

任务评价
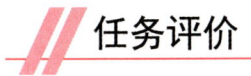

学生自我评价

班级：　　　　　　　　　姓名：　　　　　　　　　座号：

盈利能力综合分析		自我评价	
		我会了	我还有问题
比较分析	计算公式		
	分析依据		
	Excel 操作		
净资产收益率	计算公式		
	分析依据		
	Excel 操作		
市盈率	计算公式		
	分析依据		
	Excel 操作		
市净率	计算公式		
	分析依据		
	Excel 操作		

指导教师评价

任务名称	考核项目	考核内容	评分		备注
			分值	得分	
与市场有关的盈利能力分析	相关知识预习	认真预习，完成预习作业	10		
	教学过程	积极参与 Excel 操作，在教学中学习专业知识和技能	20		
	实训任务	独立完成，正确表达	20		
	工作和学习的主动性	自主探究，团队协作	10		
	纪律性	遵守课堂纪律，尊师爱友	30		
总评			100		
指导教师签名：				年　月　日	

125

财务数据分析

任务三　盈利能力综合分析

本项目的前两个任务中，从与销售收入有关和与市场有关这两个角度分析北京欣悦公司的盈利能力。要想提高公司盈利能力，必须从提高生产经营收益、提高资产运营效率、提高资本运营收益这3个重要途径入手，挖掘各自的潜力，以提高公司整体的盈利能力和盈利水平。本任务将从总资产净利率、净资产收益率、市盈率、市净率4个方面对该公司进行横向和纵向对比来分析盈利能力。

任务描述

同学们学习了从与销售收入有关和与市场有关这两个角度分析北京欣悦公司的盈利能力之后，在复习讨论时产生了疑问：若公司的董事会想了解公司2024—2026年的盈利能力发展趋势，而且要与竞争对手进行对比分析，来评价公司的综合盈利能力，他们该如何帮财务部门做好这项数据分析？

请同学们从以下几点进行逐步分析：

1. 从总资产净利率、净资产收益率、市盈率、市净率四方面对北京欣悦公司2024—2026年盈利能力进行趋势分析。

2. 将2026年的盈利能力指标与行业竞争对手的指标进行对比分析。

3. 从投资者、经营者、债权人的角度分析，他们更关心的是什么？

任务实施

【数据处理】——北京欣悦公司2024—2026年的总资产净利率、净资产收益率、市盈率、市净率

1. 打开Excel，继续沿用本项目任务二的财务报表。即，将本教材附带的北京欣悦公司2024年、2025年及2026年的资产负债表、利润表分别复制粘贴至Sheet1（2024年财务报表）、Sheet2（2025年财务报表）、Sheet3（2026年财务报表），在Sheet5中制作综合盈利能力计算分析表（纵向可比），如图3-3-1所示。

2. 在"综合盈利能力计算分析表"中，计算北京欣悦公司2024—2026年的总资产净利率、净资产收益率、市盈率、市净率，计算结果如图3-3-2所示。操作步骤请参照此前任务中的讲解，此处不再赘述。

3. 通过以上计算，可以将北京欣悦公司2024—2026年综合盈利能力的4个比率绘成折线

图，如图 3-3-3 所示。

	A	B	C	D
1	综合盈利能力计算分析表			
2	指标	2024年	2025年	2026年
3	总资产净利率			
4	净资产收益率			
5	市盈率			
6	市净率			

图 3-3-1　综合盈利能力计算分析表

D6　=ROUND('2026年财务报表'!C72/('2026年财务报表'!E34/'2026年财务报表'!C71),2)

	A	B	C	D	E	F	G	H	I
1	综合盈利能力计算分析表								
2	指标	2024年	2025年	2026年					
3	总资产净利率	0.25	0.29	0.39					
4	净资产收益率	0.47	0.55	0.73					
5	市盈率	9.32	8.06	7.13					
6	市净率	4.28	3.72	4.77					

图 3-3-2　2024—2026 年盈利能力指标数据

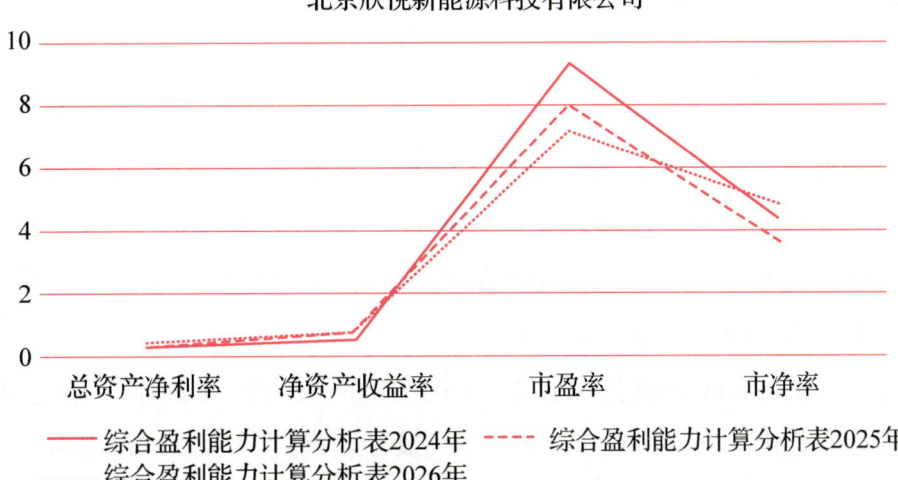

图 3-3-3　2024—2026 年 4 个比率的折线图

知识链接

盈利能力就是指公司在一定时期内赚取利润的能力，利润率越高，盈利能力就越强。盈利能力分析的目的是通过分析及时发现问题，改善公司的财务结构，增强公司的偿付能力和经营能力，最终提高公司的盈利能力，促进公司的可持续稳定发展。

对于公司管理者来说，通过盈利能力分析，可以利用盈利能力的相关指标来反映和衡量公司的经营业绩，发现和解决经营管理中存在的问题。

财务数据分析

> 对投资者来说，盈利能力分析有助于投资者了解目标公司的盈利能力，使投资者能够避免财务风险。
>
> 对债权人而言，利润指标是衡量债权的重要标准，特别是长期债权。盈利能力的水平会直接作用于偿债能力：公司欠债过度时，债权人应该重点检查公司的偿债能力。因此，从债权人的利益出发，对公司盈利能力的分析尤为关键。
>
> 盈利能力横向比较法：通过比较公司在不同时间点的盈利能力指标，分析公司盈利能力的变化趋势。如果指标呈现增长趋势，说明公司的盈利能力在提高；如果指标呈现下降趋势，说明公司的盈利能力在下降。

数据分析

北京欣悦公司2024—2026年盈利能力4个指标对比分析

盈利能力4个指标具有相对关联的特点，总资产净利率提高了，净资产收益率也会随之升高，净资产收益率越高，则市盈率越高，市盈率越高，则市净率越低，说明公司的投资价值较高。

1. 总资产净利率和净资产收益率比较分析。

公司总资产净利率和净资产收益率之间存在着一定的关系，但彼此又是有所不同的。比如，总资产净利率提高了，净资产收益率也会随着升高；净资产收益率高，总资产净利率不一定高，这和公司的资本结构有着相当密切的关系。总资产净利率越高，说明公司的资产利用效率越高，注重了增加收入和节约资金两个方面。

由图3-3-2可知，北京欣悦公司2024—2026年的总资产净利率分别为0.25、0.29和0.39，净资产收益率分别为0.47、0.55和0.73。其中，前两年的总资产净利率和净资产收益率相差不大，但2026年的净资产收益率明显高于当年的总资产净利率，这说明在这一年里，负债比重有所提高，净资产收益率会越高。这给上市公司一些启示：要提高净资产收益率，必须相对提高负债比率。但同时也会带来一些副作用，企业会想方设法提高负债率，企业会产生借款冲动，没有考虑未来的偿债能力。

2. 总资产净利率和市净率比较分析。

由图3-3-2可知，北京欣悦公司总资产净利率是逐年递增的，市净率在2025年下降，2026年大幅度提升。在公司实现盈利的情况下，总资产净利率越高，说明公司有效资金的管理出色，资本管理效率越高，公司的运营能力越强。一般情况下，总资产净利率较好的公司也会有较高的实力，可以在比较有利的市场环境中成长，以及在不同竞争对手的竞争中取胜。

市净率是股票的价格相对于净资产的比值。那么，当市净率低时，说明公司的股票价格很低，而净资产也就是股东拥有的财富很高，所以公司的股票价格被低估，是值得买入的。

但是有些特别的公司，它们的净资产相对较小甚至为负，比如高科技公司、服务型公司，它们不需要投入大量的资金来购买厂房、设备，公司的自有资产相对较少。因为它们的净资产很少，而股价相对较高，算出来的市净率会比较高，但他们未来的发展潜力和盈利能力也会很高，此时用市净率会错过高速发展的高科技公司。

3. 净资产收益率和市盈率比较分析。

由图3-3-2可知，北京欣悦公司的净资产收益率是逐年递增的，市盈率逐年递减，并且净资产收益率的增幅明显高于市盈率的降幅，这说明该年公司营业收入增长率高于营业成本等费用增长率。投资带来的收益高，其资产增值也越快，股东所拥有的权益也越多，市盈率越低。

需要注意的是：市盈率是估计普通股价值的最基本、最重要的指标之一。一般认为该比率保持在20~30之间是正常的，过小说明股价低，风险小，值得购买；过大则说明股价高，股票的价格就具有泡沫，说明价值被高估，风险大，购买时应谨慎。但高市盈率股票多为热门股，低市盈率股票可能为冷门股。

4. 市盈率和市净率比较分析。

由图3-3-2可知，北京欣悦公司的市盈率稳定增长，市净率有所波动。

市净率和市盈率是投资最重要的两个指标，市净率越高，说明公司市场表现越好，市盈率则是市价与每股盈利之间的比率，它们之间具有重要的关联性，即市净率越高，市盈率越低；市净率越低，市盈率越高，投资者应当充分了解市净率和市盈率之间的关系，从而使投资更有针对性。

市净率和市盈率不仅仅是投资中最重要的指标，对于投资机构也是重要的考量因素，不仅可以了解公司的财务状况，还可以用来衡量公司的财务管理和市场价值，从而为投资和融资决策提供参考。

从理论上来说，市盈率与市净率越小越安全。这分别代表了投资该股票的收益与权益。

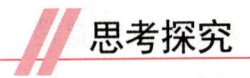思考探究

请同学们思考一下，判断某公司的股票是否值得购买，还可以从哪些因素进行分析？

【数据处理】——北京欣悦公司盈利能力指标与行业指标

在Sheet6中创建"北京欣悦公司盈利能力指标与行业指标对比分析表"（图3-3-4），在此表格中填入数据。其中，行业指标的数据直接输入数值，本公司指标的数据填入方法参照此前任务的操作步骤，不再赘述。

	A	B	C	D	E	F	G
1	北京欣悦公司盈利能力指标与行业指标对比分析表							
2	指标	2024年行业均值	2024年本企业值	2025年行业均值	2025年本企业值	2026年行业均值	2026年本企业值
3	总资产净利率	0.23	0.25	0.28	0.29	0.32	0.39
4	净资产收益率	0.41	0.47	0.49	0.55	0.65	0.73
5	市盈率	8.49	9.32	8.11	8.06	7.56	7.13
6	市净率	4.07	4.28	3.64	3.72	4.28	4.77

图 3-3-4　2024—2026 年北京欣悦公司盈利能力指标与行业指标对比分析表

知识链接

盈利能力纵向比较法：通过比较公司与同行业标准的盈利能力指标，分析公司在同行业中的竞争力。如果公司的盈利能力指标高于同行业平均水平，说明公司在竞争中具有优势；如果公司的盈利能力指标低于同行业平均水平，说明公司在竞争中处于劣势。

数据分析

北京欣悦公司盈利能力指标与行业指标进行对比分析

1. 总资产净利率。北京欣悦公司连续三年总资产净利率略高于行业平均水平，说明该公司能够吸引更多的投资者和债权人；提高公司的融资能力和降低成本，可以增加公司管理层对未来业绩的信心和预期，从而提高公司的竞争力和市场地位。

2. 净资产收益率。北京欣悦公司 2024—2026 年净资产收益率均高于行业平均水平，体现了该公司自有资本获得净收益的能力增强，盈利能力稳定且持续增长，公司可以有信心扩大业务、投资新项目或支付利润给所有者。

3. 市盈率。北京欣悦公司 2024 年市盈率略高于行业平均值，高出 9.8%，有可能是受"逢新必涨"的观念影响，市场对其未来的增长有较高的期望，相信它具有较高的增长潜力，股价高于行情价。但是 2025—2026 年市盈率均接近行业平均值，说明后两年公司业绩较稳定，公司发展较成熟，投资者也回归理性。

4. 市净率。北京欣悦公司连续三年的市净率均高于行业平均水平，说明该公司有较高的成长性和优质资产，具备投资价值。但需要注意的是，市净率过高也可能暗示公司存在估值泡沫，投资者需谨慎评估。

项目三　盈利能力分析

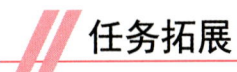

将 2024—2026 年北京欣悦公司盈利能力的 4 个指标和新能源汽车行业均值绘制成折线图。

打开"北京欣悦公司盈利能力指标与行业指标对比分析表",框选整个表格,单击"插入"→"全部图表"→"折线图",选择第一个图形。操作步骤如图 3-3-5 所示。结果如图 3-3-6 所示。

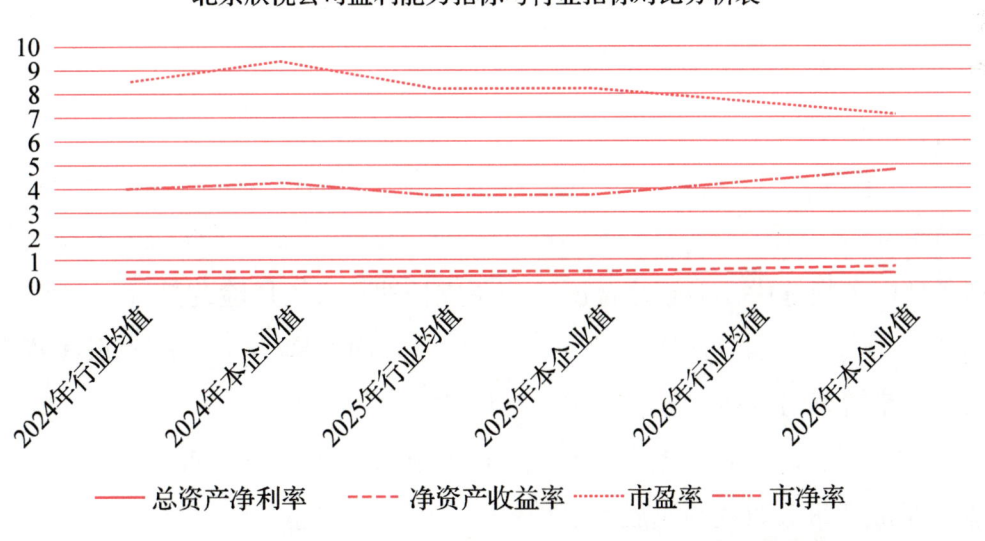

图 3-3-5　选择折线图操作步骤

图 3-3-6　2024—2026 年 4 个增长率与行业均值对比折线图

任务总结

盈利能力综合分析

- 4个指标结合起来比较分析
  - 总资产净利率和净资产收益率比较分析：同方向变化，表明公司运用其全部资产获取利润的能力；受公司资本结构的影响，会有不同变化
  - 总资产净利率和市净率比较分析：一般呈反方向变化。总资产净利率越高，说明公司的运营能力越强；市净率较低的股票，投资价值较高
  - 净资产收益率和市盈率比较分析：一般呈反方向变化。指标值越高，说明投资带来的收益越高；但市盈率如果过高，投资风险大
  - 市盈率和市净率比较分析：一般呈反方向变化。市净率较低的股票，投资价值较高；但市盈率如果过高，投资风险大

- 4个指标与行业均值对比分析
  - 总资产净利率本公司与行业进行对比分析：高于行业均值，表明该公司的经营效率较高，能够更好地控制成本和提高盈利能力
  - 净资产收益率本公司与行业进行对比分析：高于行业均值，表明该公司能够有效地管理其权益资本并实现回报
  - 市盈率本公司与行业进行对比分析：高于行业均值，表明可能被高估；低于行业均值，则表明被低估；不是越低越好，一般在20内较安全
  - 市净率本公司与行业进行对比分析：高于行业均值，表明该公司处于高速发展阶段；当达到3时，可以树立较好的公司形象；但如果过高，可能存在风险

任务检测

一、单选题

1. 下列各项财务指标中，能够综合反映公司成长性和投资风险的是（　　）。

   A. 市盈率　　　　　B. 每股收益　　　　　C. 营业净利率　　　　　D. 每股净资产

2. 下列关于市盈率财务指标的表述中，错误的是（　　）。

   A. 该指标的高低反映市场上投资者对股票收益和投资风险的预期

   B. 市盈率是股票每股收益与每股市价的比

   C. 该指标越高，说明投资者为获得一定的预期利润需要支付更高的价格

   D. 该指标越高，反映投资者对股票的预期越看好，投资价值越大，投资风险越大

3. 某公司2023年和2024年的营业净利率分别为7%和8%，总资产周转率分别为2和1.5，两年的资产负债率相同，与2023年相比，2024年的净资产收益率变动趋势是（　　）。

   A. 上升　　　　　B. 下降　　　　　C. 不变　　　　　D. 无法确定

二、判断题

某公司今年与上年相比,营业收入增长10%,净利润增长8%,资产总额增加12%,负债总额增加9%。可以判断,该公司净资产收益率比上年下降了。(   )

三、实训任务

请根据华趣公司表3-3-1所列相关资料进行该公司盈利能力的分析。

表3-3-1　华趣公司2024—2026年与市场有关的盈利能力指标一览表

序号	指标名称	2024年	2025年	2026年
1	总资产净利率	12.57	9.22	14.14
2	净资产收益率	15.75	13.86	17.31
3	市盈率	45.31	39.96	52.12
4	市净率	12.89	11.07	14.11

素养小课堂

企业经营需要仪表盘

《出租司机给我上的MBA课》这篇文章里面,那位万里挑一的出租司机之所以那么优秀,主要是因为他很会算账。他做过精确的计算,一天开17个小时车,每小时的成本是34.5元。他认为成本不能按公里算,得按时间算,因为他做过数据分析,每次载客之间的空驶时间平均为7分钟,如果上来一个起步价,可以收10元,大概要开10分钟,加上空驶时间就是17分钟,按小时成本折算,这一趟的成本就是9.8元,基本上不赚钱。如果接的都是起步价,那就忙活半天还吃不上饭了。所以,这个出租司机把他的数据仪表盘整理清楚了,接下来他的任务就是着力于提高单位时间的有效里程,减少空驶时间,这样收益就提高了。

财务数据处理是现代企业经营的中枢,尤其是在企业规模的快速扩张阶段,最终衡量这件事是否做对,有一个核心准则,就是财务数据的结果。要把财务核算的逻辑运用到经营管理中,否则就很可能出现虽然收入大幅度增长,但是没有带来利润和现金流,即增收不增利。例如,发现其毛利率远没有公司自己认为的高,订单盈利能力较低,就是由于企业在快速发展期一心只顾跑业务,忽视了数据的仪表盘,出现有规模但不赚钱的现象。

企业的经营需要财务数据的仪表盘,随时查看业务的健康度,业务活动是否能带来财务结果,从而达到既增收又增利的目的。

因此,同学们将来走向工作岗位,要勇于面对各种问题和挑战,以问题为导向,加强系统思维,保持开放包容的心态,不断推进全面深化改革。最后,我们要牢记党的初心和使命,始终心系人民,为中华民族伟大复兴而不懈奋斗。

财务数据分析

任务评价

学生自我评价

班级：　　　　　　　　　姓名：　　　　　　　　　座号：

偿债能力综合分析		自我评价	
		我会了	我还有问题
净资产收益率	计算公式		
	分析依据		
	Excel 操作		
市盈率	计算公式		
	分析依据		
	Excel 操作		
市净率较小，是否代表公司盈利能力较强	分析依据		
净资产收益率和市盈率的区别与联系	综合分析		
投资者、经营者、债权人关心的内容	综合分析		

指导教师评价

任务名称	考核项目	考核内容	评分		备注
			分值	得分	
偿债能力综合分析	相关知识预习	认真预习，完成预习作业	10		
	教学过程	积极参与 Excel 操作，在教学中学习专业知识和技能	20		
	实训任务	独立完成，正确表达	20		
	工作和学习的主动性	自主探究，团队协作	10		
	纪律性	遵守课堂纪律，尊师爱友	30		
总评			100		
指导教师签名：					年　月　日

项目四

营运能力分析

> 营运能力是指企业的经营运行能力，即企业利用现有资产赚取利润的能力，它表明企业管理人员经营管理、运用资金的能力，一般用资产周转率等指标来反映企业的营运能力。通过营运能力分析，可以了解企业资金周转状况及经营管理水平，揭示企业存量资产可能存在的问题，采取措施，提高各类资产的运用效率，防止资产经营风险。
>
> 营运能力分析主要是从流动资产周转情况、固定资产周转情况和总资产周转情况三个方面进行分析。

知识目标

1. 理解营运能力的概念。
2. 熟悉营运能力分析的各项财务指标及其计算方法。
3. 掌握营运能力分析各项财务指标的评价方法。

技能目标

1. 学会运用 Excel 表格计算营运能力各项财务指标并进行分析评价。
2. 能根据分析主体数据及相关资料正确进行企业营运能力的综合分析。
3. 能明确营运能力分析对财务信息使用者的重要意义。

素养目标

1. 认知和理解营运能力对企业发展、国家经济建设的重要作用。
2. 培养财务人员的社会责任感和团队合作意识。

财务数据分析

任务一　流动资产营运能力分析

流动资产营运能力分析的常用指标主要有流动资产周转率、存货周转率和应收账款周转率。

任务描述

请同学们根据北京欣悦公司 2023 年、2022 年的资产负债表和利润表（分别见项目一的表 1-1-1、表 1-1-2、表 1-1-4、表 1-1-5），运用 Excel 表格计算该公司 2022 年、2023 年流动资产营运能力的各项财务指标，分析企业一定时期内营业收入、营业成本及相关流动资产的规模和结构，分析有关流动资产的周转情况，从而对该公司流动资产营运能力的强弱、生产经营资金的结构是否合理等作出客观评价。

任务实施

【数据处理】——流动资产周转率

1. 新建 Excel 表，将本教材附带的 Excel 表——北京欣悦公司 2022 年、2023 年资产负债表和利润表复制粘贴至 Sheet1~Sheet4，并分别重命名。在 Sheet5 中创建"流动资产营运能力计算分析表"，求 2022 年、2023 年流动资产周转率，分别如图 4-1-1 和图 4-1-2 所示。

图 4-1-1　北京欣悦公司 2022 年、2023 年财务报表

流动资产营运能力计算分析表			
指　标	2022年	2023年	
流动资产周转率（次数）			
流动资产周转天数			
存货周转率（次数）			
存货周转天数			
应收账款周转率（次数）			
应收账款周转天数			

图 4-1-2　2022 年、2023 年流动资产营运能力计算分析表

2. 在"流动资产营运能力计算分析表"中，把输入法切换至英文半角状态，计算 2022 年流动资产周转率。操作如下：单击 B3 单元格，输入"＝"。单击"2022 年利润表"，选中 B4 单元格（即营业收入本期数），输入"/"和"("。单击"2022 年资产负债表"，选中 B15 单元格，输入"+"。选中 C15 单元格（分别为 2022 年流动资产年末数和年初数），再依次输入")""/"和"2"，按 Enter 键。选中 B3 单元格，右击，选择"设置单元格格式"→"数字"→"数值"→"小数位数：2"，计算出 2022 年流动资产周转率（次数），操作如图 4-1-3 所示。求 2023 年流动资产周转率的方法同 2022 年，操作略，计算结果如图 4-1-4 所示。

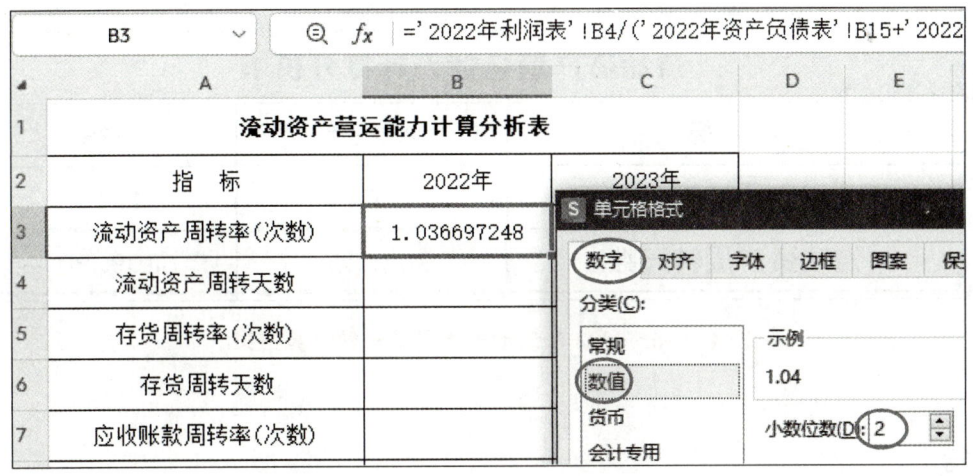

图 4-1-3　2022 年流动资产周转率计算

图 4-1-4　2023 年流动资产周转率计算结果

3. 求2022年、2023年流动资产周转天数。

计算2022年流动资产周转天数：单击B4单元格，输入"＝360/"。选中B3单元格，按Enter键。单击B3单元格，单击"格式刷"，单击B4单元格，即得出2022年流动资产周转天数，操作如图4-1-5所示。选中B4单元格，将光标移到右下角，出现"+"，拖动"+"至C4单元格，即得出2023年流动资产周转天数，计算结果如图4-1-6所示。

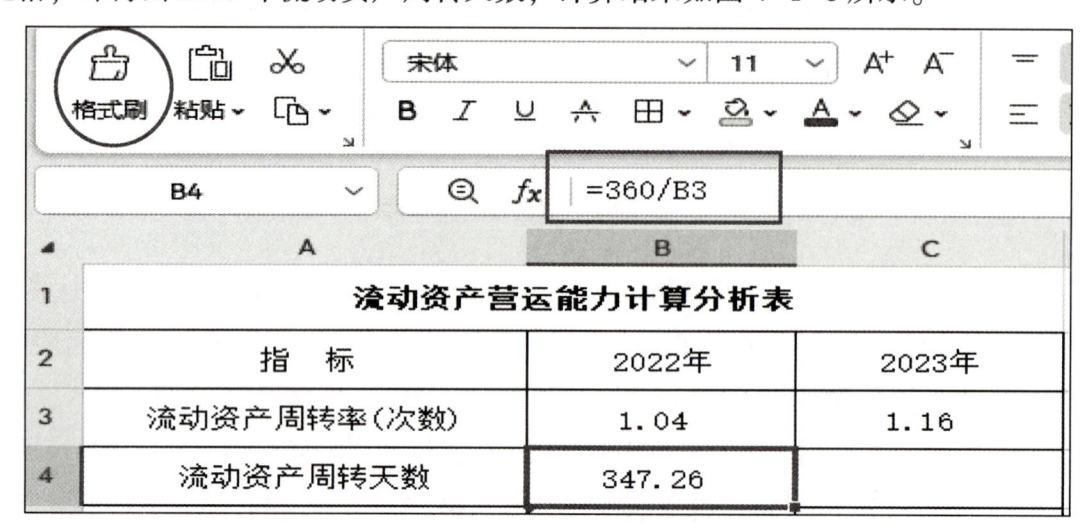

图4-1-5　2022年流动资产周转天数公式

图4-1-6　2023年流动资产周转天数计算结果

知识链接

（1）流动资产周转率是指企业一定时期（通常为1年）的营业收入与流动资产平均余额的比值，用于衡量企业流动资产周转速度的快慢和管理效率的高低。它有两种表示方式，即流动资产周转次数（习惯上称之为流动资产周转率）和流动资产周转天数。

（2）计算公式为：

①流动资产周转次数＝营业收入/流动资产平均余额＝营业收入/（期初流动资产余额+期末流动资产余额）÷2

②流动资产周转天数=360/流动资产周转次数

（3）分析依据：流动资产周转率反映了流动资产的周转速度。流动资产周转天数是流动资产周转次数的逆指标。通常情况下，流动资产周转率越大，流动资产周转天数越短，说明企业流动资产的周转速度越快，表明企业流动资产利用率越高。要实现该指标的良性循环，应以营业收入的增长幅度超过流动资产的增长幅度为保证。

流动资产周转率

通过计算数据分析：北京欣悦公司流动资产周转次数从2022年的1.04次到2023年的1.16次，一年多周转了0.12次，呈微增趋势；流动资产周转天数从2022年的347.26天到2023年的309.90天，周转一次所需的时间缩短了37.36天，呈走低势头，说明该公司流动资产周转速度在加快。同时，通过计算得出，2023年的营业收入比2022年的增长19.28%〔(18 870-15 820)÷15 820×100%〕，而流动资产增幅为4.28%〔(4 145-4 976)÷3 976×100%〕，说明该公司投入更少的流动资金创造了更多的营业收入。由此可见，北京欣悦公司作为国家大力倡导的新型行业，流动资产利用效率较高，企业的流动资产营运能力呈上升态势。

运用和分析流动资产周转率指标时，应注意以下问题：

（1）流动资产周转指标是否合理，需结合企业历史水平、同行业平均水平进行衡量和评价。

（2）计算分析时，应保持分子营业收入和分母流动资产平均余额在时间上的一致性。

（3）需注意分析流动资产周转率的相关影响因素，即：

①货币资金。货币资金是企业流动性最强的资产，但它本身并不创造营业收入，因此，企业要确定合理的最佳货币资金持有量。

②应收账款。通常应收账款占企业流动资产的比重较大，其周转状况对流动资产周转具有较大影响，因此，在进行该指标分析时，需对应收账款周转情况进行分析，以提高流动资产周转率。

③存货。特别是生产制造企业，存货和流动资产的占比往往在一半以上，其周转状况对流动资产周转具有决定性影响。因此，提高存货周转率就能提高流动资产周转率。所以，在进行该指标分析时，需进行存货周转率分析。

流动资产周转率多少合理？是不是越高越好？为什么？

【数据处理】——存货周转率

操作演示

1. 打开"流动资产营运能力计算分析表",求 2022 年、2023 年存货周转率。

计算 2022 年存货周转率:单击 B5 单元格,输入"="。单击"2022 年利润表",选中 B7 单元格(即营业成本本期数),输入"/"。单击"2022 年资产负债表",选中 B13 单元格,输入"+"。选中 C13 单元格(分别为 2022 年存货年末数和年初数),在这两个加数公式前后输入"( )",再依次输入"/"和"2",按 Enter 键。单击 B4 单元格,单击"格式刷",单击 B5 单元格,即得出 2022 年存货周转率。求 2023 年存货周转率的方法同 2022 年,操作略。计算结果如图 4-1-7 所示。

	C5	fx	='2023年利润表'!B7/('2023年资产负债表'!B13+'2023年资产负债表'!C13)/2
	A	B	C
1	流动资产营运能力计算分析表		
2	指 标	2022年	2023年
3	流动资产周转率(次数)	1.04	1.16
4	流动资产周转天数	347.26	309.90
5	存货周转率(次数)	1.45	1.34

图 4-1-7　2022 年、2023 年存货周转率

2. 求 2022 年、2023 年存货周转天数。

计算 2022 年存货周转天数:单击 B6 单元格,输入"=360/",选中 B5 单元格,按 Enter 键。单击 B5 单元格,单击"格式刷",单击 B6 单元格,即得出 2022 年存货周转天数。接着选中 B6 单元格,将光标移到右下角,出现"+",拖动"+"至 C6 单元格,即得出 2023 年存货周转天数。计算结果如图 4-1-8 所示。

	B6	fx	=360/B5
	A	B	C
1	流动资产营运能力计算分析表		
2	指 标	2022年	2023年
3	流动资产周转率(次数)	1.04	1.16
4	流动资产周转天数	347.26	309.90
5	存货周转率(次数)	1.45	1.34
6	存货周转天数	248.18	267.71

图 4-1-8　2022 年、2023 年存货周转天数

项目四 营运能力分析

知识链接

（1）存货周转率，也称为存货利用率，是指企业一定时期内（通常为1年）营业成本与存货平均余额的比值，是用于衡量和评价企业供、产、销等各个环节管理状况的综合性指标。它有存货周转次数（习惯称之为存货周转率）和存货周转天数两种表现形式。

（2）计算公式为：

①存货周转率（次数）＝营业成本/存货平均余额＝营业成本/（期初存货余额＋期末存货余额）÷2

②存货周转天数＝360/存货周转次数

（3）分析依据：存货周转率反映企业的销售能力和存货周转速度。正常情况下，一定时期内存货周转次数越多，说明存货周转速度越快，企业经营管理效率越高，资产的流动性越强，企业的盈利能力越强；反之，则说明企业存货管理效率较低，存货占用资金多，盈利能力小。同理，存货周转天数越少，说明存货周转速度越快，但并非存货周转天数越低越好：存货过多，会占用资金；存货过少，又难以满足销售需要。

数据分析

存货周转率

通过计算数据分析：北京欣悦公司存货周转次数从2022年的1.45次到2023年的1.34次，一年少周转了0.11次，呈微降趋势；存货周转天数从2022年的248.18天到2023年的267.71天，周转一次所需要的时间多了19.53天，呈递增趋势，说明该公司存货周转速度有所下降，企业2023年存货管理效率不如2022年。同时，通过分析发现，企业2023年库存存货较前一年增长5.51%〔（22 220－2 106）÷2 106×100%〕，而营业成本却下降了2.02%〔（11 880－11 640）÷11 880×100%〕，说明该公司销售量下跌，销售情况欠佳，其原因有可能是持续的疫情给全球经济带来冲击而受到了影响。所以，在分析企业存货管理水平时，还应结合企业所处行业平均值来进行评价。

运用和分析存货周转率指标时，应注意以下问题：

（1）与企业历史水平、同行业水平进行比较分析。若发现存货周转率越来越慢，或其他不合理状况或发生大幅度变化，则需要结合其他数据分析判断企业是否存在会计造假情况。同时，在分析企业不同时期或不同企业的存货周转率时，还应注意存货计价方法及计算口径是否一致。

（2）应关注构成存货的产成品、在产品、原材料、自制半成品和周转材料间的比例关系及其周转次数。

（3）对存货周转率大小作出合理判断。一方面，存货周转率低，表明企业经营状况欠佳，而引起存货周转率低的主要原因有经营管理不善、产品滞销、囤积居奇等；另一方面，存货周转率过高，并不完全说明企业存货管理的成功，它可能是存货资金投入少、存货储备不足或商品降价销售等引起的。所以，在分析本指标时，应结合产业特征、市场行情及企业自身特点而定。

思考探究

1. 该公司存货周转率下降，是否意味着其经营管理出现问题？为什么？
2. 一个企业的存货周转率是不是越高越好？为什么？

【数据处理】——应收账款周转率

1. 打开"流动资产营运能力计算分析表"，求2022年、2023年应收账款周转率。

计算2022年应收账款周转率：单击B7单元格，输入"="。单击"2022年利润表"，选中B4单元格（即营业收入本期数），输入"/"。单击"2022年资产负债表"，选中B10单元格，输入"+"。选中C10单元格（分别为2022年应收账款年末数和年初数），在这两个加数公式前后输入"（）"，再依次输入"/"和"2"，按Enter键。单击B6单元格，单击"格式刷"，单击B7单元格，即得出2022年应收账款周转率。求2023年应收账款周转率的方法同2022年，操作略。计算结果如图4-1-9所示。

操作演示

图4-1-9　2022年、2023年应收账款周转率

2. 求2022年、2023年存货周转天数。

计算2022年应收账款周转天数：单击B8单元格，输入"=360/"，选中B7单元格，按

Enter 键。再单击 B7 单元格，用"格式刷"单击 B8 单元格，即得出 2022 年应收账款周转天数。选中 B8 单元格，将光标移到右下角，出现"+"，拖动"+"至 C8 单元格，即得出 2023 年应收账款周转天数。计算结果如图 4-1-10 所示。

指　标	2022年	2023年
流动资产周转率（次数）	1.04	1.16
流动资产周转天数	347.26	309.90
存货周转率（次数）	1.45	1.34
存货周转天数	248.18	267.71
应收账款周转率（次数）	4.28	4.79
应收账款周转天数	84.20	75.17

流动资产营运能力计算分析表（B8 =360/B7）

图 4-1-10　2022 年、2023 年应收账款周转天数

知识链接

（1）应收账款周转率，是指企业一定时期内（通常为 1 年）营业收入净额与应收账款平均余额的比值，用于衡量企业应收账款周转速度。反映应收账款周转情况的比率有应收账款周转率（应收账款周转次数）和应收账款周转天数（即周转期）两种。

（2）计算公式为：

①应收账款周转率＝营业收入净额/应收账款平均余额＝营业收入净额/（期初应收账款余额＋期末应收账款余额）/2

②应收账款周转天数＝360/应收账款周转次数

（3）分析依据：应收账款周转率反映企业管理应收账款的效率。一般情况下，应收账款周转率越高，应收账款周转天数越短，说明应收账款的回收速度越快。这样不仅可以及时回收货款，避免坏账的可能，而且有利于提高企业资产的流动性，提高企业短期偿债能力，增加流动资产的投资收益。因此，该指标不仅是企业营运能力的表现，也是银行综合考虑企业还款能力的一个指标。但是，应收账款周转率并不是越高越好，须综合企业历史水平、同行业平均水平、赊销条件等作出客观评价。

财务数据分析

数据分析

应收账款周转率

通过计算数据分析：北京欣悦公司应收账款周转率从 2022 年的 4.28 次到 2023 年的 4.79 次，一年多周转了 0.51 次，呈上升趋势；应收账款周转天数从 2022 年的 84.20 天到 2023 年的 75.17 天，周转一次所需要的时间缩短了 9.03 天，呈下降趋势。这说明该公司应收账款周转速度加快，企业 2023 年应收账款运营效率比 2022 年有所提高。经对比分析，该公司 2023 年营业收入的增幅为 19.28%，应收账款增幅为 5.21%〔(1 010-960)÷960×100%〕，应收票据降幅达到 7.29%〔(398-369)÷398×100%〕，有可能减少的应收票据转为应收账款。所以，应收账款利用效率不能简单地评判为降低或提高，应结合企业报表的相关数据进行分析。但纵观本案例，该公司作为国家扶持的新能源公司，企业经营水平和收账能力有所提高，前景尚好。

运用和分析应收账款周转率指标时，应注意以下问题：

(1) 应收账款的减值准备问题。资产负债表中列示的是应收账款净额，而销售收入并没有减少。其结果是：应收账款计提的坏账准备越多，应收账款的周转率越高。这种情况下，指标越高，越反映出企业应收账款管理的问题。为此，当企业计提的应收账款坏账准备较大时，应予以调整，按未计提坏账的应收账款指标进行计算分析；财务报表附注中对坏账信息进行披露，作为调整的依据。

(2) 应收账款年末余额的可靠性问题。由于应收账款余额反映的是特定时点的存量，容易受季节性、偶然性和人为因素影响。所以，在运用该指标评价时，最好使用多时点的平均数，以减少其影响。

(3) 影响应收账款周转率的因素。影响因素包括企业信用政策、客户财务状况、客户信用等级等。因此，在运用该指标分析时，应分析其变动原因，针对不同原因采取相应措施。

(4) 应收账款周转率的评价标准。一般而言，非商品流通企业的应收账款周转率应达到 3~4 次/年以上；商品流通企业应收账款周转率应该达到 6~8 次/年以上。但在实际工作中，目前并无统一标准，并非纯粹越快越好。因为应收账款周转率过高，可能是由企业信用政策、付款条件过于苛刻引起的，这种情况就会对扩大销售、提高市场占有率不利。因此，实际分析时，应结合企业历史水平或同行业平均水平等进行对比，从而作出客观评价。

思考探究

若北京欣悦公司 2023 年营业收入保持以上增幅，但应收账款较上一年却有较大的降幅，说明什么问题？企业该如何处理？

项目四　营运能力分析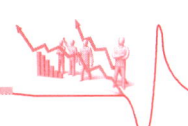

任务拓展

请同学们将以上案例的各财务指标数据绘制成折线图，通过图表观察相关指标之间的关系。

1. 打开"流动资产营运能力计算分析表"，长按 Ctrl 键，框选表格内制作比率折线图所需的内容，单击"插入"→"全部图表"→"折线图"→"带有数据标记的折线图"，如图 4-1-11 所示。

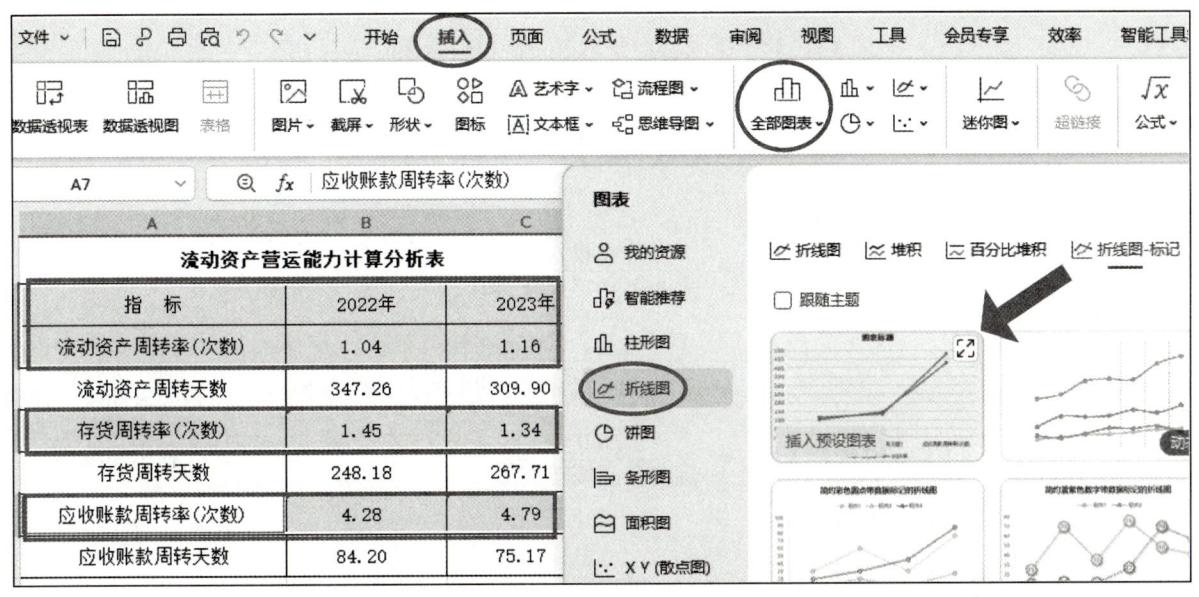

图 4-1-11　绘制比率折线图操作过程

2. 双击更改图文标题，完成流动资产周转率、存货周转率和应收账款周转率的关系图绘制，如图 4-1-12 所示。流动资产周转天数、存货周转天数和应收账款周转天数的关系图绘制操作同上，如图 4-1-13 所示。

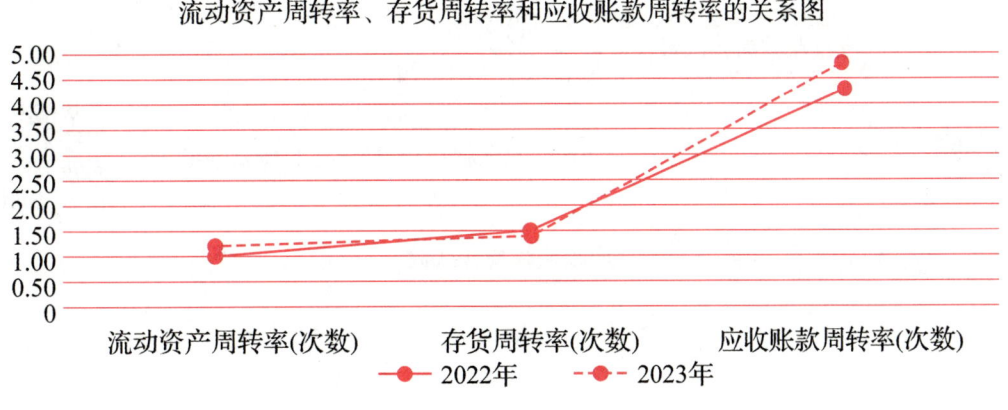

图 4-1-12　流动资产营运能力分析关系图（一）

145

财务数据分析

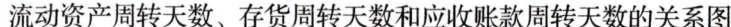

流动资产周转天数、存货周转天数和应收账款周转天数的关系图

图 4-1-13　流动资产营运能力分析关系图（二）

任务总结

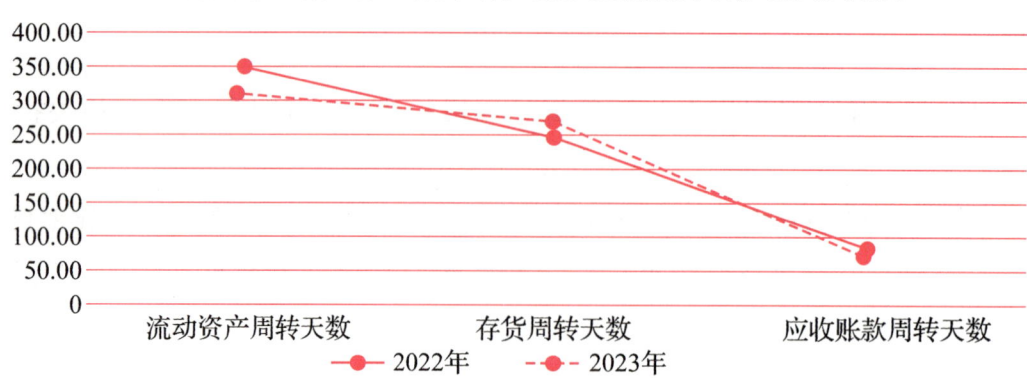

流动资产营运能力分析

- 流动资产周转率
  - 流动资产周转次数 = 营业收入 / 流动资产平均余额
  - = 营业收入 / ((期初流动资产余额+期末流动资产余额)/2)
  - 流动资产周转天数 = 360 / 流动资产周转次数

  通常情况下，流动资产周转次数越多，流动资产周转天数越少，说明企业流动资产周转速度越快，表明企业流动资产利用率越高

- 存货周转率
  - 存货周转次数 = 营业成本 / 存货平均余额
  - = 营业成本 / ((期初存货余额+期末存货余额)/2)
  - 存货周转天数 = 360 / 存货周转次数

  通常情况下，一定时期内存货周转次数越多，存货周转天数越少，说明企业存货周转速度越快，表明企业存货管理效率越高

- 应收账款周转率
  - 应收账款周转次数 = 营业收入净额 / 应收账款平均余额
  - = 营业收入净额 / ((期初应收账款余额+期末应收账款余额)/2)
  - 应收账款周转天数 = 360 / 应收账款周转次数

  通常情况下，应收账款周转率越高，应收账款周转天数越少，说明应收账款的回收速度越快

任务检测

一、单选题

1. 赊销收入净额与应收账款平均余额之比是（　　）。

   A. 应收账款周期率　　　　　　　　B. 存货周期率

   C. 应收账款同期天数　　　　　　　D. 存货周转天数

2. 应收账款周转天数是 360 天与（　　）。

   A. 应收账款周转率之比　　　　　　B. 赊销收入之比

   C. 赊销净额之比　　　　　　　　　D. 平均应收账款余额之比

3. 一定时期内企业销货或主营业务成本与存货平均余额之比，是指（　　）。

   A. 应收账款周转率　　　　　　　　B. 存货周转率

   C. 应收账款周转天数　　　　　　　D. 存货周转天数

4. 某企业某年年初存货余额为 125 万元，年末 175 万元；主营业务成本 450 万元。年末存货周转天数是（　　）。

   A. 100 天　　　　B. 120 天　　　　C. 180 天　　　　D. 360 天

5. 下列各项中，不属于反映流动资产周转情况的指标是（　　）。

   A. 应收账款周转率　　　　　　　　B. 存货周转率

   C. 流动资产周转率　　　　　　　　D. 坏账准备比率

6. 某公司 2023 年销售净收入 314 500 元，应收账款年末数为 18 000 元，年初数为 16 000 元，其应收账款周转次数是（　　）次。

   A. 10　　　　　　B. 15　　　　　　C. 18.5　　　　　D. 20

二、多选题

1. 企业管理当局分析营运能力的目的是（　　）。

   A. 优化资产结构　　　　　　　　　B. 优化资本结构

   C. 加速资金周转　　　　　　　　　D. 加速存货周转

   E. 优化资本成本

2. 反映企业流动资产周转情况的指标主要包括（　　）。

   A. 应收账款周转率　　　　　　　　B. 存货周转率

   C. 流动资产周转率　　　　　　　　D. 营运成本

3. 下列各项关于应收账款周转率的说法，正确的是（　　）。

   A. 应收账款周转率越高，应收账款收回的可能性越大

   B. 应收账款周转率越高，发生坏账的可能性也就越小

   C. 应收账款周转率越低，应收账款的流动性越强

D. 应收账款周转率越高，应收账款收回得越不顺畅

E. 应收账款周转率越低，发生坏账的可能性也就越大

4. 下列各项关于存货周转情况的分析，正确的有（　　）。

A. 存货周转率越高，存货周期天数越短

B. 存货水平太低可能会导致缺货，影响企业的正常生产

C. 存货周期率越低，说明存货周转得不够顺畅

D. 存货周转率越高，说明存货周转越快，存货的流动性越强

E. 存货周转率过高，可能是企业的存货水平太低所致

5. 存货周转率偏低的原因主要包括（　　）。

A. 应收账款增加   B. 大量赊销

C. 产品滞销   D. 销售政策发生变化

三、业务题

1. 某公司流动资产情况见表 4-1-1。

表 4-1-1　某公司流动资产情况表　　　　　　　　　　　　　　　　万元

项目	上年	本年
营业收入		31 420
营业成本		21 994
流动资产合计	13 250	13 846
其中：存货	6 312	6 148
应收账款	3 548	3 216

分析要求：

（1）计算流动资产周转率。

（2）计算存货周转率。

（3）计算应收账款周转率。

2. 乙公司 2021—2023 年有关财务数据见表 4-1-2。

表 4-1-2　乙公司 2021—2023 年财务数据　　　　　　　　　　　　万元

项目	2021 年	2022 年	2023 年
营业收入	80 000	90 000	85 000
营业成本	52 000	60 000	62 000
存货余额	29 000	32 000	36 000
流动资产平均余额	68 000	56 000	72 000

项目四 营运能力分析

要求：根据表 4-1-2 中的资料在 Excel 中列表计算乙公司流动资产周转率、存货周转率，并分析变动情况的原因，同时注明计算公式。

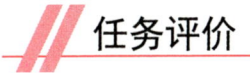任务评价

学生自我评价

班级：　　　　　　　　　　　姓名：　　　　　　　　　　　座号：

流动资产营运能力分析		自我评价	
^^	^^	我会了	我还有问题
流动资产周转率	计算公式		
^^	Excel 操作		
^^	数据分析		
存货周转率	计算公式		
^^	Excel 操作		
^^	数据分析		
应收账款周转率	计算公式		
^^	Excel 操作		
^^	数据分析		

指导教师评价

任务名称	考核项目	考核内容	评分		备注
^^	^^	^^	分值	得分	^^
流动资产营运能力分析	相关知识预习	认真预习，完成预习作业	10		
^^	教学过程	积极参与各项指标的 Excel 实操，在教学中学习专业知识和技能	20		
^^	课后练习	独立完成，正确表达	30		
^^	实训和学习的主动性	自主探究，团队协作	10		
^^	纪律性	遵守课堂纪律，尊师爱友	30		
总评			100		
指导教师签名：					年　　月　　日

149

任务二　固定资产营运能力分析

固定资产是企业主要的劳动手段，与其他资产相比，一般具有如下基本特点：使用期限长，占用资金多；投资风险高，收益能力强；集中投资，分期收回；价值分散转移。从以上特点可以看出，固定资产的管理目标是提高固定资产的使用效率。为此，固定资产管理中应做到：合理配置企业的固定资产，最大限度地实现物尽其用；遵循实物负责制原则，加强固定资产的实物管理。分析固定资产营运能力的主要指标有固定资产周转率和固定资产周转天数。

任务描述

请同学们根据北京欣悦公司 2023 年、2022 年的资产负债表和利润表（分别见项目一的表 1-1-1、表 1-1-2、表 1-1-4、表 1-1-5），运用 Excel 表格计算该公司 2022 年、2023 年固定资产营运能力的各项财务指标，分析企业一定时期内营业收入和固定资产的规模和结构，分析固定资产周转情况，从而对该公司固定资产营运能力情况、固定资产资金结构是否合理等作出客观评价。

任务实施

【数据处理】——固定资产周转率

1. 在任务一打开的 Excel 表中新增"固定资产营运能力计算分析表"，求 2022 年、2023 年固定资产周转率，如图 4-2-1 所示。

图 4-2-1　固定资产营运能力计算分析表

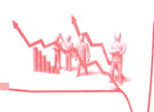

2. 在“固定资产营运能力计算分析表”中，把输入法切换至英文半角状态，计算 2022 年固定资产周转率：单击 B3 单元格，输入“=”。单击“2022 年利润表”，选中 B4 单元格（即营业收入本期数），输入“/”。单击“2022 年资产负债表”，选中 B19 单元格，输入“+”。选中 C19 单元格（分别为 2022 年固定资产年末数和年初数），然后在这两个加数公式前后输入“（）”，再依次输入“/”和“2”，按 Enter 键。选中 B3 单元格，右击，选择“设置单元格格式”→“数字”→“数值”→“小数位数：2”，计算出 2022 年固定资产周转率（次数）。求 2023 年固定资产周转率的方法同 2022 年，操作略。计算结果如图 4-2-2 所示。

C3　fx　=' 2023年利润表' !B4/(' 2023年资产负债表' !B19+' 2023年资产负债表' !C19)/2

	A	B	C
1	固定资产营运能力计算分析表		
2	指　标	2022年	2023年
3	固定资产周转率(次数)	0.93	1.06
4	固定资产周转天数		

图 4-2-2　2022 年、2023 年固定资产周转率

3. 求 2022 年、2023 年固定资产周转天数。计算 2022 年固定资产周转天数：单击 B4 单元格，输入“=360/”。选中 B3 单元格，按 Enter 键。再单击 B3 单元格，单击“格式刷”，单击 B4 单元格，即得出 2022 年固定资产周转天数。选中 B4 单元格，将光标移到右下角，出现“+”，拖动“+”至 C4 单元格，即得出 2023 年固定资产周转天数。计算结果如图 4-2-3 所示。

B4　fx　=360/B3

	A	B	C
1	固定资产营运能力计算分析表		
2	指　标	2022年	2023年
3	固定资产周转率(次数)	0.93	1.06
4	固定资产周转天数	387.81	339.51

图 4-2-3　2022 年、2023 年固定资产周转天数

知识链接

（1）固定资产周转率是指企业一定时期（通常为 1 年）的营业收入与固定资产平均净值的比值，用于衡量固定资产利用效率。它有固定资产周转次数（习惯称之为固定资产周转率）和固定资产周转天数两种表现形式。

（2）计算公式为：

①固定资产周转次数＝营业收入/固定资产平均净值＝营业收入/(期初固定资产净值+期末固定资产净值)/2

②固定资产周转天数＝360/固定资产周转次数

（3）分析依据：固定资产周转率反映了固定资产的周转情况。一般情况下，固定资产周转率越高越好。固定资产周转率越高，表明固定资产利用效率越高，闲置的固定资产越少，也表明企业固定资产投资得当，结构分布合理，经营较为有效；反之，则表明固定资产使用效率低，提供的生产成果不多，企业的营运能力不强。通常，固定资产周转天数的评价原则是以少为佳。固定资产周转天数越少，表明固定资产创造价值能力越强，利用效率越高。

数据分析

固定资产周转率

通过计算数据分析：北京欣悦公司固定资产周转次数从 2022 年的 0.93 次到 2023 年的 1.06 次，一年多周转了 0.13 次，呈微增趋势；固定资产周转天数从 2022 年的 387.81 天到 2023 年的 339.51 天，周转一次所需的时间缩短了 48.30 天，呈走低势头，说明该公司固定资产周转速度在加快，利用效率在提高。结合增幅分析原因：2023 年的营业收入比 2022 年的增长 19.28%〔(18 870－15 820)÷15 820×100%〕，而固定资产增幅仅为 1.22%〔(4 476－4 422)÷4 422×100%〕，表明公司 2023 年用更少的固定资产可以获取较多的营业收入，说明固定资产管理水平较高。由此可见，北京欣悦公司作为新型能源企业，固定资产利率效率较高，企业的固定资产营运能力呈上升态势，前景广阔。

运用和分析固定资产周转率指标时，应注意以下问题：

（1）注意企业的固定资产折旧方法和折旧年限。由于使用的是固定资产净值计算固定资产周转率，所以，即使是同样的固定资产，因折旧方法和折旧年限不同，会导致固定资产账面净值不同，从而影响固定资产周转率指标，造成人为的差异。因此，在利用本指标进行分析时，应注意其折旧方法是否一致。

（2）即使营业收入不变，由于固定资产净值逐年减少，固定资产周转率会呈现自然上升趋势，但这并不是企业经营管理水平提高的结果。现在有少部分教材已经用固定资产原值来取代净值，但是在评价一个企业在特定时点的固定资产周转率水平的时候，用相同的方式计算出的指标才具备可比性。无论是和同行业水平比较，还是与本企业的历史水平比较，在进行评价时都需要注意这个问题，否则得出的结论难免有失偏颇。

（3）由于固定资产单位价值较高，因而其增加往往不是渐进的，而是陡然上升的，这会导致固定资产周转率突然出现较大变化。

（4）企业固定资产一般采用历史成本记账，在企业的固定资产、销售等均未发生变化的情况下，也可能会因通货膨胀而导致固定资产周转率提高，而实际上企业固定资产利用率并无变化。

（5）在进行固定资产周转率比较时，固定资产的来源不同，将对该比率的大小产生重要影响。如果一家公司的厂房或生产设备是通过经营性租赁得来的，而另一家公司的固定资产全部是自有的，那么对这两家企业的固定资产周转率进行比较就会产生误导。在公司之间进行固定资产周转率比较时，将资产结构类似的公司数据进行比较，这样才有意义。

基于以上分析，在运用固定资产周转率进行分析前，必须充分结合固定资产的投资规模、资产结构、取得来源、折旧政策等多方面的情况加以考虑，这样分析结果才更有价值。

思考探究

如果北京欣悦公司2023年营业收入增幅低于2023年固定资产增幅，意味着什么？公司该怎么处理？

任务拓展

请同学们将以上案例的各项财务指标数据绘制成折线图，通过图表观察相关指标之间的关系。

1. 打开"固定资产营运能力计算分析表"，长按Ctrl键，框选表格内制作比率折线图所需的内容，单击"插入"→"全部图表"→"折线图"→"带有数据标记的折线图"，如图4-2-4所示。

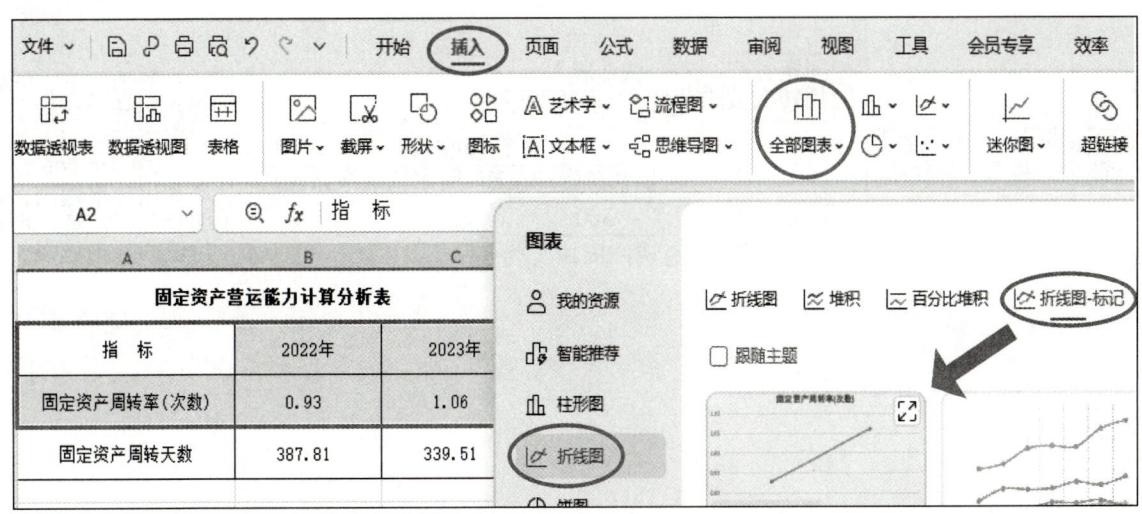

图 4-2-4　绘制比率折线图

153

2. 双击更改图文标题，完成固定资产周转率折线图绘制，如图 4-2-5 所示。固定资产周转天数折线图绘制操作同上，如图 4-2-6 所示。

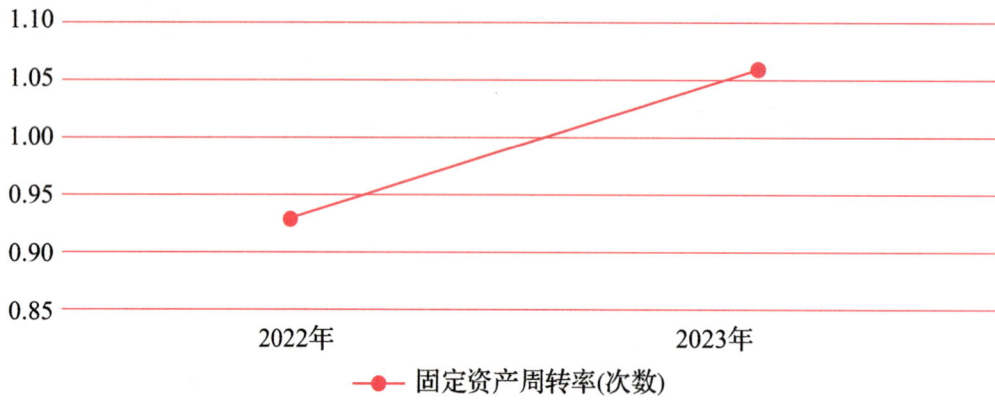

图 4-2-5　固定资产周转率折线图

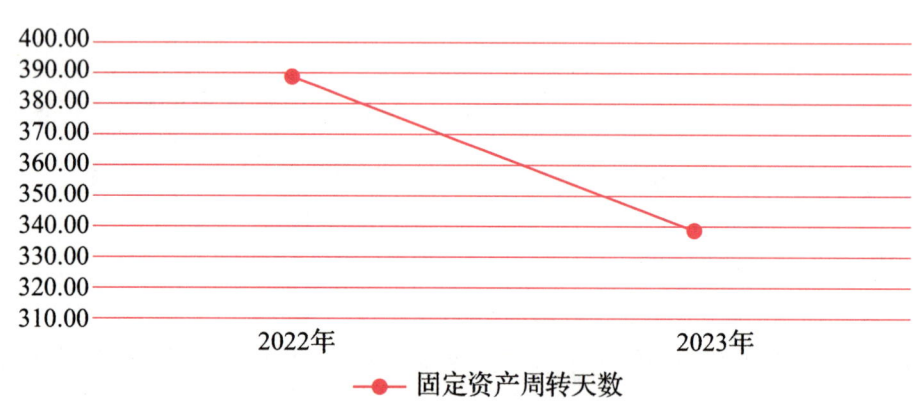

图 4-2-6　固定资产周转天数折线图

任务总结

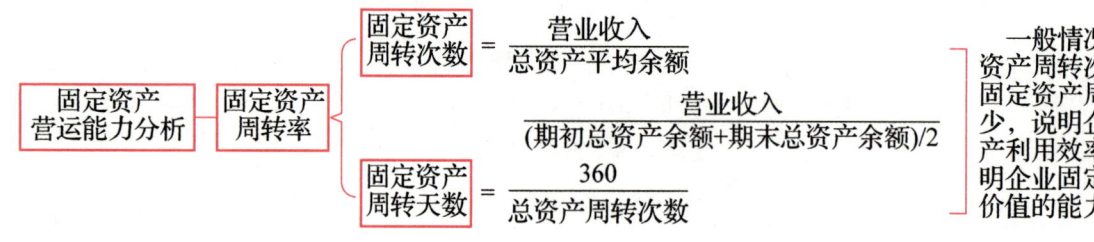

任务检测

一、单选题

1. 计算固定资产周转率时，使用的固定资产期初余额和期末余额是指固定资产的（　　）。

A. 净值　　　　　　　　　　　　B. 原值
C. 公允价值　　　　　　　　　　D. 重置价值

2. 某企业某年末营业收入总额为 500 万元，其中，兼营业务的比重为 40%；期初固定资产原值为 600 万元，累计折旧 150 万元；期末固定资产原值为 80 万元，累计折旧 250 万元。则期末固定资产周转率为（　　）。

A. 1　　　　B. 0.4　　　　C. 0.6　　　　D. 0.7

3. 下列有关企业固定资产的表述中，不正确的是（　　）。

A. 一般情况下，固定资产周转率越高越好

B. 固定资产周转率越高，说明企业固定资产利用越充分

C. 固定资产周转率越高，说明企业固定资产投资得当

D. 固定资产周转天数越多，说明企业的经营活动越有效

4. 以下不属于固定资产周转基本特点的是（　　）。

A. 固定资产变现能力差　　　　B. 固定资产占用资金量大，回收时间长
C. 固定资产变现能力强　　　　D. 固定资产集中投资，分散收回

5. 下列指标中，不能反映固定资产周转效率的是（　　）。

A. 固定资产周转率　　　　　　B. 固定资产周转天数
C. 固定资产周转次数　　　　　D. 固定资产产值率

二、业务题

1. 分析资料。

某公司固定资产利用效果指标见表 4-2-1。

表 4-2-1　某公司固定资产利用效果指标　　　　　　　　　单位：万元

项目	上年	本年
营业收入		275 368
固定资产净值	86 450	94 370
其中：生产用固定资产净值	58 786	66 059
应收账款	32 332	39 635

2. 分析要求。

计算固定资产周转率。

财务数据分析

任务评价

学生自我评价

班级：　　　　　　　　姓名：　　　　　　　　座号：

固定资产营运能力分析		自我评价	
^^	^^	我会了	我还有问题
固定资产周转率	计算公式		
^^	Excel 操作		
^^	数据分析		

指导教师评价

任务名称	考核项目	考核内容	评分		备注
^^	^^	^^	分值	得分	^^
固定资产营运能力分析	相关知识预习	认真预习，完成预习作业	10		
^^	教学过程	积极参与各项指标的 Excel 实操，在教学中学习专业知识和技能	20		
^^	课后练习	独立完成，正确表达	30		
^^	实训和学习的主动性	自主探究，团队协作	10		
^^	纪律性	遵守课堂纪律，尊师爱友	30		
总评			100		
指导教师签名：				年　　月　　日	

任务三　总资产营运能力分析

反映企业总资产营运情况的指标是总资产周转率。总资产周转率是综合评价企业全部资产营运能力最有代表性的指标，它有两种表现形式，分别是总资产周转次数和总资产周转天数。

任务描述

请同学们根据北京欣悦公司 2023 年、2022 年的资产负债表和利润表（分别见项目一的表

项目四 营运能力分析

1-1-1、表 1-1-2、表 1-1-4、表 1-1-5），运用 Excel 表格计算该公司 2022 年、2023 年总资产营运能力的各项财务指标，分析企业一定时期内营业收入和总资产的规模与结构，分析总资产周转情况，从而对该公司全部资产营运能力情况作出客观评价。

任务实施

【数据处理】——总资产周转率

操作演示

1. 在任务一打开的 Excel 表中新增"总资产营运能力计算分析表"，求 2022 年、2023 年总资产周转率，如图 4-3-1 所示。

图 4-3-1　总资产营运能力计算分析表

2. 在"总资产营运能力计算分析表"中，把输入法切换至英文半角状态，计算 2022 年总资产周转率：单击 B3 单元格，输入"="。单击"2022 年利润表"。选中 B4 单元格（即营业收入本期数），输入"/"。单击"2022 年资产负债表"，选中 B26 单元格，输入"+"。选中 C26 单元格（分别为 2022 年总资产年末数和年初数），在这两个加数公式前后输入"（）"，再依次输入"/"和"2"，按 Enter 键。选中 B3 单元格，右击，选择"设置单元格格式"→"数字"→"数值"→"小数位数：2"，即得出 2022 年总资产周转率（次数）。求 2023 总资产周转率的方法同 2022 年，操作略。计算结果如图 4-3-2 所示。

157

C3　=' 2023年利润表' !B4/(' 2023年资产负债表' !B26+' 2023年资产负债表' !C26)/2

总资产营运能力计算分析表		
指　标	2022年	2023年
总资产周转率(次数)	0.39	0.43
总资产周转天数		

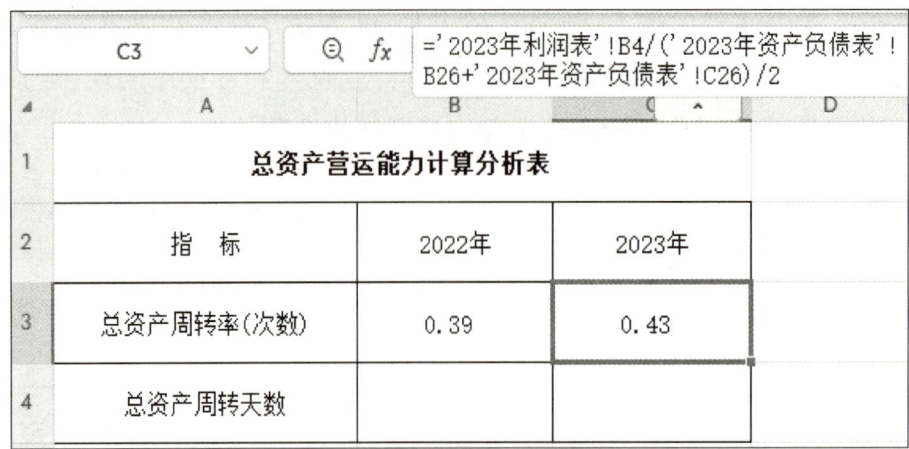

图 4-3-2　2022 年、2023 年总资产周转率

3. 求 2022 年、2023 年总资产周转天数。

计算 2022 年总资产周转天数：单击 B4 单元格，输入“=360/”，选中 B3 单元格，按 Enter 键。再单击 B3 单元格，单击“格式刷”，单击 B4 单元格，即得出 2022 年总资产周转天数。选中 B4 单元格，将光标移到右下角，出现“+”，拖动“+”至 C4 单元格，即得出 2023 年总资产周转天数。计算结果如图 4-3-3 所示。

B4　=360/B3

总资产营运能力计算分析表		
指　标	2022年	2023年
总资产周转率(次数)	0.39	0.43
总资产周转天数	920.48	830.19

图 4-3-3　2022 年、2023 年总资产周转天数

知识链接

（1）总资产周转率是指企业一定时期（通常为 1 年）的营业收入与总资产平均余额的比值，用于衡量企业运用资产赚取利润的能力。它有周转次数（习惯称之为总资产周转率）和周转天数两种表现形式。

（2）计算公式为：

①总资产周转次数=营业收入/总资产平均余额=营业收入/[(期初总资产余额+期末总资产余额)÷2]

②总资产周转天数=360/总资产周转次数

项目四　营运能力分析

（3）分析依据：总资产周转率反映了企业对全部资产的利用效率。一般情况下，总资产周转次数越多或总资产周转天数越短，说明企业全部资产的利用效果越好，企业经营管理水平越高，就会给企业带来更多的收益，从而提高企业的盈利能力和偿债能力；反之，则表明企业利用全部资产进行经营的效率越低，造成了资金浪费，影响了企业的盈利能力。

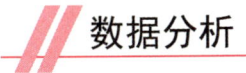数据分析

总资产周转率

通过计算数据分析：北京欣悦公司总资产周转次数从2022年的0.39次到2023年的0.43次，一年多周转了0.04次，呈微增趋势；总资产周转天数从2022年的920.48天到2023年的830.19天，周转一次所需的时间少了90.29天，呈走低势头，说明该公司总资产周转速度在加快，利用效率在提高。同时，对比收入增长率情况和总资产增长率情况可知：公司2023年的营业收入增长率为19.28%，大于总资产增长率6.04%，反映公司本年用更少的总资产获取了较多的收益，基本可以判定其总资产管理效率得到提高，应进一步分析原因，总结经验。但仅靠总资产周转率这一个指标很难找出总资产周转率提高的原因，还需对资产负债表中相对重要的每一项资产的周转率单独分析，从而对总资产利用效果作出全面评价。

运用和分析总资产周转率指标时，应注意以下问题：

（1）注意对企业总资产内部结构变化进行分析。如周转率较高，可能是企业总资产太少引起的，也可能是因为处置多余、闲置不用的资产而导致资产利用效率的提高。如果企业总资产周转率突然上升，而企业的销售收入并无多大变化，也有可能是企业报废了大量固定资产造成的，并非因为资产利用率提高。

（2）计算总资产平均余额时，如果企业资金占用流动性较大，总资产平均余额应采用更详细的资料进行计算，如按月或按季度计算。

（3）在进行总资产周转率分析时，应该与企业以前年度的实际水平、同行业平均水平等进行对比分析，从中寻找差距，挖掘企业潜力，提高资产营运效率。

（4）总资产周转率计算公式中的分子是指营业收入额，分母是各项资产的总和，包括流动资产与非流动资产。其中，总资产中的对外投资（交易性金融资产、持有至到期投资等）给企业带来的是投资收益，未形成营业收入，可见公式中的分子、分母口径并不一致，这也会导致这一指标前后各期及不同企业之间会因资产结构不同而失去可比性。

总资产周转率是综合评价企业全部资产经营质量和利用效率的重要指标。但是总资产是由各项资产组成的，在销售收入既定的情况下，总资产的驱动因素是各项资产。因此，对总资产周转情况的分析，应结合各项资产的周转情况，以发现影响资产周转的主要因素。

思考探究

在利用总资产周转率评价企业全部资产营运能力时，需要注意哪些问题？

任务拓展

请同学们将以上案例的各项财务指标数据绘制成折线图，通过图表观察相关指标之间的关系。

1. 打开"总资产营运能力计算分析表"，长按 Ctrl 键，框选表格内制作比率折线图所需的内容，单击"插入"→"全部图表"→"折线图"→"带有数据标记的折线图"，如图 4-3-4 所示。

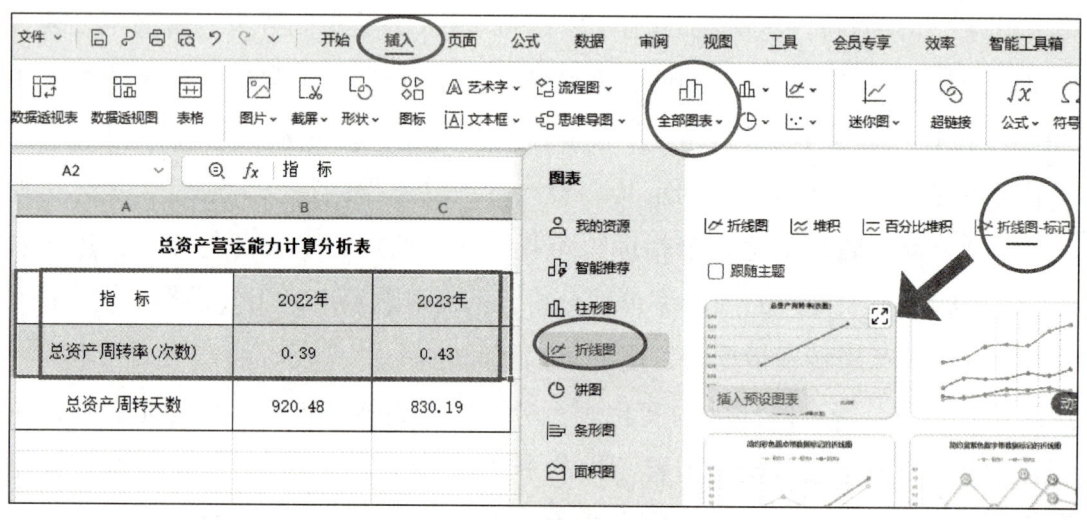

图 4-3-4　绘制比率折线图

2. 双击更改图文标题，完成总资产周转率折线图绘制，如图 4-3-5 所示。总资产周转天数折线图绘制操作同上，如图 4-3-6 所示。

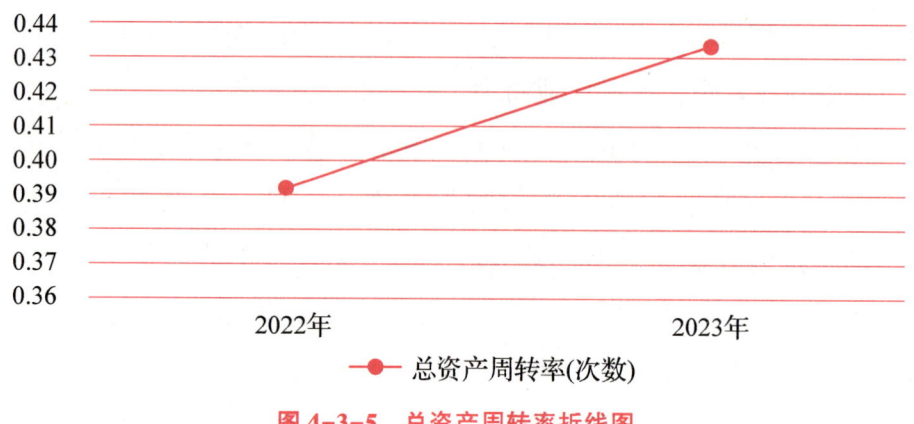

图 4-3-5　总资产周转率折线图

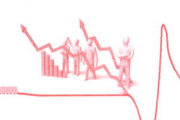

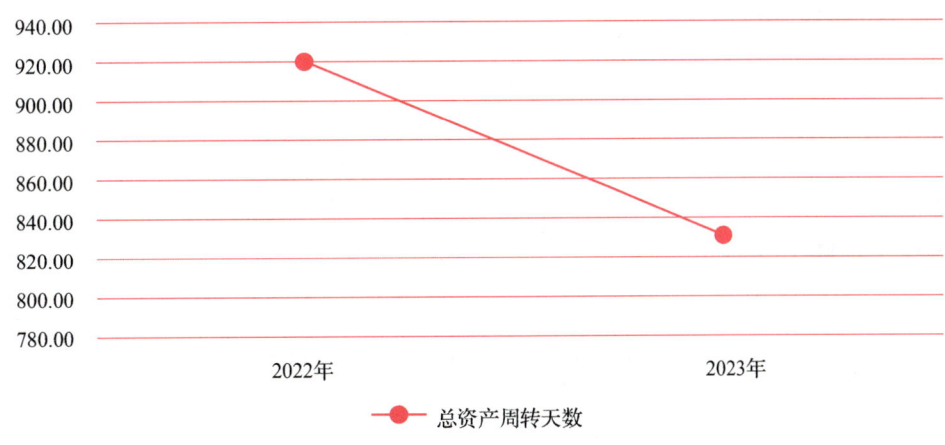

图 4-3-6　总资产周转天数折线图

任务总结

总资产营运能力分析——总资产周转率：

- 总资产周转次数 $= \dfrac{\text{营业收入}}{\text{总资产平均余额}} = \dfrac{\text{营业收入}}{(\text{期初总资产余额}+\text{期末总资产余额})/2}$
- 总资产周转天数 $= \dfrac{360}{\text{总资产周转次数}}$

一般情况下，总资产周转次数越多，周转天数越少，说明企业全部资产的利用效果越好，企业经营管理水平越高

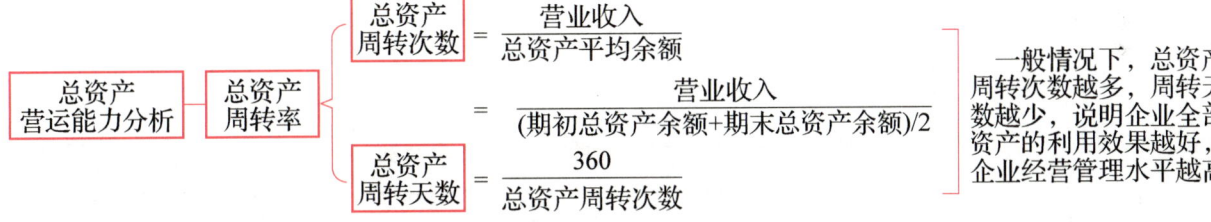

任务检测

一、单选题

1. 流动资产周转率与流动资产占资产平均比重的乘积等于（　　）。

A. 总资产周转率

B. 固定资产周转率

C. 无形资产周转率

D. 流动资产周转天数

2. 下列关于总资产周转率指标的说法中，不正确的（　　）。

A. 总资产周转率是企业对全部资产的运用效率

B. 总资产周转率是企业的全部资产价值在一定时期内完成周转的次数

C. 总资产周转率指标反映的是企业每 1 元资产赚取收入的能力

D. 总资产周转率可用于衡量企业的偿债能力

3. 总资产周转率数值越大，说明（　　）。

A. 企业全部资产的周转速度越慢

B. 资产的运用效率越差

C. 资产会给企业带来更多的收益

D. 企业的盈利能力、偿债能力都会下降

4. 某公司2023年销售收入净额为58 520万元，年末总资产占用额为20 120万元，年初总资产占用额为16 500万元，则总资产周转率为（　　）。

A. 3.5　　　　B. 3.2　　　　C. 3.8　　　　D. 2.9

5. 当企业总资产周转率等于1.8时，会引起该指标下降的经济业务是（　　）。

A. 销售商品取得收入

B. 借入一笔短期借款

C. 用银行存款购入一台设备

D. 用银行存款支付一年的电视费

二、业务题

1. 分析资料。

某公司营业收入和总资产情况见表4-3-1。

表4-3-1　某公司营业收入和总资产情况　　　　单位：万元

项目	上年	本年
营业收入	29 312	31 420
总资产	28 423	28 645

2. 分析要求。

计算本年该公司总资产周转率。

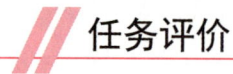

任务评价

学生自我评价

班级：　　　　　　　　姓名：　　　　　　　　座号：

总资产营运能力分析		自我评价	
^^	^^	我会了	我还有问题
总资产周转率	计算公式		
^^	Excel操作		
^^	数据分析		

项目四 营运能力分析

指导教师评价

任务名称	考核项目	考核内容	评分 分值	评分 得分	备注
总资产营运能力分析	相关知识预习	认真预习,完成预习作业	10		
	教学过程	积极参与各项指标的Excel实操,在教学中学习专业知识和技能	20		
	课后练习	独立完成,正确表达	30		
	实训和学习的主动性	自主探究,团队协作	10		
	纪律性	遵守课堂纪律,尊师爱友	30		
总评			100		
指导教师签名:			年 月 日		

任务四　营运能力综合分析

企业资金周转状况的好坏,既是企业购、产、销各方面活动的结果,也是企业生产经营工作质量和效果的反映。通过营运能力分析,可以了解企业的经营状况和管理水平,发现问题,采取措施,规避财务风险。本项目前3个任务已分别对北京欣悦公司的流动资产营运能力、固定资产营运能力和总资产营运能力进行分析,但这些分析是独立的,不够系统、全面。要客观地评价企业的营运能力,不仅需要关注企业的相关背景资料、行业性质、地位,还要将以上5个财务指标结合起来分析,并对照行业标准进行综合分析。

任务描述

同学们在学习了北京欣悦公司的营运能力分析之后,不禁发出疑问:是否可以简单地从财务指标数据的大小直观地判定一家企业营运能力的高低?营运能力的上述5个财务指标之间是否存在一定的关联性?该如何客观地评价这家企业资产营运能力的高低?

请同学们运用Excel表格计算并做如下分析:

1. 利用流动资产周转率、存货周转率、应收账款周转率、固定资产周转率和总资产周转率5个指标对北京欣悦公司2021—2023年的营运能力进行综合分析。

2. 将北京欣悦公司2021—2023年营运能力指标与行业均值进行对比分析。

财务数据分析

任务实施

【数据处理】——北京欣悦公司 2021—2023 年的流动资产周转率、存货周转率、应收账款周转率、固定资产周转率和总资产周转率

1. 新建 Excel 表格，将本教材附带的 Excel 表——北京欣悦公司 2021—2023 年的资产负债表和利润表分别复制粘贴至 Sheet1~Sheet6，并重命名。在 Sheet7 中创建"营运能力综合计算分析表"（表 4-4-1）。

表 4-4-1　营运能力综合计算分析表

指标	2021 年	2022 年	2023 年
流动资产周转率			
存货周转率			
应收账款周转率			
固定资产周转率			
总资产周转率			

2. 在"营运能力综合计算分析表"中，计算北京欣悦公司 2021—2023 年的流动资产周转率、存货周转率、应收账款周转率、固定资产周转率和总资产周转率，计算结果见表 4-4-2。操作步骤请参照此前任务讲解，此处不再赘述。

表 4-4-2　营运能力综合计算分析表计算结果

指标	2021 年	2022 年	2023 年
流动资产周转率	1.35	1.04	1.16
存货周转率	1.94	1.45	1.34
应收账款周转率	5.43	4.28	4.79
固定资产周转率	0.99	0.93	1.06
总资产周转率	1.06	0.39	0.43

3. 通过以上计算，可以将北京欣悦公司 2021—2023 年营运能力的 5 个营运能力综合指标绘制成折线图，如图 4-4-1 所示。

164

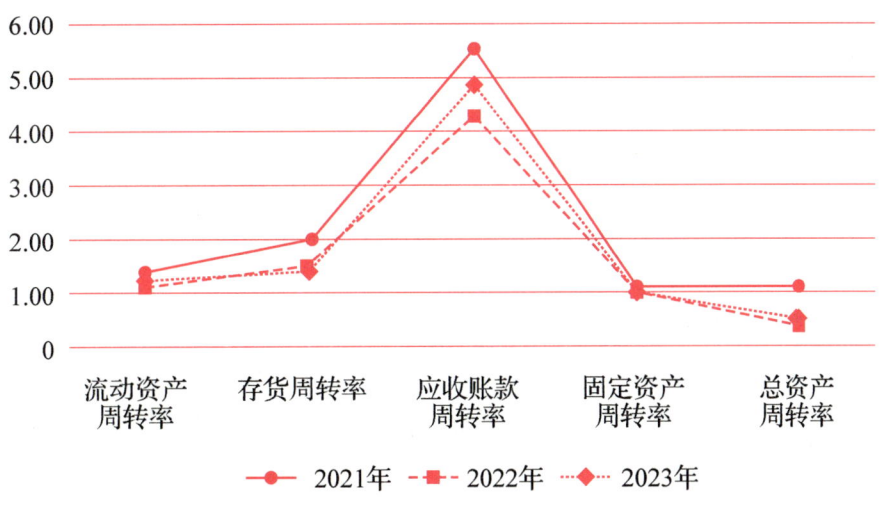

图 4-4-1　2021—2023 年营运能力综合指标关系图

知识链接

资产营运能力又被称为资产管理效率或资产运营状况，是指企业利用现有资源创造效益的能力。由于企业的资产营运能力反映了企业资金周转状况和经营管理水平，直接关系到资本增值的程度，同时，也会对企业偿债能力、获利能力构成影响。所以，资产营运能力分析对财务信息使用者有着重要意义和作用。

1. 有利于促使企业经营者改善经营管理。通过企业营运能力分析，既有助于企业经营者预测未来的财务状况和可能存在的财务危机，准确地做出财务决策和预算；也有利于经营者了解经营活动中的资产需求情况，合理配置和使用各项经济资源，使资产规模与生产经营规模相适应，加快资金周转速度。

2. 有助于投资者进行投资决策。通过企业营运能力分析，有助于企业投资者或潜在投资者判断企业财务安全性、资本的保全程度及资产的收益能力，有助于进行相应的投资决策。

3. 有助于债权人进行信贷决策。通过资产营运能力分析，债权人可对企业对债务本息的偿还能力有更直接的认识，有助于判明其债权的物质保障程度或其安全性，从而进行相应的信贷决策。

同样，对于其他与企业有密切经济利益关系者而言，也有着重要意义：有助于政府和有关管理部门判明企业经营是否稳定，财务状况是否良好，这将有利于宏观管理、控制和监管；对业务关联企业而言，有助于判明企业是否有足够合格的商品供应和足够的支付能力，也即判明企业的供销能力及其信用状况是否可靠，以确定可否建立长期稳定的业务合作关系或者所能给予的信用政策的松紧度。

财务数据分析

数据分析

北京欣悦公司2021—2023年营运能力指标综合分析

1. 流动资产周转率和存货周转率的综合分析。

通过分析2021—2023年的资产负债表可以得出，北京欣悦公司这3年存货占流动资产的比重分别为54.43%（1 989/3 654）、52.97%（2 106/3 976）、53.59%（2 222/4 146），均达到一半以上。任务一中提到，对于存货占流动资产比重超过一半以上的企业，存货周转状况对流动资产周转具有重要影响。

从"营运能力综合计算分析表"可以看出，北京欣悦公司2021—2023年的存货周转率呈逐年微降趋势，受之影响，流动资产周转率也呈先抑微仰态势。2023年流动资产周转率之所以比2022年的高，是因为2023年营业收入的增幅19.28%比流动资产增幅4.28%高些（详见任务一中的分析）。但纵观"2021—2023年营运能力综合指标关系图"可以看出，北京欣悦公司2021—2023年的流动资产周转率和存货周转率较为稳定，公司营运状况较为平稳。同时，对比分析企业2021—2023年存货增长率（分别为192.50%、5.88%、5.51%）和营业成本增长率（分别为4.01%、14.45%、-2.02%）发现，北京欣悦公司2021年存货增长过快，远远超过营业成本当年的增速，可能是企业管理当局预测存货将升值、囤积居奇，导致存货增长过快。

2. 流动资产周转率和应收账款周转率的综合分析。

任务一中指出，应收账款占企业流动资产的比重通常较大，其周转状况对流动资产周转具有较大影响。通过分析2021—2023年的资产负债表可以得出，北京欣悦公司2021—2023年应收账款占流动资产的比重分别为24.36%（890/3 654）、24.14%（960/3 976）、24.36%（1 010/4 146），加上存货占流动资产的比重，对流动资产周转率会产生很大的影响。从"营运能力综合计算分析表"可以看出，北京欣悦公司2021—2023年的应收账款周转率和流动资产周转率同时表现为先降后升，而且升降幅度基本接近（企业2023年、2022年应收账款周转率分别较上一年增加11.91%[(4.79-4.28)/4.28]、下降22.96%[(5.43-4.28)/5.43]，2023年、2022年流动资产周转率分别较上一年增加11.54%[(1.16-1.04)/1.04]、下降22.96%[(1.35-1.04)/1.35]。可见，对北京欣悦公司而言，应收账款周转情况对流动资产周转率的影响非常大，因此，该公司的信用政策、付款条件等都将会影响其流动资产周转率。

对比分析北京欣悦公司2021—2023年应收账款增长率（分别为122.50%、7.87%、5.21%）和营业收入增长率（分别为5.11%、13%、19.28%）可知，企业2021年应收账款的大幅增长和收入的小幅增加是因为企业采用了增加赊销的方式。企业经营过程中，采取赊销方式扩大市场占有率并无不可，但若授信额增幅过快、信用政策过于宽松，极易形成坏账。

所以，企业经营者应做好应收账款管理，并对照同行业平均水平，客观评价企业营运能力的好坏。

3. 流动资产周转率、固定资产周转率和总资产周转率的综合分析。

流动资产和固定资产是构成企业总资产的重要组成部分。分析北京欣悦公司2021—2023年的资产负债表得出，2021—2023年企业流动资产占总资产的比重分别为37.80%（3 654/9 665）、37.65%（3 976/10 560）、37.02%（4 146/11 198），固定资产占总资产的比重分别为42.41%（4 099/9 665）、41.88%（4 422/10 560）、39.97%（4 476/11 198），可见，2021—2023年该企业这两项资产均占企业总资产八成左右，它们的周转效率对总资产的周转起决定性影响。所以，从"营运能力综合计算分析表"可以看出，北京欣悦公司2021—2023年的总资产周转率随流动资产周转率、固定资产周转率一同呈现出先降后升之势。

与此同时，分析北京欣悦公司2021—2023年流动资产增长率（分别为136.35%、8.81%、4.28%）、固定资产增长率（分别为36.63%、7.88%、1.22%）、总资产增长率（分别为91.20%、9.26%、6.04%）和营业收入增长率（分别为5.11%、13%、19.28%）发现，公司2021年在流动资产较前一年增长136.35%、总资产增长91.20%的情况下，企业当年的营业收入仅增长5.11%，反映出该公司2021年资产利用效果较差。但反观2022年、2023年的营业收入增长率，均超过当年以上各项资产的增幅，反映出这两年企业资产的管理水平逐年向好。

综合分析结论：营运能力指标之间存在着一定的关联性。企业不能孤立、单一地通过某个指标评价企业营运能力，而应综合分析，结合以前年度的实际水平、报表中其他关联数据及企业所处的宏观经济背景等进行分析和评价。

思考探究

> 企业营运能力指标的逐年上升或下降是否意味着企业的营运能力水平较高或较弱？为什么？

【数据处理】——北京欣悦公司2021—2023年营运能力指标与行业均值对比分析

在Sheet8中创建"北京欣悦公司营运能力指标与行业均值对比分析表"（表4-4-3），在此表中填入相关数据。其中，行业均值的数据直接输入数值，本企业值的数据填入方法参照此前任务的操作步骤，不再赘述。

财务数据分析

表 4-4-3 北京欣悦公司营运能力指标与行业均值对比分析表

指标	2021年本企业值	2021年行业均值	2022年本企业值	2022年行业均值	2023年本企业值	2023年行业均值
流动资产周转率	1.35	1.15	1.04	0.98	1.16	1.08
存货周转率	1.94	2.28	1.45	1.73	1.34	1.31
应收账款周转率	5.43	4.58	4.28	4.15	4.79	4.42
固定资产周转率	0.99	1.05	0.93	0.90	1.06	0.98
总资产周转率	1.06	0.64	0.39	0.35	0.43	0.33

数据分析

北京欣悦公司2021—2023年营运能力各指标与行业均值对比分析

1. 流动资产周转率。

由表4-4-3可知，北京欣悦公司2021—2023年的流动资产周转率虽然有降有升，但都略高于本行业平均水平，说明该公司流动资产的利用率较好，在行业中的竞争力较强。

2. 存货周转率。

由表4-4-3可知，北京欣悦公司2021—2022年存货周转率均低于行业平均水平，可能是由于企业2021年存货库存过多，导致资金占用过多或企业经营管理不善、产品滞销等问题造成的。直到2023年，即使当年经济形势仍然严峻，致使企业销售状况并不太好，但却反超行业平均水平，表明其存货管理水平增强，存货利用效率提高。同时，分析本指标2021—2023年的数据发现，该行业存货周转率均逐年下降，可能是自2020年起全球经济受疫情波及而带来的连锁反应。

3. 应收账款周转率。

由表4-4-3可知，北京欣悦公司2021—2023年的应收账款周转率均高于行业均值，虽然该公司的应收账款在2022年出现大幅增长，但其周转率仍然高于行业均值。可见，对于新能源汽车行业，采取赊销政策扩大销量是较为常用的营销手段。分析2021年资产负债表，不难发现，企业应收账款从400万元增加到890万元，可能是之前的信用政策过于严苛，不利于企业发展，也或者是应收票据转为应收账款等，这些得参考往年的相关数据才能客观评价。

4. 固定资产周转率。

由表4-4-3可知，北京欣悦公司2021—2023年的固定资产周转率与行业平均水平相比，呈交替变化之势，但总体水平相当，均维持在1左右，表明该公司固定资产利用率较为稳定。

5. 总资产周转率。

由表4-4-3可知，在整个新能源行业的总资产周转率均值持续走低的前提下，北京欣悦

项目四 营运能力分析

公司的总资产周转率却都能保持在平均水平之上，表明企业总体资产运转情况较好，公司在良好的经营管理水平下稳步发展，公司的发展潜力较大。

对比分析结论：在评定一个企业营运能力大小时，不能单一地从指标数据的大小来断定企业营运能力的高低，应结合企业历史水平、同行业平均水平、报表其他相关数据等进行纵向、横向比较分析，以客观评价企业各项资产的营运水平。

任务拓展

请同学们将北京欣悦公司2021—2023年营运能力的5个财务指标和新能源汽车行业均值绘制成折线图。

（1）打开"北京欣悦公司营运能力指标与行业均值对比分析表"，框选整个表格，单击"插入"→"全部图表"→"折线图"→"折线图-标记"，如图4-4-2所示。

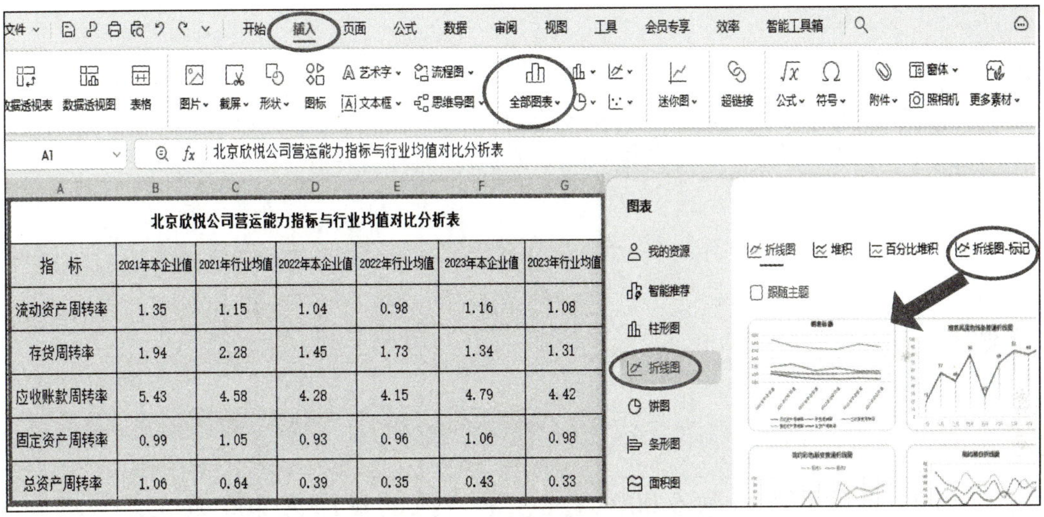

图4-4-2 选择折线图形状

（2）单击选择第一个图形并修改各项名称，结果如图4-4-3所示。

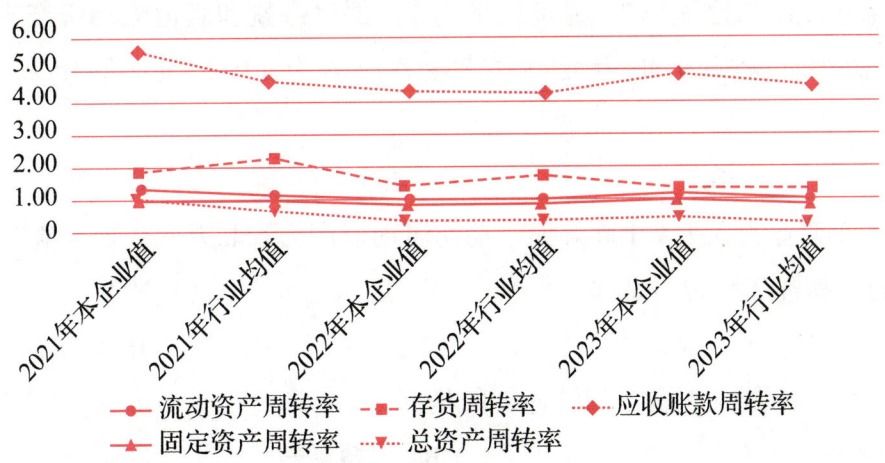

图4-4-3 公司2021—2023年营运能力指标与行业均值对比分析图

169

任务总结

- 营运能力综合分析
  - 5个指标间的综合分析
    - 流动资产周转率和存货周转率的综合分析
    - 流动资产周转率和应收账款周转率的综合分析
    - 流动资产周转率固定资产周转率和总资产周转率的综合分析
  - 5个指标与行业均值的对比分析
    - 流动资产周转率的对比分析
    - 存货周转率的对比分析
    - 应收账款周转率的对比分析
    - 固定资产周转率的对比分析
    - 总资产周转率的对比分析
  - 营运能力5个财务指标之间存在着一定的关联性
    企业不能孤立、单一地通过某个指标评价企业营运能力，而应结合企业历史水平、同行业平均水平、报表其他相关数据等进行综合分析

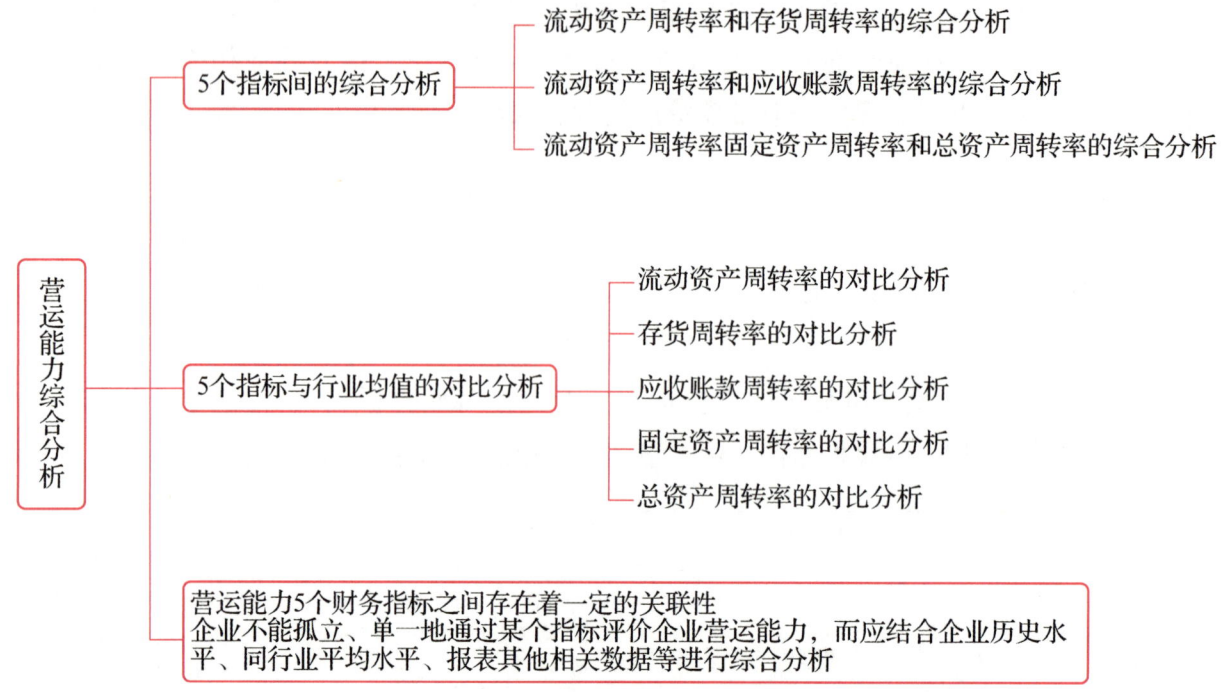

任务检测

一、单选题

1. 某企业 2023 年营业收入为 6 000 万元，平均流动资产为 400 万元，平均固定资产为 800 万元。假定没有其他资产，则该企业 2023 年的总资产周转率为（　　）。

A. 10　　B. 15　　C. 7.5　　D. 5

2. 某企业某年度流动比率为 2，速动比率为 1，预付账款和其他流动资产为 0，流动负债为 50 万元；年初存货余额为 40 万元；主营业务成本为 135 万元，则年末存货周转率为（　　）。

A. 1　　B. 2　　C. 2.5　　D. 3

3. 某公司本年营业收入为 2 100 万元，期初流动资产为 650 万元，期末流动资产为 750 万元，则该公司的流动资产周转率是（　　）。

A. 1.5　　B. 3　　C. 2.8　　D. 3.23

4. 下列指标中，不能反映资产周转速度的是（　　）。

A. 存货周转率　　B. 权益乘数

C. 流动资产周转率　　D. 应收账款周转率

5. 流动资产占总资产的比重是影响（　　）指标变动的重要因素。

A. 总资产周转率　　　　　　　　　B. 总资产产值率

C. 总资产收入率　　　　　　　　　D. 总资产报酬率

二、多选题

1. 反映企业资产周转快慢的指标一般包括（　　）。

A. 周转率　　　B. 周转天数　　　C. 周转成本　　　D. 周转次数

E. 周转期

2. 企业管理当局分析营运能力的目的是（　　）。

A. 优化资产结构　　　　　　　　　B. 优化资本结构

C. 加速资金周转　　　　　　　　　D. 加速存货周转

E. 优化资本成本

3. 下列指标中，能够反映营运能力的有（　　）。

A. 应收账款周转天数　　　　　　　B. 存货周转次数

C. 资产负债率　　　　　　　　　　D. 净资产利润率

4. 营运能力分析的主要内容包括（　　）。

A. 流动资产周转情况分析　　　　　B. 固定资产周转情况分析

C. 总资产周转情况分析　　　　　　D. 总资产盈利情况分析

5. 下列比率中，反映营运能力的有（　　）。

A. 资产负债率＝负债总额/资产总额×100%

B. 已获利息倍数＝(利润总额＋利息费用)/利息费用

C. 存货周转率＝营业成本/平均存货

D. 应收账款周转率＝营业收入/应收账款平均余额

三、业务题

宝源股份有限公司 2××9 年简化资产负债表、利润表和历史财务比率见表 4-4-4~表 4-4-6。

表 4-4-4　资产负债表（简表）

企业名称：宝源股份有限公司　　　　2××9 年 12 月 31 日　　　　　　　　　万元

资产	期末数	年初数	负债和所有者权利	期末数	年初数
流动资产：			流动负债：		
货币资金	61 110	527 800	应付票据	540 000	400 500
应收票据	400 090	560 000	应付账款	780 000	890 000
应收账款	970 000	1 100 000	其他流动负债	45 000	500 000

续表

资产	期末数	年初数	负债和所有者权利	期末数	年初数
存货	1 200 000	1 500 000	长期借款	1 800 000	1 500 000
流动资产合计	2 631 200	3 687 800	负债合计	3 165 500	3 290 500
固定资产	3 850 000	4 000 000	所有者权益：		
非流动资产合计	3 850 000	4 000 000	所有者权益合计	3 165 500	4 397 300
资产合计	6 481 200	7 687 800	负债和所有者权益合计	6 481 200	7 687 800

表4-4-5 利润表（简表）

企业名称：宝源股份有限公司　　　　2××9年度1—12月　　　　　　　　万元

项目	金额
一、营业收入	22 500 000
减：营业成本	12 800 000
销售费用	4 000 000
管理费用	3 500 000
财务费用	1 500 000
二、营业利润	700 000
减：所得税费用（25%）	175 000
净利润	525 000

表4-4-6 历史财务比率

财务比率	年份			行业平均值
	2××7	2××8	2××9	
应收账款周转天数/天	15.2	15.5		20
存货周转次数/次	7.1	6		8
流动资产周转率	5.4	6.7		1.5
固定资产周转率	5.5	6.2		5.7
总资产周转率	2.5	2.6		2.7

要求：根据以上资料计算反映该公司2××9年资产营运能力的应收账款周转率、存货周转率、流动资产周转率、固定资产周转率和总资产周转率，并对各指标进行简要分析评价。

素养小课堂

营运能力意义在哪里

在繁华的大都市中，有一位名叫李明的企业家。他经营着一家小有名气的餐厅，生意兴隆，客似云来。然而，尽管他的餐厅备受赞誉，李明却一直对餐厅的营运能力感到困扰。

一天，李明看到一份关于营运能力分析的报告，他开始深入了解并试图将这一概念应用到自己的餐厅中。他发现，营运能力分析不仅可以帮助他更好地管理餐厅的日常运营，还能提高餐厅的整体效率。

于是，李明开始对餐厅的各项指标进行详细的分析。他发现，餐厅的存货周转率相对较低，这意味着餐厅的存货流动性不够强。为了解决这个问题，李明开始与供应商建立更加紧密的合作关系，以确保食材的新鲜和质量。同时，他还引入了一套先进的库存管理系统，使餐厅的存货周转率得到了显著提高。

此外，李明还发现，餐厅的应收账款周转天数较长，这意味着餐厅的现金流可能存在问题。为了改善这一状况，李明加强了对客户的信用管理，并制订了一套更加严格的收款政策。他还鼓励员工在服务过程中与客户建立良好的关系，以确保客户的满意度和忠诚度。

通过这些措施的实施，李明的餐厅营运能力得到了显著提升。不仅在食材采购、库存管理方面更加高效，而且在客户服务和财务管理方面也取得了显著的进步。这使得餐厅的利润和现金流得到了显著提高，为李明的进一步发展奠定了坚实的基础。李明深知，营运能力分析对于企业的成功至关重要。他决定继续学习和探索更多有关营运能力分析的知识和技巧，以便更好地应对市场变化和竞争挑战。

这个故事告诉我们，营运能力分析不仅是一个财务概念，更是一种管理和思维方式。同时，这个故事也告诉我们，面对生活中的挑战和未知领域时，我们应该自强不息，大胆探索，勇于创新，决不能刻舟求剑、守株待兔。作为当代中国青年，生逢其时，更应怀揣梦想，脚踏实地，敢想敢为又善作善成，立志做有理想、有担当、能吃苦、肯奋斗的新时代好青年，让青春在全面建设社会主义国家的火热实践中绽放绚丽之花。

财务数据分析

任务评价

学生自我评价

班级：　　　　　　　　姓名：　　　　　　　　座号：

营运能力综合分析	自我评价	
	我会了	我还有问题
流动资产周转率和存货周转率的综合分析		
流动资产周转率和应收账款周转率的综合分析		
流动资产周转率、固定资产周转率和总资产周转率的综合分析		

指导教师评价

任务名称	考核项目	考核内容	评分		备注
			分值	得分	
营运能力综合分析	相关知识预习	认真预习，完成预习作业	10		
	教学过程	积极参与各项指标的 Excel 实操，在教学中学习专业知识和技能	20		
	课后练习	独立完成，正确表达	30		
	实训和学习的主动性	自主探究，团队协作	10		
	纪律性	遵守课堂纪律，尊师爱友	30		
总评			100		
指导教师签名：				年　　月　　日	

项目五

发展能力分析

　　企业的发展能力又称为企业的增长能力或成长能力，它是企业在生产经营和社会实践活动中不断扩大积累而形成的发展潜能，即企业在生存的基础上，扩大规模、壮大实力的潜在能力。企业发展能力衡量的核心是企业价值增长率。对于企业的利益相关者来说，他们关注的不仅仅是企业目前的、短期的经营盈利能力，更关注的是企业未来的、长期的和持续的增长能力。通过分析企业的发展能力，有利于企业的管理者或投资者对企业未来的经营状况进行预测，有助于企业管理者编制准确的财务决策计划，提高企业工作人员的工作积极性，从而实现企业利润最大化的目标。

知识目标

1. 认识发展能力的含义。
2. 了解发展能力的内涵及其常用财务指标。
3. 熟悉发展能力分析指标的计算及其 Excel 数据分析。

技能目标

1. 学会运用 Excel 表格进行收入、利润增长率分析指标的计算并进行简要分析。
2. 学会运用 Excel 表格进行资产、权益增长率分析指标的计算并进行简要分析。
3. 学习运用发展能力分析指标进行企业发展能力的综合分析。

素养目标

1. 研判企业发展能力，提高财务风险防范意识。
2. 培养运用财务数据进行分析问题、解决问题的能力。

任务一 收入、利润增长率分析

收入增长率用来反映企业在销售方面的发展能力，可以用来衡量公司的产品生命周期，判断公司发展所处的阶段。一般来说，如果营业务收入增长率超过10%，说明公司产品处于成长期，将继续保持较好的增长势头，尚未面临产品更新的风险，属于成长型公司。如果营业务收入增长率在5%~10%之间，说明公司产品已进入稳定期，不久将进入衰退期，需要着手开发新产品。如果该比率低于5%，说明公司产品已进入衰退期，保持市场份额已经很困难，利润开始滑坡，如果没有已开发好的新产品，则将衰落。

利润增长率是对企业营业收入的直观体现，可以反映出企业营业状况的变化，企业可以根据利润的增长率来确定下一年的经营目标，为企业的可持续发展制订科学、合理的计划。利润增长率通常表示的是净利润增长率，净利润的增长是企业成长性的基本表现。净利润增长率为正数，说明企业本期净利润增加，净利润增长率越大，说明企业收益增长得越多，净利润增长率为负数，说明企业本期净利润减少，收益降低。

评价收入、利润增长的财务指标主要是指营业收入增长率和净利润增长率。

任务描述

请同学们根据北京欣悦公司2023年的利润表（见项目一的表1-1-2）和2022年的利润表（见项目一的表1-1-5），运用Excel计算该公司2023年及2022年的营业收入增长率和净利润增长率，判断该公司发展所处的阶段和确定下一年的经营目标。

任务实施

【数据处理】——营业收入增长率

1. 新建Excel表格，将本教材附带的Excel表——北京欣悦公司2023年和2022年利润表复制粘贴至Sheet1和Sheet2，并分别重命名为"2023年利润表"和"2022年利润表"。在Sheet3工作表中创建"收入、利润增长率计算分析表"，如图5-1-1所示。

操作演示

2. 在"收入、利润增长率计算分析表"中，计算2022年和2023年营业收入增长率。2022年营业收入增长率示例操作如下：单击B3单元格，输入"="。单击"2022年利润表"，选中B4单元格（即2022年营业收入），输入"-"。选中C4单元格（即2021年营业收入），在整个公式前后输入"（）"，再输入"/"。选中C4单元格，按Enter键，得出2022年营业

收入增长率。求 2023 年营业收入增长率的方法同 2022 年，操作略。计算结果如图 5-1-2 所示。

图 5-1-1　收入、利润增长率计算分析表

图 5-1-2　2022 年、2023 年营业收入增长率

知识链接

营业收入增长率是指企业本年营业收入增加额对上年营业收入总额的比率。营业收入的增减变动情况是评价企业经营状况和市场占有能力、预测企业经营业务拓展趋势的重要指标。

计算公式为：

营业收入增长率=本年营业收入增长额÷上年营业收入×100%

本年营业收入增长额=本年营业收入−上年营业收入

分析依据：营业收入增长率为正数，说明企业本期销售规模增加，收入增长率越大，说明企业营业收入增长得越快，销售情况越好。收入增长率为负数，说明企业销售规模减小，销售出现负增长，销售情况较差。

一般来说，该指标越高，说明企业的经营质量越高，产品在市场中的前景也就越好，在行业中的竞争力也越强。

财务数据分析

数据分析

营业收入增长率

由图 5-1-2 得出：北京欣悦公司 2023 年营业收入增长率 19.28%〔=（18 870-15 820）÷15 820×100%〕比 2022 年营业收入增长率 13%〔=（15 820-14 000）÷14 000×100%〕有所提高（19.28%>13%），说明该公司销售额在增长，2023 年销售情况比 2022 年销售情况好。该公司两年的营业收入增长率均超过 10%，说明公司成长较快，属于发展型企业，通常会有不错的市场前景和增长势头，以及相对较低的产品更新风险。

2022 年，国内南方的新能源汽车市场快速发展，全年销量超过 350 万辆，同比增长 157.8%。2023 年受到芯片结构性短缺、动力电池原材料价格高位运行等诸多不利因素冲击，但在购置税减半等一系列稳增长、促销费政策的有效拉动下，依然保持高速发展态势，全年销量 688.7 万辆，同比增长 93.4%。

在实际分析时，还应考虑企业历年的销售水平、市场占有情况、行业未来发展及其他影响企业发展的潜在因素，如进行营业收入增长率分析时，可以结合收入增长的具体原因，即要弄清楚企业销售增长的来源：

（1）销售更多的产品或服务（最容易的方法）。

（2）提高价格（需要强势品牌或垄断的市场地位才能维持长久）。

（3）销售新的产品和服务。

（4）购买其他公司。

思考探究

2022—2023 年我国新能源汽车持续爆发式增长，是不是可以说明我国新能源汽车行业处于成长期？根据什么财务指标可判断企业是处于成长期、稳定期还是衰退期？

【数据处理】——净利润增长率

打开"收入利润增长率计算分析表"，求 2022 年、2023 年净利润增长率。

2022 年净利润增长率操作示例如下：单击 B4 单元格，输入"="。单击"2022 年利润表"，选中 B20 单元格（即 2022 年净利润），输入"-"。选中 C20 单元格（即 2021 年净利润），在整个公式前后输入"（ ）"，再输入"/"。选中 C20 单元格，按 Enter 键，得出 2022 年净利润增长率。求 2023 年净利润增长率的方法同 2022 年，操作略。计算结果如图 5-1-3 所示。

操作演示

178

B4　=('2022年利润表'!B20-'2022年利润表'!C20)/'2022年利润表'!C20

收入利润增长率计算分析表		
指标	2022年	2023年
营业收入增长率	13.00%	19.28%
净利润增长率	3.83%	145.95%

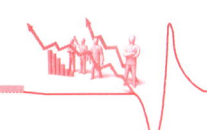

图 5-1-3　2022 年、2023 年净利润增长率

知识链接

净利润增长率是指企业当期净利润相比上期净利润的增长幅度，是衡量企业经营状况的一项重要指标，也是投资者在评价公司发展状况和质量时最关注的指标之一。

计算公式为：

$$净利润增长率=当期净利润/上期净利润\times100\%$$

分析依据：净利润增长率反映了企业实现价值最大化的扩张速度，是综合衡量企业资产营运与管理业绩，以及成长状况和发展能力的重要指标，其指标值越大，代表企业盈利能力越强。

净利润增长率为正数，说明企业本期净利润增加，净利润增长率越大，说明企业收益增长得越多；净利润增长率为负数，说明企业本期净利润减少，收益降低。

数据分析

净利润增长率

由图 5-1-3 得出：北京欣悦公司 2023 年净利润增长率 145.95% [=(2 730-1 110)÷1 110×100%] 比 2021 年净利润增长率 3.83% [=(1 110-1 069.05)÷1 069.05×100%] 有特别明显的提高（145.95%>3.83%），说明该公司 2023 年净利润增加幅度很大，可能超出预期，但符合逻辑。这是新能源汽车技术进步、产品丰富、政策给力的结果。技术层面包括电动车电池技术的持续改进、成本下降、电池系统的结构设计持续创新、电动车智能辅助驾驶技术的引入以及操控性能的优越表现。在产品方面，新能源汽车车型丰富，全面覆盖各个乘用车级别。政策方面包括补贴延续、国家双碳战略的推出对厂家和年轻客户的预期引导等。

由图 5-1-3 可以发现，营业收入增长率从 2022 年到 2023 年的变化幅度不大（从 13%到 19.28%），但是净利润的增长率的变化幅度非常大（从 3.83%到 145.95%），究其原因，其实

是该公司这两年的成本费用变化较小。

需要注意的是,净利润增长率仅仅是一个指标,应综合其他财务指标和经营数据一起分析,才能对企业的财务状况和盈利能力有更全面的了解。在使用净利润增长率进行分析时,需要注意以下几点:

(1) 净利润增长率应该与行业平均值进行比较,以判断公司的盈利能力和成长性是否优于行业水平。

(2) 净利润增长率应该结合公司的财务状况、市场地位、管理水平等因素综合考虑,以全面评估公司的投资价值。

(3) 净利润增长率应该与公司的未来发展前景进行比较,以判断公司是否具有持续的盈利能力和成长性。

思考探究

当我们看到一个公司的净利润增长率为100%、200%时,可不可以认为该公司发展得很好、很有发展前途,是一个值得投资的公司呢?

任务拓展

请同学们将上述用Excel计算的收入、利润增长率分析生成统计图。

(1) 打开"收入利润增长率计算分析表",框选整个表格,单击"插入"→"全部图表"→"折线图",选择第一个图形,如图5-1-4所示。

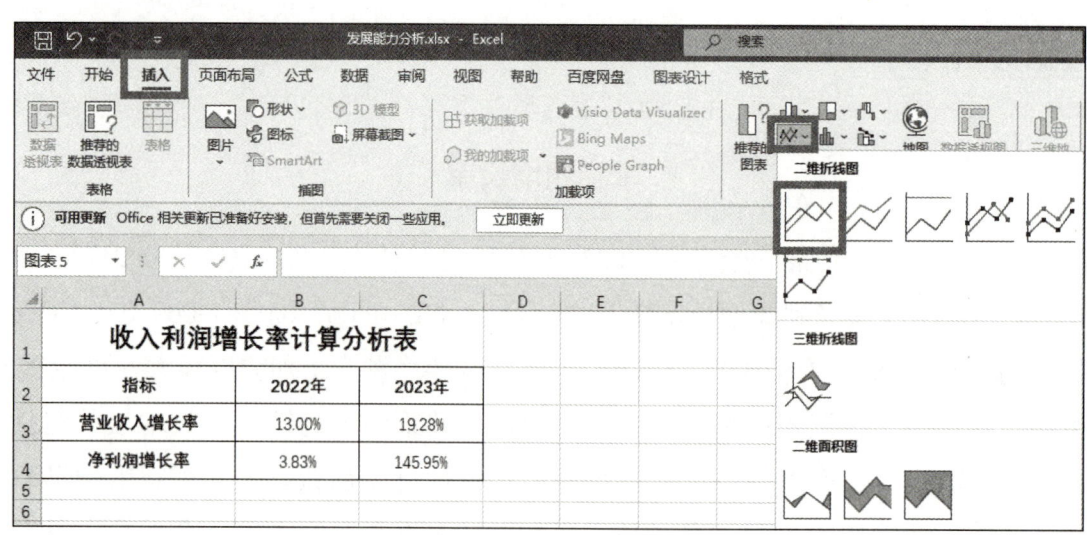

图5-1-4 选择折线图形状

(2) 选择第一个图形后,按Enter键生成折线图,如图5-1-5所示。

项目五 发展能力分析

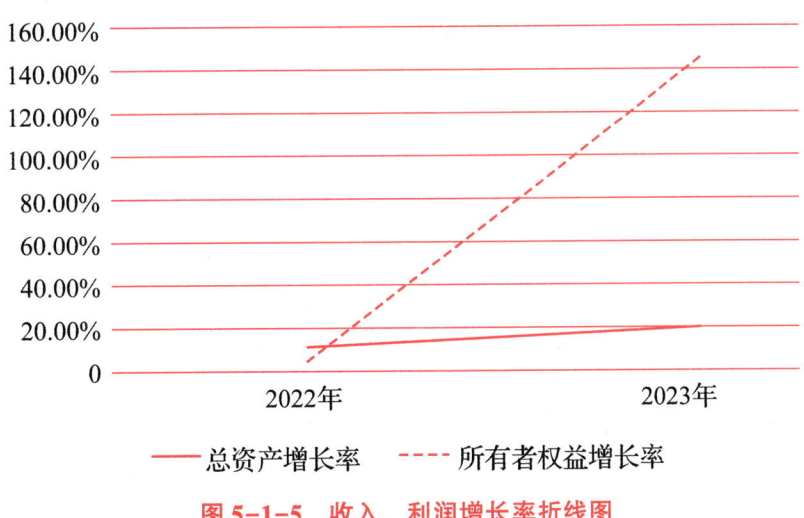

图 5-1-5 收入、利润增长率折线图

任务总结

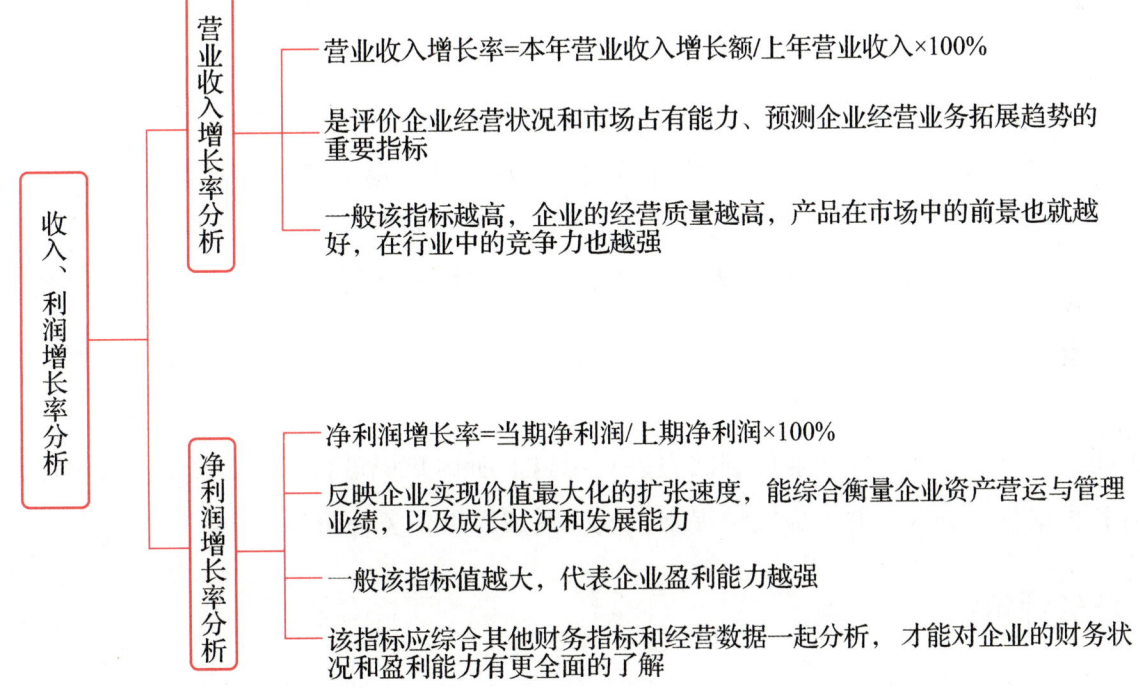

任务检测

一、单项选择题

1. 如果企业的某种产品处于成长期，其收入增长率的特点是（　　）。

A. 比值比较大   B. 与上期相比变动不大

C. 比值比较小   D. 与上期相比变动非常小

181

2. 企业产品销售增长较快，即某种产品收入增长率较高，则企业所处的阶段是（　　）。

　　A. 投放期　　　　　　　　　　　　B. 成长期

　　C. 成熟期　　　　　　　　　　　　D. 衰退期

3. 营业收入增长率是指企业本年营业收入（　　）对上年营业收入总额的比率。

　　A. 增加额　　　　　　　　　　　　B. 减少额

　　C. 金额　　　　　　　　　　　　　D. 数量

4. 2022 年度销售收入总额为 100 万元，2023 年度销售收入总额为 140 万元，则该公司 2023 年的销售收入增长率为（　　）。

　　A. 28.57%　　　　B. 40%　　　　C. 140%　　　　D. 71.43%

二、多项选择题

1. 下列各项中，属于衡量企业发展能力的指标有（　　）。

　　A. 营业收入增长率　　　　　　　　B. 总资产增长率

　　C. 营业现金比率　　　　　　　　　D. 所有者权益增长率

2. 企业发展能力分析的目的在于（　　）。

　　A. 股东通过发展能力分析衡量企业创造价值的程度，以作出正确的战略决策

　　B. 潜在的投资者通过发展能力分析评价企业的成长性，以作出正确的投资决策

　　C. 债权人通过发展能力分析判断企业未来盈利能力，以作出正确的经营和财务决策

　　D. 经营者通过发展能力分析发现影响企业未来发展的关键因素，以作出正确的经营和财务决策

三、实训任务

请同学们自行查找一家企业的利润表，利用以上所学知识进行 Excel 操作，再对计算结果进行财务数据分析训练，并形成文档提交，同时完成以下任务评价表。

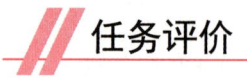

学生自我评价

班级：　　　　　　　　　姓名：　　　　　　　　　座号：

短期偿债能力分析		自我评价	
		我会了	我还有问题
营业收入增长率	计算公式		
	Excel 操作		
	数据分析		

项目五　发展能力分析

续表

短期偿债能力分析		自我评价	
		我会了	我还有问题
净利润增长率	计算公式		
	Excel 操作		
	数据分析		

指导教师评价

任务名称	考核项目	考核内容	评分		备注
			分值	得分	
收入、利润增长率分析	相关知识预习	认真预习，完成预习作业	10		
	教学过程	积极参与各项指标的 Excel 实操，在教学中学习专业知识和技能	20		
	实训任务	独立完成，正确表达	30		
	实训和学习的主动性	自主探究，团队协作	10		
	纪律性	遵守课堂纪律，尊师爱友	30		
	总评		100		
	指导教师签名：			年　月　日	

任务二　资产、权益增长率分析

企业资产一般来源于负债和所有者权益，因此，企业资产规模变动受到负债和所有者权益规模两个因素的影响。在其他条件不变的情况下，无论是增加负债规模还是增加所有者权益规模，都会提高总资产增长率。

总资产增长率又叫总资产扩张率，是企业本年总资产增长额同年初资产总额的比率，反映企业本期资产规模的增长情况。通过总资产增长率指标可以分析该企业一定时间内的资产经营规模和扩张速度。该值越高，扩张速度越快。但在分析时，需要关注公司资产扩张的质与量的关系，以及企业后续发展力，以避免盲目扩张。

所有者权益增长率又叫资本积累率，反映了企业所有者权益在当年的变动水平，以及投资者投入企业资本的保全性和增长性，即体现了企业的资本积累情况。它是企业发展强盛的标志，是评价企业发展能力的重要指标。该指标越高，表明企业资本积累越多；若该指标为负值，则表明企业资本受到侵蚀，所有者权益受到损害。

任务描述

请同学们根据北京欣悦公司 2023 年的资产负债表（见项目一的表 1-1-1）和 2022 年的资产负债表（见项目一的表 1-1-4），运用 Excel 计算该公司 2023 年及 2022 年的总资产增长率和所有者权益增长率，用于分析公司在经营过程中发展能力的强弱。

任务实施

【数据处理】——总资产增长率

操作演示

1. 新建 Excel 表格，将本教材附带的 Excel 表——北京欣悦公司 2023 年和 2022 年资产负债表复制粘贴至 Sheet1 和 Sheet2，并重命名为“2023 年资产负债表”和“2022 年资产负债表”。在 Sheet3 中创建“资产、所有者权益增长率计算分析表”，如图 5-2-1 所示。

2. 在“资产、所有者权益增长率计算分析表”中，计算 2022 年和 2023 年总资产增长率。2022 年总资产增长率示例操作如下：单击 B3 单元格，输入“=”。单击“2022 年资产负债表”，选中 B26 单元格（即 2022 年资产总计），输入“-”。选中 C26 单元格（即 2021 年资产总计），在整个公式前后输入“（）”，再输入“/”。选中 C26 单元格，按 Enter 键，得出 2022 年总资产增长率。求 2023 年总资产增长率方法同 2022 年，操作略。计算结果如图 5-2-2 所示。

C13

资产、所有者权益增长率计算分析表		
指标	2022年	2023年
总资产增长率		
所有者权益增长率		

图 5-2-1　资产、所有者权益增长率计算分析表

B3　=('2022年资产负债表'!B26-'2022年资产负债表'!C26)/'2022年资产负债表'!C26

资产、所有者权益增长率计算分析表		
指标	2022年	2023年
总资产增长率	9.26%	6.04%
所有者权益增长率		

图 5-2-2　2022 年、2023 年总资产增长率

项目五 发展能力分析

知识链接

总资产增长率是企业本年资产增长额同年初资产总额的比率，反映企业本期资产规模的增长情况。

计算公式为：

总资产增长率=本年资产增长额÷年初资产总额×100%

本年资产增长额=年末资产总额-年初资产总额

分析依据：总资产增长率越高，表明企业一定时期内资产经营规模扩张的速度越快。但在分析时，需要关注资产规模扩张的质和量的关系，以及企业的后续发展能力，避免盲目扩张。

一般来讲，如果一个企业处于成长期，其资产增长率一般高于处于成熟期和衰退期的企业。

数据分析

总资产增长率

由图 5-2-2 得出：北京欣悦公司 2023 年总资产增长率 6.04%〔=（11 198-10 560）÷10 560×100%〕比 2022 年总资产增长率 9.26%〔=（10 560-9 665）÷9 665×100%〕有所降低（6.04%<9.26%），说明该公司 2023 年资产经营规模比 2022 年扩张速度放慢，可能是由于公司的新业务开发不足，或者现有的业务扩展速度下降。需要进一步分析公司的业务状况和市场环境，以确定问题的具体原因，并采取相应的措施。该公司两年的总资产增长率均为 5%～10%，说明公司的产品进入稳定期。

某头部车企的总资产规模每年逐渐增长，其中，2023 年的增长率最大为 20.19%，一直在融资扩张。北京欣悦公司 2023 年总资产增长率为 6.04%，比该头部企业的增长率低，说明公司仍然有进一步融资扩张提升的空间。

在对资产增长率进行具体分析时，应该注意以下几点：

（1）企业资产增长率高并不意味着企业的资产规模增长就一定适当。评价一个企业的资产规模增长是否适当，必须与销售增长、利润增长等情况结合起来分析。只有在一个企业的销售增长、利润增长超过资产规模增长的情况下，这种资产规模增长才属于效益型增长，才是适当的、正常的。

（2）需要正确分析企业资产增长的来源。如果一个企业的资产的增长完全依赖负债的增长，而所有者权益项目在年度里没有发生变动或者变动不大，则说明企业不具备良好的发展潜力。从企业自身的角度来看，企业资产的增加应该主要取决于企业盈利的增加。当然，盈利的增加能带来多大程度的资产增加还要视企业实行的股利政策而定。

（3）为全面认识企业资产规模的增长趋势和增长水平，应将企业不同时期的资产增长率进行比较。

思考探究

为什么把一个规模性企业破产倒闭形容为轰然倒塌？

【数据处理】——所有者权益增长率

打开"资产、所有者权益增长率计算分析表"，求 2022 年、2023 年所有者权益增长率。

2022 年所有者权益增长率操作示例如下：单击 B4 单元格，输入"="。单击"2022 年资产负债表"，选中 E25 单元格（即 2022 年所有者权益总计），输入"-"。选中 F25 单元格（即 2021 年所有者权益总计），在整个公式前后输入"()"，再输入"/"。选中 F25 单元格，按 Enter 键，得出 2022 年所有者权益增长率。求 2023 年所有者权益增长率的方法同 2022 年，操作略。计算结果如图 5-2-3 所示。

操作演示

图 5-2-3　2022 年、2023 年所有者权益增长率

知识链接

所有者权益增长率是企业本年所有者权益增长额与年初所有者权益的比率，反映企业当年资本的积累能力。

计算公式为：

项目五　发展能力分析

所有者权益增长率＝本年所有者权益增长额÷年初所有者权益×100%

本年所有者权益增长额＝年末所有者权益－年初所有者权益

分析依据：所有者权益的增长表明了企业实力的增强，同时对企业进行负债筹资提供了更好的保障，提高了企业的筹资能力，有利于企业获得进一步发展所需的资金，提升发展能力。

所有者权益增长率越高，相当于最后的利润就越高，这对企业管理者是有益的，表明企业的资本积累越多，应对风险、持续发展的能力越强。

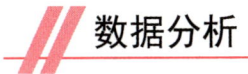数据分析

所有者权益增长率

由图5-2-3得出：北京欣悦公司2023年所有者权益增长率5.24%［＝(5 940－5 644)÷5 244×100%］比2022年所有者权益增长率18.8%［＝(5 644－4 751)÷4 751×100%］有比较大的降低，说明该公司2023年为投资者创造利润的能力下降了。

所有者权益是总资产减去负债，其实就是投资者权益，造成所有者权益增长率下降的原因主要有两种：一是公司的经营能力下降；二是公司的经营能力没有下降，但是负债方面的支出扩大，从而影响了所有者权益增长率。

对于第一种情况，要找清楚其原因，看是否是整个行业的普遍性的业绩下滑，如果不是，那么就是公司本身经营能力的问题，比如采取了错误的经营战略、不善于利用闲置资金、对项目运作管理不关心等。

对于第二种情况，主要是看负债增加的原因。如果一家公司处于加速发展期，负债增加也是情有可原的，但如果企业是因为资金周转的问题而一味地提高负债，那么就需要警惕了。

尽管疫情反复给经济活动带来一定扰动，但新能源汽车市场仍保持长期向好的发展态势，新能源汽车行业的所有者权益增长率呈上升趋势。北京欣悦公司所有者权益增长率却在下降，因为公司处于较快速的发展阶段，通过增加负债来扩大规模，2023年的负债总额比2022年增加了342万元，但是实收资本没有增加，从而造成了所有者权益增长率的下降。

需要注意的是，单纯分析某一期的所有者权益增长率同样是不全面的，需要计算并分析连续多期的所有者权益增长率。如果公司所有者权益在较长时期内一直保持增长，说明公司成长性良好；如果在这段时期内，公司所有者权益时增时减，则说明公司发展不稳定，成长性较差。

思考探究

当某个公司所有者权益增长率下降了，可不可以认为该公司发展得不好，市场份额减少或产品没有竞争力，发生亏损了，不是一个值得投资的公司呢？

任务拓展

请同学们将上述用 Excel 计算的资产、所有者权益增长率分析生成统计图。

（1）打开"资产、所有者权益增长率计算分析表"，框选整个表格，单击"插入"→"全部图表"→"折线图"，选择第一个图形，如图 5-2-4 所示。

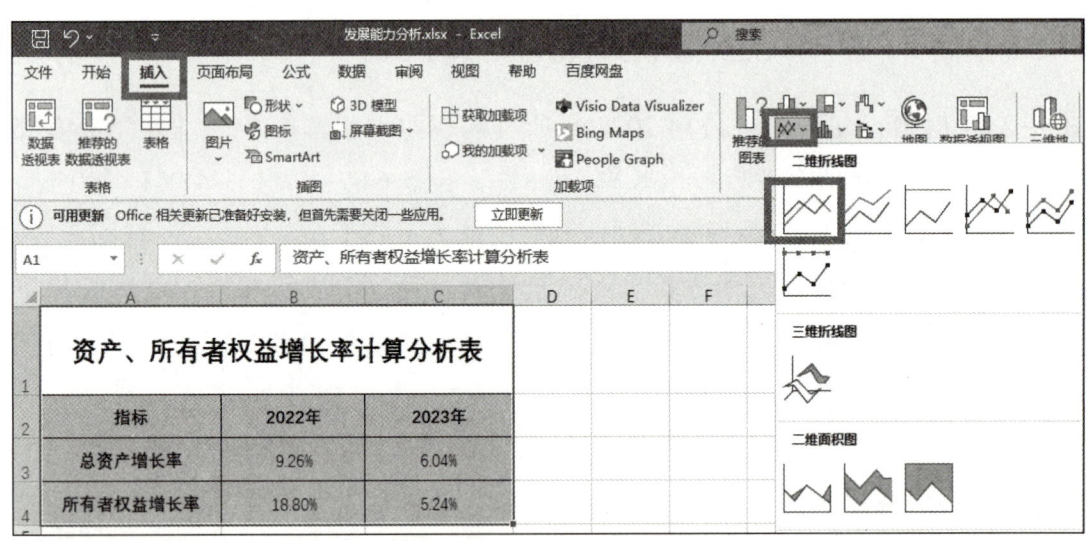

图 5-2-4　选择折线图形状

（2）单击选择第一个图形后生成折线图，如图 5-2-5 所示。

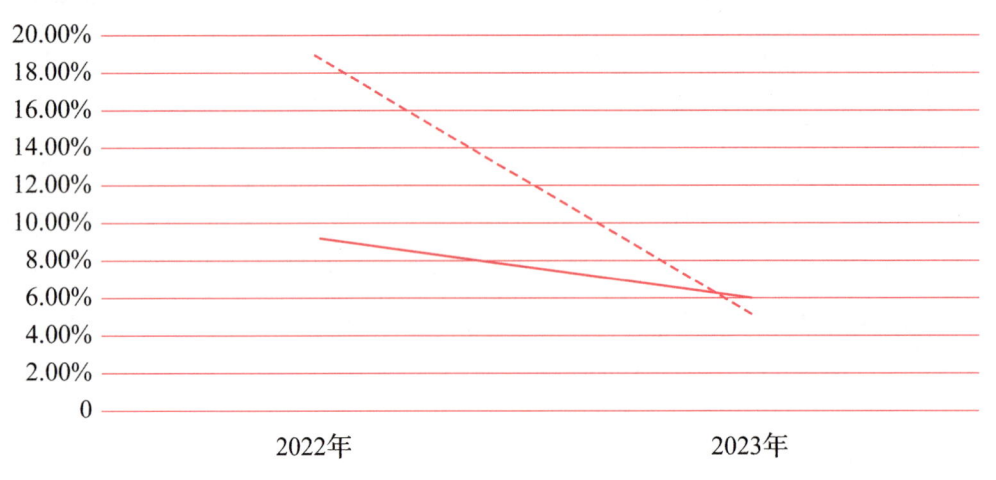

图 5-2-5　资产、所有者权益增长率折线图

任务总结

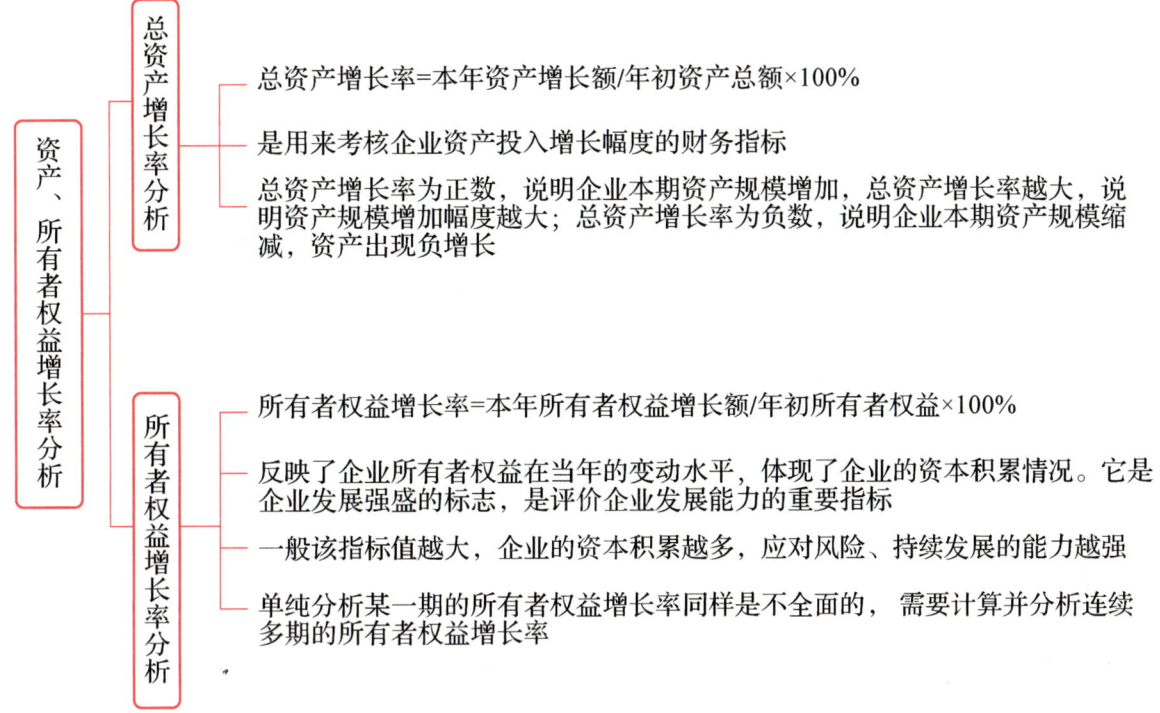

任务检测

一、单项选择题

1. 2023年年初净资产总额为400万元,年末资产总额为1 000万元,资产负债率为50%,则该公司的所有者权益增长率为（　　）。

A. 20%　　　　B. 30%　　　　C. 25%　　　　D. 35%

2. 2023年年初资产总额为1 500万元,年末资产总额为1 900万元,则可以计算得出甲公司的总资产增长率为（　　）。

A. 78.95%　　　B. 26.67%　　　C. 21.05%　　　D. 126.67%

3. 企业总资产增长率计算公式正确的是（　　）。

A. 年末总资产/年初总资产

B. 年初总资产/年末总资产

C. （年末总资产-年初总资产）/年末总资产

D. （年末总资产-年初总资产）/年初总资产

4. 2023年年初所有者权益为1.25亿元,2023年年末所有者权益为1.50亿元。该公司2023年的所有者权益增长率是（　　）。

A. 20.00% B. 120.00% C. 25.00% D. 16.67%

5. 衡量企业经营状况和市场占有能力、预测企业经营业务拓展趋势的重要指标是（　　）。

  A. 总资产增长率　　　　　　　　B. 所有者权益增长率

  C. 营业收入增长率　　　　　　　D. 营业利润增长率

二、多项选择题

1. 下列关于总资产增长率的说法，正确的是（　　）。

  A. 企业资产增长率高，意味着企业的资产规模属于效益型增长

  B. 资本积累率越高，企业本年度所有者权益增加得越多，企业资产增长状况越良好

  C. 要全面认识企业资产规模的增长趋势和增长水平，应将企业不同时期的资产增长率加以比较

  D. 一般来讲，如果一个企业处于成长期，其资产增长率高于处于成熟期和衰退期的企业

2. 企业单项发展能力包括（　　）。

  A. 资产发展能力　　　　　　　　B. 收益发展能力

  C. 销售收入发展能力　　　　　　D. 负债发展能力

三、实训任务

请同学们自行查找一家企业的资产负债表，利用以上所学知识进行 Excel 操作，再对计算结果进行财务数据分析训练，并形成文档提交，同时完成以下任务评价表。

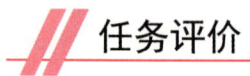

学生自我评价

班级：　　　　　　　　　　姓名：　　　　　　　　　　座号：

短期偿债能力分析		自我评价	
		我会了	我还有问题
总资产增长率	计算公式		
	Excel 操作		
	数据分析		
所有者权益增长率	计算公式		
	Excel 操作		
	数据分析		

项目五　发展能力分析

指导教师评价

任务名称	考核项目	考核内容	评分 分值	评分 得分	备注
资产、所有者权益增长率分析	相关知识预习	认真预习，完成预习作业	10		
	教学过程	积极参与各项指标的 Excel 实操，在教学中学习专业知识和技能	20		
	实训任务	独立完成，正确表达	30		
	实训和学习的主动性	自主探究，团队协作	10		
	纪律性	遵守课堂纪律，尊师爱友	30		
总评			100		
指导教师签名：			年　　月　　日		

任务三　发展能力综合分析

在本项目的前两个任务中，我们分别对北京欣悦公司的营业收入、净利润、总资产和所有者权益 4 个方面的情况进行了单项的增长能力分析，但这些还是不够的。要想正确、全面地评价一家公司整体的发展能力，还必须把上面 4 个指标结合起来进行比较分析，同时，还要把公司的这 4 个指标与行业均值进行比较分析。

任务描述

同学们学习了北京欣悦公司的发展能力分析之后，在复习时是否会产生疑问：若公司的董事会想了解公司整体的发展能力，而且要与竞争对手进行对比分析，来评价公司的综合发展能力，该如何帮财务部门做好这项数据分析呢？

请同学们从以下两个方面进行逐步分析：

1. 将营业收入增长率、净利润增长率、总资产增长率和所有者权益增长率 4 个指标结合起来对北京欣悦公司 2021—2023 年的发展能力进行分析。

2. 将上述 4 个指标与行业指标进行对比分析。

191

任务实施

【数据处理】——北京欣悦公司2021—2023年的营业收入增长率、净利润增长率、总资产增长率和所有者权益增长率

1. 新建 Excel 表格,将本教材附带的 Excel 表——北京欣悦公司 2021 年、2022 年和 2023 年资产负债表粘贴至 Sheet1、Sheet2 和 Sheet3,并重命名为 2021 年资产负债表、2022 年资产负债表和 2023 年资产负债表;接着,把北京欣悦公司 2021 年利润表、2022 年利润表和 2023 年利润表粘贴至 Sheet4、Sheet5 和 Sheet6,并重命名为 2021 年利润表、2022 年利润表和 2023 年利润表。在 Sheet7 中创建"综合发展能力计算分析表"(图 5-3-1)。

操作演示

图 5-3-1　综合发展能力计算分析表

2. 在"综合发展能力计算分析表"中,计算北京欣悦公司 2021—2023 年的营业收入增长率、净利润增长率、总资产增长率、所有者权益增长率,计算结果如图 5-3-2 所示。操作步骤请参照此前任务讲解,此处不再赘述。

图 5-3-2　2021—2023 年综合发展能力指标数据

指标	2021年	2022年	2023年
营业收入增长率	5.11%	13.00%	19.28%
净利润增长率	1.67%	3.83%	145.95%
总资产增长率	91.20%	9.26%	6.04%
所有者权益增长率	0.44%	18.80%	5.24%

3. 通过以上计算,可以将北京欣悦公司 2021—2023 年综合发展能力的 4 个增长率绘成折

线图，如图 5-3-3 所示。

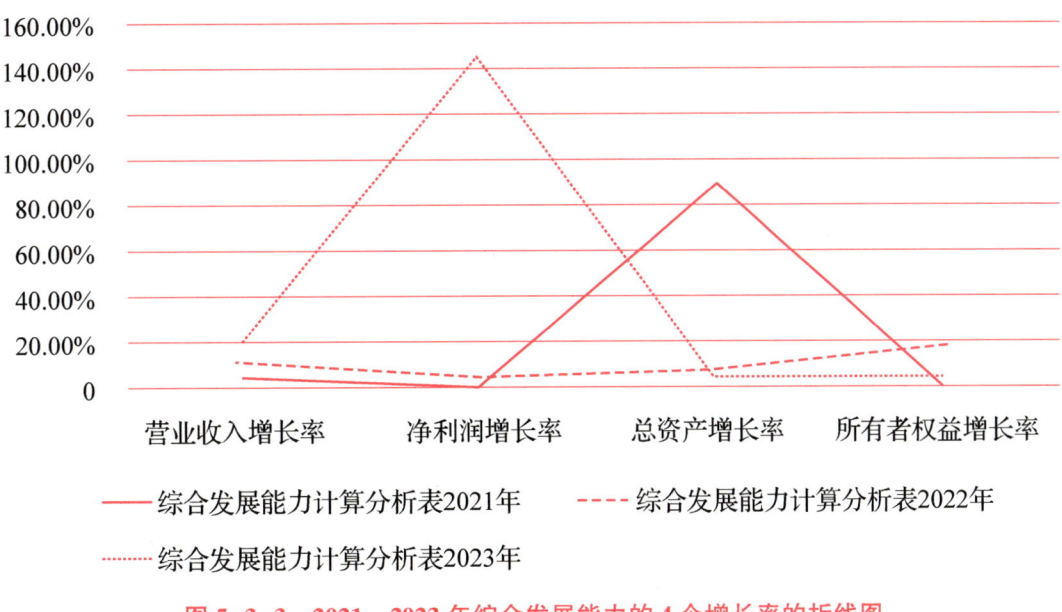

图 5-3-3　2021—2023 年综合发展能力的 4 个增长率的折线图

知识链接

> 发展能力是指企业未来生产经营活动的发展趋势和发展潜能，也称为增长能力。从形成看，主要依托于收入、资金、利润的增长；从结果看，增长能力强的企业，能够不断为所有者创造财富，能够不断增加企业价值。
>
> 企业的发展潜能也就是企业的资本实力和潜在的获利能力，是衡量和评价企业持续稳定发展的实质内容。它可以体现生产经营的规模，包括资产规模和资本规模；也可以体现销售的规模；还可以体现经营成果的情况。发展能力综合分析对于判断企业未来一定时期的发展后劲、行业地位、面临的发展机遇与盈利发展变化以及制订中长期发展计划、决策等具有重要的意义和作用。

数据分析

北京欣悦公司 2021—2023 年发展能力 4 个指标结合起来对比分析

发展能力 4 个指标具有循环的特点，营业收入增长率带动净利润增长率，净利润增长率带动所有者权益增长率，所有者权益增长率带动总资产增长率，总资产增长率又带动营业收入增长率，呈现企业发展的良性循环。

1. 营业收入增长率和净利润增长率比较分析。

我们知道，一个企业收益的增长主要表现为净利润的增长，而对于一个发展能力强的企

业来说，净利润的增长主要来自营业利润，而营业利润增长主要取决于营业收入即销售收入的增加，因此，将北京欣悦公司的净利润增长率和营业收入增长率进行比较分析。

从图5-3-2可知，北京欣悦公司这3年的净利润增长率分别为1.67%、3.83%和145.95%，营业收入增长率分别为5.11%、13%和19.28%。其中，前2年的净利润增长率和销售增长率相差不是太大，但2023年的净利润增长率明显高于当年的营业收入增长率，这说明在这一年里，公司的营业收入增加超过了成本、税费和期间费用等的增加，这也就反映了公司的盈利能力很强。总体来看，北京欣悦公司在营业利润方面的增长是具有不错的效益性的。

2. 营业收入增长率和总资产增长率比较分析。

从图5-3-2可知，北京欣悦公司2021年营业收入增长率（5.11%）明显低于总资产增长率（91.2%），这反映出，该公司的营业收入的增长主要还是依赖公司资产的增加，而以这种方式获得的营业收入增长是不健康的、不具有效益性的。这同时也说明了该公司在销售方面可能存在一定的问题，例如：公司的市场开拓范围不够广阔，市场过分局限于某个市场，公司过分相信自身的优秀口碑，而在发展客户群体的问题上不够积极主动，在营业收入增长方面，该公司是需要改善的。我们再来观察2022—2023年，这两年的营业收入增长率（13%和19.28%）均高于总资产增长率（9.26%和6.04%），说明该公司资产的投入具有效益性，即资产增长带动了收入的增长，资产增长与收入增长较为协调，说明企业在市场竞争力和盈利能力方面表现不错，可能具备了稳健的发展基础。当然，营业收入增长率和总资产增长率并不是孤立存在的，它们之间还存在着其他的关系。例如，企业的资产结构、资金运作能力等因素都会影响到这两个指标的表现。除了营业收入增长率和总资产增长率之间的关系，我们还可以考虑其他指标来帮助评估公司的发展状况。

3. 总资产增长率和所有者权益增长率比较分析。

从图5-3-2可知，北京欣悦公司在2021年的总资产增长率（91.2%）非常明显地高于所有者权益增长率（0.44%），这说明该年公司资产的增加绝大部分来源于负债的增加，但是2022年公司的总资产增长率（9.26%）低于所有者权益增长率（18.8%），低了9.54%，改变了2021年靠举债来增加资产的现象，可以说2022年公司资产的增加基本上来源于所有者权益的增加，反映了公司该年有较强的负债融资能力和偿债能力；2023年公司的总资产增长率（6.04%）虽然高于所有者权益增长率（5.24%），但是仅仅高了0.8%，基本持平。总体来说，自2022年以来，公司具备了进一步扩大规模，以及健康、持续发展的基础。

4. 净利润增长率和所有者权益增长率比较分析。

从图5-3-2可知，北京欣悦公司2022年的净利润增长率（3.83%）低于当年的所有者权益增长率（18.8%），低了14.97%，这说明该公司这一年的所有者权益增长并不是全部来自当年生产和经营活动所产生的净利润，而是由所有者投资增加的。2021年净利润增长率

（1.67%）略高于所有者权益增长率（0.44%），而2023年净利润增长率（145.95%）远远超出所有者权益增长率（5.24%），超出了140.71%，可能是公司的盈利能力增强了，需要综合考虑其他因素来评估企业的盈利能力。

对比分析结论：发展能力指标之间存在着一定的关联性。企业不能孤立、单一地通过某个指标来评价企业发展的能力，而应综合分析，结合以前年度的实际水平、报表中其他关联数据及企业所处的宏观经济背景等进行分析和评价。

思考探究

> 净利润增长率高于所有者权益增长率一定代表公司盈利能力的增强吗？可能有哪些情况会使净利润增长率高于所有者权益增长率？

【数据处理】——北京欣悦公司发展能力指标与行业指标

在Sheet8中创建"北京欣悦公司发展能力指标与行业指标对比分析表"（图5-3-4），在此表格中填入数据。其中，行业指标的数据直接输入数值，本企业指标的数据直接填入或者参照此前任务的操作步骤填入，不再赘述。

操作演示

指标	2021年行业均值	2021年本企业值	2022年行业均值	2022年本企业值	2023年行业均值	2023年本企业值
营业收入增长率	8.86%	5.11%	10.50%	13.00%	12.45%	19.28%
净利润增长率	6.93%	1.67%	9.82%	3.83%	11.08%	145.95%
总资产增长率	14.20%	91.20%	11.56%	9.26%	12.34%	6.04%
所有者权益增长率	12.00%	0.44%	15.78%	18.80%	16.53%	5.24%

图5-3-4　2021—2023年北京欣悦公司发展能力指标与行业指标对比分析表

数据分析

北京欣悦公司发展能力指标与行业指标进行对比分析

1. 营业收入增长率。

从图5-3-2可知，北京欣悦公司2021年营业收入增长率（5.11%）略低于行业平均水平（8.86%），说明该公司在行业中的竞争力弱，但是该公司2022—2023年这2年的营业收入增长率（13%和19.28%）均高于行业平均水平（10.5%和12.45%），说明该公司在行业市场占有率以及竞争力得到不断提升。

2. 净利润增长率。

从图5-3-2可知，北京欣悦公司2021—2022年净利率（1.67%和3.83%）均低于行业平均水平（6.93%和9.82%），可能存在成本管理不当、市场份额不大、缺乏产品创新、产能利用不足等问题。可喜的是，在2023年，净利润增长率（145.95%）远远超出了行业平均水平（11.08%），该公司当年在盈利能力方面表现出色，如果净利润增长率稳定且持续增长，企业可以有信心扩大业务、投资新项目或支付利润给所有者。需要注意的是，净利润增长率仅仅是一个指标，应综合其他财务指标和经营数据一起分析，才能对企业的财务状况和盈利能力有更全面的了解。

3. 总资产增长率。

从图5-3-2可知，北京欣悦公司2021年总资产增长率（91.2%）远远高于行业平均值（14.2%），高出77%，说明该公司资产经营规模扩张的速度很快，快速成长，在行业中具有竞争力。但是2022—2023年总资产增长率（9.26%和6.04%）均低于行业平均值（11.56%和12.34%），说明该公司资产经营规模扩张的速度放慢了，现有的业务扩展速度下降了。也可能是由于市场需求的减少，或者竞争对手的影响增强。需要进一步分析公司的业务状况和市场环境，以确定问题的具体原因，并采取相应的措施。

4. 所有者权益增长率。

从图5-3-2可知，北京欣悦公司除2022年外，2021年和2023年的所有者权益增长率（0.44%和6.04%）均低于行业平均水平（5.24%和16.53%），说明该公司抵御风险能力与持续发展能力偏弱。

对比分析结论：在评定一个企业发展能力大小时，不能单一地从指标数据的大小来断定企业发展能力的高低，应结合企业历史水平、同行业平均水平、报表其他相关数据等进行纵向、横向比较分析，以客观评价企业发展趋势。

任务拓展

请同学们将2021—2023年北京欣悦公司发展能力的4个增长率和新能源汽车行业均值绘制成折线图，如图5-3-6所示。

（1）打开"资产、权益增长率计算分析表"，框选整个表格，单击"插入"→"全部图表"→"折线图"，选择第一个图形，如图5-3-5所示。

（2）单击选择第一个图形后，结果如图5-3-6所示。

项目五 发展能力分析

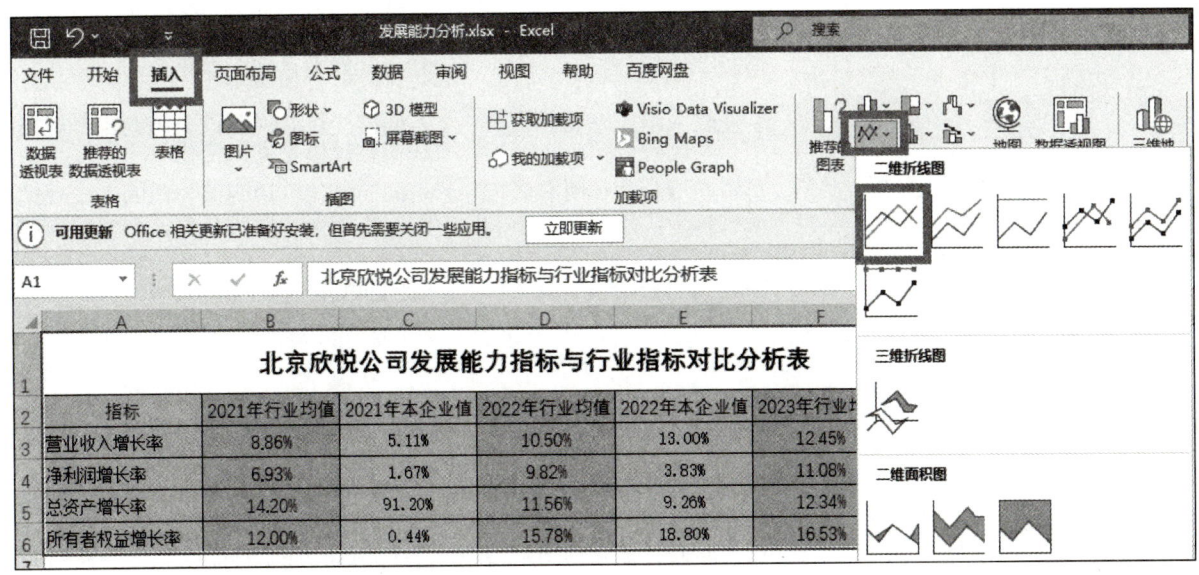

图 5-3-5 选择折线图形状

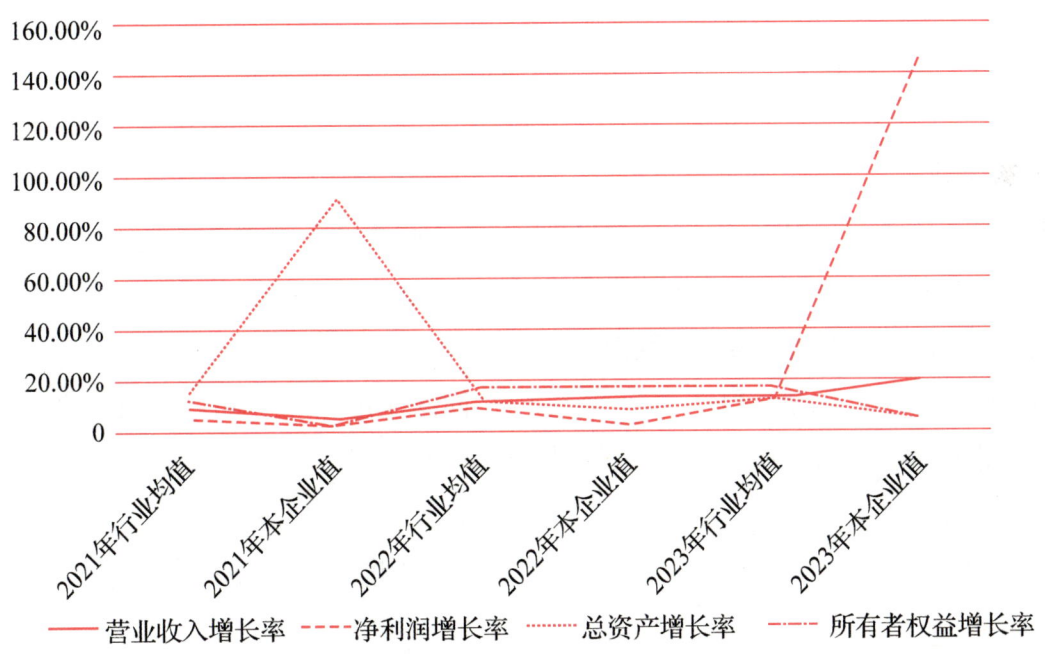

图 5-3-6 2021—2023 年 4 个增长率与行业均值对比图

197

任务总结

- 发展能力综合分析
  - 4个指标结合起来比较分析
    - 营业收入增长率和净利润增长率比较分析 —— 若同向变化，说明该公司的销售规模和盈利能力是同向变化
    - 营业收入增长率和总资产增长率比较分析 —— 若同向变化，说明该公司的资产规模和销售规模是同向变化
    - 总资产增长率和所有者权益增长率比较分析 —— 若同向变化，说明该公司的资产规模的变化主要随着所有者权益的变化而变化
    - 净利润增长率和所有者权益增长率比较分析 —— 若同向变化，说明该公司的盈利能力和发展能力是同向变化
  - 4个指标与行业均值对比分析
    - 营业收入增长率本公司与行业对比分析 —— 高于行业均值，说明该公司在行业市场占有率及竞争力不断提升
    - 净利润增长率本公司与行业对比分析 —— 高于行业均值，说明该公司在盈利能力方面表现较好
    - 总资产增长率本公司与行业对比分析 —— 高于行业均值，说明该公司资产经营规模扩张的速度很快，快速成长，在行业中具有竞争力
    - 所有者权益增长率本公司与行业对比分析 —— 高于行业均值，说明该公司抵御风险能力与持续发展能力偏弱

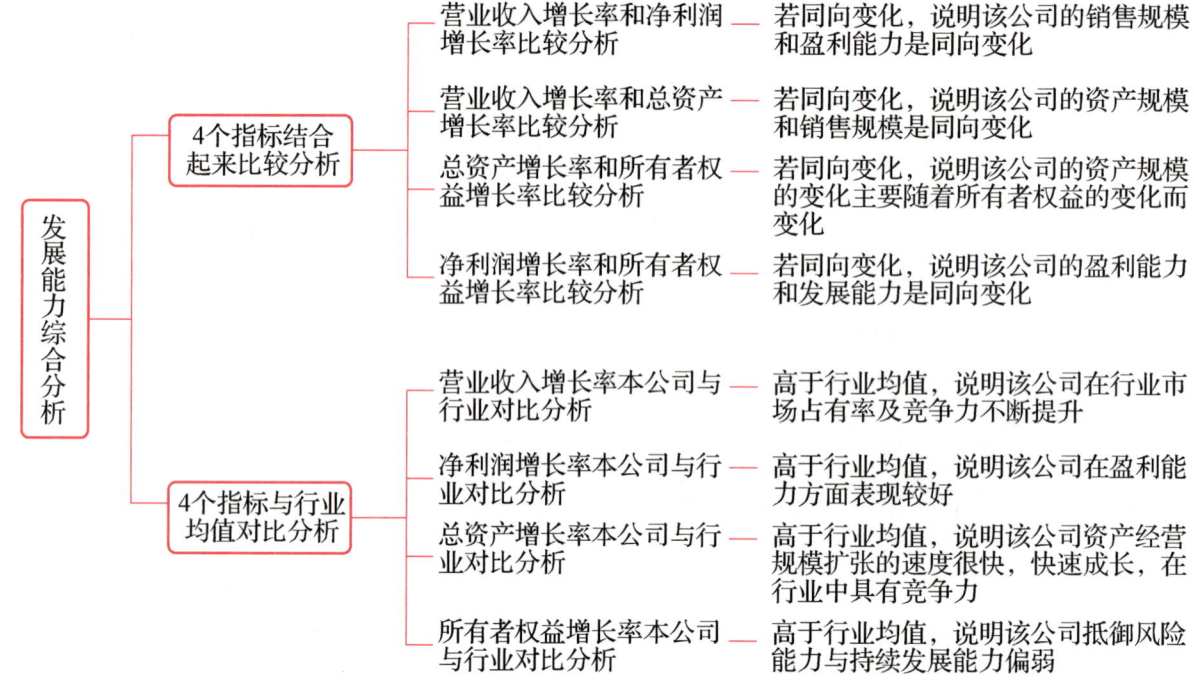

任务检测

一、单选题

1. 发展能力 4 个指标具有（　　）的特点，营业收入增长率带动净利润增长率，净利润增长率带动所有者权益增长率，所有者权益增长率带动总资产增长率，总资产增长率又带动营业收入增长率，呈现企业发展的良性循环。

A. 相互带动　　B. 循环　　C. 同向变化　　D. 反向变化

2. 下列指标中，不可以用来表示利润增长能力的是（　　）。

A. 净利润增长率　　B. 营业利润增长率

C. 收入增长率　　D. 3 年利润平均增长率

二、多选题

1. 可以用于反映企业发展能力的财务指标包括（　　）。

A. 资产增长率　　B. 收入增长率

C. 资本积累率　　D. 净利润增长率

2. 下列说法中，正确的是（　　）。

A. 所有者权益增长率越高，表明企业本期所有者权益增加得越多

B. 一个持续增长型企业，其所有者权益应该是不断增长的

C. 所有者权益时增时减，说明企业并不具备良好的发展能力

D. 一个企业的所有者权益增长应主要依赖于企业运用投资者投入资本所创造的利润

3. 所有者权益增长的主要来源有（　　）。

　　A. 经营活动产生的净利润　　　　　　B. 非经营活动产生的净利润

　　C. 直接计入所有者权益的利得和损失　　D. 投资活动产生的收益

4. 下列说法中，正确的是（　　）。

　　A. 如果一个企业营业收入增长，但利润并未增长，那么从长远看，它并没有增加所有者权益

　　B. 一个企业如果净利润增长但营业收入并未增长，这样的增长对于企业而言是无法持续保持的

　　C. 净利润增长率可以比营业利润增长率更好地考察企业利润的成长性

　　D. 如果企业的净利润主要来源于营业利润，则表明企业具有良好的发展能力

5. 对收入增长率指标，下列表述正确的有（　　）。

　　A. 它是评价企业成长状况和发展能力的重要指标

　　B. 它是衡量企业经营状况和市场占有能力、预测企业业务拓展趋势的标志

　　C. 它是企业扩张资本的重要前提

　　D. 该指标大于零，说明收入有增长，指标越高，增长越快

6. 对所有者权益增长率（资本积累率）指标，下列表述正确的有（　　）。

　　A. 它反映所有者投入资本的保全性和增长性

　　B. 它是企业当年所有者权益总的增长率，反映权益当年变动水平

　　C. 它体现企业资本积累能力，是评价企业发展潜力的重要指标

　　D. 该指标越高，表明企业资本积累越多，资本保全性越强，应付风险能力越强

三、实训任务

请根据华趣公司以下相关资料（表5-3-1）进行该公司发展能力的分析。

表 5-3-1　华趣公司 2021—2023 年主要发展能力指标一览表　　　　　　　　　　%

序号	指标名称	2023 年	2022 年	2021 年
1	营业收入增长率	50.63	43.41	20.78
2	净利润增长率	55.26	44.11	24.35
3	总资产增长率	16.07	9.52	7.60
4	所有者权益增长率	9.71	6.27	4.88

财务数据分析

素养小课堂

数据思维

纯粹的数据是无意义的，找准数据与现象之间的联系，理解数据传达背后的含义，才是关键。财务数据的背后都是公司现实的经济业务，反映了业务的种种现象，是一串串故事。数据连接一切，数据驱动一切，数据重塑一切，数据是企业数字化转型的核心要素。从财务的范畴来说，好的数据思维就是通过数据精准地找到业务中可以改善的点，从而发掘和提升企业发展能力。要精准地找到价值点，就要做好财务数据的处理和分析。

首先是数据要能真实、客观地反映业务。在工作中，最忌讳数据与业务之间的联系被扭曲，如果被扭曲，就不能清晰反映业务的状况。

其次是数据的反映需要有精细度。例如，如果收入不按产品区分，就不知道哪个产品好卖，产品卖得不好是什么原因，有无改善措施。如果不按客户区分，就不知道哪个客户的销售额高，对公司的价值更大。存货如果不按品种和仓库区分，就搞不清哪种存货在哪个环节的流转缺乏效率，是否有异常原因。如果不对费用进行详细区分，就看不出哪里有浪费，哪里需要提高效率等。

企业运营管理的目标，来源于财务数据，而运营管理的结果，又体现到财务数据中。可以通过财务数据对运营管理的过程进行监控，要养成好的数据思维。

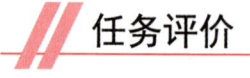任务评价

学生自我评价

班级：　　　　　　　　　　　姓名：　　　　　　　　　　　座号：

发展能力综合分析		自我评价	
^^	^^	我会了	我还有问题
营业收入增长率和净利润增长率比较分析	两个增长率同向变化的分析		
^	两个增长率一高一低的分析		
营业收入增长率和总资产增长率比较分析	两个增长率同向变化的分析		
^	两个增长率一高一低的分析		

续表

发展能力综合分析		自我评价	
		我会了	我还有问题
总资产增长率和所有者权益增长率比较分析	两个增长率同向变化的分析		
	两个增长率一高一低的分析		
净利润增长率和所有者权益增长率比较分析	两个增长率同向变化的分析		
	两个增长率一高一低的分析		

指导教师评价

任务名称	考核项目	考核内容	评分		备注
			分值	得分	
偿债能力综合分析	相关知识预习	认真预习，完成预习作业	10		
	教学过程	积极参与 Excel 操作，在教学中学习专业知识和技能	20		
	实训任务	独立完成，正确表达	30		
	工作和学习的主动性	自主探究，团队协作	10		
	纪律性	遵守课堂纪律，尊师爱友	30		
总评			100		
指导教师签名：				年　月　日	

参考文献

[1] 郭辉．Excel财务数据处理与分析实战技巧精粹［M］．北京：人民邮电出版社，2021．

[2] 张新民．大数据时代的财务分析［M］．北京：机械工业出版社，2022．

[3] 靳磊．财务管理实务［M］．5版．北京：高等教育出版社，2021．

[4] 张海林．财务管理［M］．5版．北京：高等教育出版社，2019．

[5] 李曼，李志．财务分析［M］．2版．北京：高等教育出版社，2019．

[6] 庄小欧．企业财务分析［M］．5版．北京：北京理工大学出版社，2021．

[7] 甘娅丽．财务报表编制与分析［M］．北京：北京理工大学出版社，2021．

[8] 钱自严．从总账到总监［M］．北京：北京联合出版公司，2022．

[9] 林昌华．七步读懂财务报表［M］．北京：中国工信出版集团 人民邮电出版社，2022．

[10] 王戈弋．财务数据分析（Excel版）［M］．北京：中国财政经济出版社，2023．

[11] 财政部会计资格评价中心．财务管理［M］．北京：经济科学出版社，2023．

[12] 贾国军．财务管理学［M］．北京：中国人民大学出版社，2014．

[13] 孙万军，郝海霞．财务大数据分析［M］．北京：高等教育出版社，2023．